독학사 2단계

경영학과

원가관리회계

SD에듀
(주)시대고시기획

머리말

학위를 얻는 데 시간과 장소는 더 이상 제약이 되지 않습니다. 대입 전형을 거치지 않아도 '학점은행제'를 통해 학사학위를 취득할 수 있기 때문입니다. 그중 독학학위제도는 고등학교 졸업자이거나 이와 동등 이상의 학력을 가지고 있는 사람들에게 효율적인 학점 인정 및 학사학위 취득의 기회를 줍니다.

본 도서는 독학사 전공 중 경영학과 학위를 목표로 하는 분들을 위하여 집필된 것으로 전공기초과정의 경영학과 2단계 과정을 다루고 있습니다. 경영학과 2단계에서는 경영정보론, 마케팅원론, 마케팅조사, 원가관리회계, 인적자원관리, 조직행동론, 회계원리 등을 학습하게 될 것입니다.

경영학과 2단계 시험에 응시하는 수험생들이 단기간에 효과적인 학습을 할 수 있도록 다음과 같이 구성하였습니다.

01 기출복원문제
기출복원문제를 수록하여 최근 시험경향을 파악하고 이에 맞춰 공부할 수 있도록 하였습니다.
→ 기출복원문제 해설 무료 동영상 강의 제공

02 핵심이론
독학학위제 평가영역과 관련 내용을 면밀히 분석하여 시험에 꼭 나오는 '핵심이론'을 수록하였으며, 이론 안의 '더 알아두기', '예제문제' 등을 통해 내용 이해에 부족함이 없도록 하였습니다.

03 OX문제 및 실전예상문제
핵심이론의 내용을 OX문제로 다시 한 번 체크하고, '실전예상문제'를 통해 앞서 공부한 이론이 머릿속에 잘 정리되었는지 확인해 볼 수 있도록 하였습니다.

04 최종모의고사
최신 출제유형을 반영한 '최종모의고사(총 2회분)'로 자신의 실력을 점검해 볼 수 있습니다. 실제 시험에 임하듯이 시간을 재고 풀어본다면 시험장에서 실수를 줄일 수 있을 것입니다.

05 빨리보는 간단한 키워드
핵심적인 이론만을 꼼꼼하게 정리하여 수록한 '빨리보는 간단한 키워드'로 전반적인 내용을 한눈에 파악할 수 있습니다. → '빨리보는 간단한 키워드' 무료 동영상 강의 제공

시간 대비 학습의 효율성을 높이기 위해 이론 부분을 최대한 압축하려고 노력하였습니다. 문제들이 실제 기출유형에 맞지 않아 시험 대비에 만족하지 못하는 수험생들이 많은데 이 책은 그러한 문제점을 보완하여 수험생들에게 시험에 대한 확신을 주고, 단기간에 고득점을 획득할 수 있도록 노력하였습니다. 끝으로 본 도서로 독학학위 취득의 꿈을 이루고자 하는 수험생들이 반드시 합격하기를 바랍니다.

편저자 드림

BDES

독학학위제 소개

독학학위제란?

「독학에 의한 학위취득에 관한 법률」에 의거하여 국가에서 시행하는 시험에 합격한 사람에게 학사학위를 수여하는 제도

- ✓ 고등학교 졸업 이상의 학력을 가진 사람이면 누구나 응시 가능
- ✓ 대학교를 다니지 않아도 스스로 공부해서 학위취득 가능
- ✓ 일과 학습의 병행이 가능하여 시간과 비용 최소화
- ✓ 언제, 어디서나 학습이 가능한 평생학습시대의 자아실현을 위한 제도
- ✓ 학위취득시험은 4개의 과정(교양, 전공기초, 전공심화, 학위취득 종합시험)으로 이루어져 있으며 각 과정별 시험을 모두 거쳐 학위취득 종합시험에 합격하면 학사학위 취득

독학학위제 전공 분야 (11개 전공)

국어 국문학 영어 영문학 심리학 경영학 컴퓨터 공학 간호학

법학 행정학 가정학 유아 교육학 정보 통신학

※ 유아교육학 및 정보통신학 전공: 3, 4과정만 개설
  (정보통신학의 경우 3과정은 2025년까지만, 4과정은 2026년까지만 응시 가능하며, 이후 폐지)
※ 간호학 전공: 4과정만 개설
※ 중어중문학, 수학, 농학 전공: 폐지 전공으로 기존에 해당 전공 학적 보유자에 한하여 응시 가능

※ SD에듀는 현재 4개 학과(심리학과, 경영학과, 컴퓨터공학과, 간호학과) 개설 완료
※ 2개 학과(국어국문학과, 영어영문학과) 개설 진행 중

독학학위제 시험안내

과정별 응시자격

단계	과정	응시자격	과정(과목) 시험 면제 요건
1	교양	고등학교 졸업 이상 학력 소지자	• 대학(교)에서 각 학년 수료 및 일정 학점 취득 • 학점은행제 일정 학점 인정 • 국가기술자격법에 따른 자격 취득 • 교육부령에 따른 각종 시험 합격 • 면제지정기관 이수 등
2	전공기초		
3	전공심화		
4	학위취득	• 1~3과정 합격 및 면제 • 대학에서 동일 전공으로 3년 이상 수료 (3년제의 경우 졸업) 또는 105학점 이상 취득 • 학점은행제 동일 전공 105학점 이상 인정 (전공 28학점 포함) ➡ 22.1.1. 시행 • 외국에서 15년 이상의 학교교육과정 수료	없음(반드시 응시)

응시 방법 및 응시료

• 접수 방법: 온라인으로만 가능
• 제출 서류: 응시자격 증빙 서류 등 자세한 내용은 홈페이지 참조
• 응시료: 20,400원

독학학위제 시험 범위

• 시험과목별 평가 영역 범위에서 대학 전공자에게 요구되는 수준으로 출제
• 시험 범위 및 예시문항은 독학학위제 홈페이지(bdes.nile.or.kr) ➡ 학습정보 ➡ 과목별 평가영역에서 확인

문항 수 및 배점

과정	일반 과목			예외 과목		
	객관식	주관식	합계	객관식	주관식	합계
교양, 전공기초 (1~2과정)	40문항×2.5점 =100점	–	40문항 100점	25문항×4점 =100점	–	25문항 100점
전공심화, 학위취득 (3~4과정)	24문항×2.5점 =60점	4문항×10점 =40점	28문항 100점	15문항×4점 =60점	5문항×8점 =40점	20문항 100점

※ 2017년도부터 교양과정 인정시험 및 전공기초과정 인정시험은 객관식 문항으로만 출제

합격 기준

■ 1~3과정(교양, 전공기초, 전공심화) 시험

단계	과정	합격 기준	유의 사항
1	교양	매 과목 60점 이상 득점을 합격으로 하고, 과목 합격 인정(합격 여부만 결정)	5과목 합격
2	전공기초		6과목 이상 합격
3	전공심화		

■ 4과정(학위취득) 시험: 총점 합격제 또는 과목별 합격제 선택

구분	합격 기준	유의 사항
총점 합격제	• 총점(600점)의 60% 이상 득점(360점) • 과목 낙제 없음	• 6과목 모두 신규 응시 • 기존 합격 과목 불인정
과목별 합격제	• 매 과목 100점 만점으로 하여 전 과목(교양 2, 전공 4) 60점 이상 득점	• 기존 합격 과목 재응시 불가 • 1과목이라도 60점 미만 득점하면 불합격

시험 일정

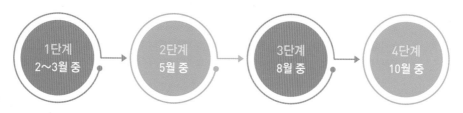

■ 경영학과 2단계 시험 과목 및 시험 시간표

구분(교시별)	시간	시험 과목명
1교시	09:00~10:40(100분)	회계원리, 인적자원관리
2교시	11:10~12:50(100분)	마케팅원론, 조직행동론
중식 12:50~13:40(50분)		
3교시	14:00~15:40(100분)	경영정보론, 마케팅조사
4교시	16:10~17:50(100분)	생산운영관리, 원가관리회계

※ 시험 일정 및 세부사항은 반드시 독학학위제 홈페이지(bdes.nile.or.kr)를 통해 확인하시기 바랍니다.

※ SD에듀에서 개설되었거나 개설 예정인 과목은 빨간색으로 표시했습니다.

독학학위제 단계별 학습법

1단계 평가영역에 기반을 둔 이론 공부!

독학학위제에서 발표한 평가영역에 기반을 두어 효율적으로 이론 공부를 해야 합니다. 각 장별로 정리된 '핵심이론'을 통해 핵심적인 개념을 파악합니다. 모든 내용을 다 암기하는 것이 아니라, 포괄적으로 이해한 후 핵심내용을 파악하여 이 부분을 확실히 알고 넘어가야 합니다.

2단계 시험경향 및 문제유형 파악!

독학사 시험 문제는 지금까지 출제된 유형에서 크게 벗어나지 않는 범위에서 비슷한 유형으로 줄곧 출제되고 있습니다. 본서에 수록된 이론을 충실히 학습한 후 '예제문제'와 '실전예상문제'를 풀어 보면서 문제의 유형과 출제의도를 파악하는 데 집중하도록 합니다. 교재에 수록된 문제는 시험 유형의 가장 핵심적인 부분이 반영된 문항들이므로 실제 시험에서 어떠한 유형이 출제되는지에 대한 감을 잡을 수 있을 것입니다.

3단계 '실전예상문제'를 통한 효과적인 대비!

독학사 시험 문제는 비슷한 유형들이 반복되어 출제되므로 다양한 문제를 풀어 보는 것이 필수적입니다. 각 단원의 끝에 수록된 '실전예상문제'를 통해 단원별 내용을 제대로 학습했는지 꼼꼼하게 확인하고, 실력점검을 합니다. 이때 부족한 부분은 따로 체크해 두고 복습할 때 중점적으로 공부하는 것도 좋은 학습 전략입니다.

4단계 복습을 통한 학습 마무리!

이론 공부를 하면서, 혹은 문제를 풀어 보면서 헷갈리고 이해하기 어려운 부분은 따로 체크해 두는 것이 좋습니다. 중요 개념은 반복학습을 통해 놓치지 않고 확실하게 익히고 넘어가야 합니다. 마무리 단계에서는 '빨리보는 간단한 키워드'를 통해 핵심개념을 다시 한 번 더 정리하고 마무리할 수 있도록 합니다.

COMMENT

합격수기

저는 학사편입 제도를 이용하기 위해 2~4단계를 순차로 응시했고 한 번에 합격했습니다.
아슬아슬한 점수라서 부끄럽지만 독학사는 자료가 부족해서 부족하나마 후기를 쓰는 것이 도움이 될까 하여
제 합격전략을 정리하여 알려 드립니다.

#1. 교재와 전공서적을 가까이에!

학사학위 취득은 본래 4년을 기본으로 합니다. 독학사는 이를 1년으로 단축하는 것을 목표로 하는 시험이
라 실제 시험도 변별력을 높이는 몇 문제를 제외한다면 기본이 되는 중요한 이론 위주로 출제됩니다. SD
에듀의 독학사 시리즈 역시 이에 맞추어 중요한 내용이 일목요연하게 압축·정리되어 있습니다. 빠르게
훑어보기 좋지만 내가 목표로 한 전공에 대해 자세히 알고 싶다면 전공서적과 함께 공부하는 것이 좋습니
다. 교재와 전공서적을 함께 보면서 교재에 전공서적 내용을 정리하여 단권화하면 시험이 임박했을 때 교
재 한 권으로도 자신 있게 시험을 치를 수 있습니다.

#2. 시간확인은 필수!

쉬운 문제는 금방 넘어가지만 지문이 길거나 어렵고 헷갈리는 문제도 있고, OMR 카드에 마킹까지 해야
하니 실제로 주어진 시간은 더 짧습니다. 1번에 어려운 문제가 있다고 해서 시간을 많이 허비하면 쉽게 풀
수 있는 마지막 문제들을 놓칠 수 있습니다. 문제 푸는 속도도 느려지니 집중력도 떨어집니다. 그래서 어
차피 배점은 같으니 아는 문제를 최대한 많이 맞히는 것을 목표로 했습니다.
① 어려운 문제는 빠르게 넘기면서 문제를 끝까지 다 풀고 ② 확실한 답부터 우선 마킹한 후 ③ 다시 시험
지로 돌아가 건너뛴 문제들을 다시 풀었습니다. 확실히 시간을 재고 문제를 많이 풀어봐야 실전에 도움이
되는 것 같습니다.

#3. 문제풀이의 반복!

여느 시험과 마찬가지로 문제는 많이 풀어볼수록 좋습니다. 이론을 공부한 후 실전예상문제를 풀다보니
부족한 부분이 어딘지 확인할 수 있었고, 공부한 이론이 시험에 어떤 식으로 출제될지 예상할 수 있었습니
다. 그렇게 부족한 부분을 보충해가며 문제유형을 파악하면 이론을 복습할 때도 어떤 부분을 중점적으로
암기해야 할지 알 수 있습니다. 이론 공부가 어느 정도 마무리되었을 때 시계를 준비하고 최종모의고사를
풀었습니다. 실제 시험시간을 생각하면서 예행연습을 하니 시험 당일에는 덜 긴장할 수 있었습니다.

학위취득을 위해 오늘도 열심히 학습하시는 동지 여러분에게도 합격의 영광이 있으시길 기원하면서 이만 줄입니다.

이 책의 구성과 특징

기출복원문제

> 온라인(www.sdedu.co.kr)을 통해 기출문제
> 무료 동영상 강의를 만나 보세요.

※ 본 문제는 다년간 독학사 경영학과 2단계 시험에서 출제된 기출문제를 복원한 것입니다. 문제의 난이도와 수험경향 파악용으로 사용하시길
권고드립니다. 본 기출복원문제에 대한 무단복제 및 전재를 금하여 저작권은 SD에듀에 있음을 알려드립니다.

01 다음 중 원가회계의 특징으로 옳지 않은 것은?

① 원가회계는 제조기업의 제품제조원가를 계산한다.

② 기업의 외부이해관계자인 채권자 등에게 유용한 정보를 제공
하는 것을 주된 목적으로 한다.

③ 원가통제에 대한 유용한 원가정보를 제공한다.

④ 원가회계를 필요로 하는 주된 업종인 제조기업은 구매과정과
제조과정 및 판매과정으로 경영활동이 이루어진다.

01 기업의 내부이해관계
게 유용한 정보를 제공
된 목적으로 하는 것
며, 이와 반대로 기업
계자인 투자자 등에게
를 제공하는 것을 주
는 것은 재무회계이다

01 기출복원문제

'기출복원문제'를 풀어 보면서
독학사 경영학과 2단계 시험의
기출 유형과 경향을 파악해 보세요.

제 1 장 │ 원가관리회계의 개념

제1절 원가관리회계의 의의와 목적

1 원가관리회계의 의의 기출

일반적으로 상기업은 완성품인 상품을 매입하여 이를 판매하는 과정을 통해 기업의 이익이 창출되는 반
제조기업은 원재료 등을 매입해 이를 바탕으로 제품을 제조한 후 생산한 제품을 판매하는 과정을 통해 기
이익을 창출한다.

원가회계란 제품의 제조에 투입된 원가를 기록, 계산 그리고 집계하여 제품생산에 소요된 총원가를 계산
회계처리이다. 또한 경영자의 일상적인 경영활동을 위한 계획(의사결정)과 통제(성과평가) 및 외부보고용
무제표를 작성하는 데 유용한 경제적 정보를 제공하는 서비스 활동을 말한다.

02 핵심이론

평가영역을 바탕으로 꼼꼼하게 정리된
'핵심이론'을 통해 꼭 알아야 하는 내용을
명확히 이해할 수 있어요.

OX 로 점검하자 │ 제1장

※ 다음 지문의 내용이 맞으면 O, 틀리면 X를 체크하시오. [1~7]

01 원가관리회계는 기업회계기준에 따른 재무제표를 통하여 정보이용자에게 보고한다. (　)

02 원가관리회계는 미래지향적 정보를, 재무회계는 과거지향적 정보를 제공한다. (　　)

03 표준원가계산, 변동원가계산 등은 제품원가계산 측면으로 볼 수 있다. (　　)

04 경영통제시스템은 경영자가 기업목표를 달성하는 데 자원이 효과적으로 사용되었는지를 확
기 위한 것이다. (　)

05 경영자는 상급자와 하급자로 구분되는데 하급자는 상급자의 업무를 감독하는 역할을 한
(　

06 환경 중 통제불가능요소로는 정치적 변동, 경제적 변화, 경쟁기업의 반응 등이 있다. (　)

07 경영통제의 발전과정 중 제5단계 책임회계는 책임중심점별로 책임을 부여하여 업무를 수행

03 OX로 점검하자

핵심이론을 학습한 후 중요 내용을
OX문제로 한 번 더 점검해 보세요.

제 1 장 │ 실전예상문제

01 다음 중 원가관리회계에 대한 설명으로 옳지 <u>않은</u> 것은?

① 재무제표의 작성에 유용한 원가정보를 제공한다.
② 원가통제에 대한 유용한 원가정보를 제공한다.
③ 경영자의 경영의사결정에 유용한 원가정보를 제공한다.
④ 객관적이며 검증 가능한 정보를 제공한다.

01 원가관리회계는 주관적
합한 정보를 제공한다

제1회 최종모의고사 │ 원가관리회계

제한시간 : 50분 │ 시작 ____시 ____분 ~ 종료 ____시 ____분

□ 정답 및 해설

01 전부원가계산에서는 제조원가에 포함되지만,
변동원가계산에서는 제조원가에 포함되지
않고 기간원가로 처리되는 것은?

① 직접재료원가
② 직접노무원가
③ 고정제조간접원가
④ 변동제조원가

04 다음 중 의사결정과 관련된 원가의 분
대한 설명으로 옳지 않은 것은?

① 기회원가란 선택된 대안 이외의 다른
안 중 최대이익으로 의사결정 시 고
야 하는 원가이다.
② 회피가능원가는 특정의사결정을 하지
으면 발생되지 않을 수 있는 원가이
③ 매몰원가는 과거 의사결정으로 인하여
미 발생한 원가로 미래 의사결정 시

04 실전예상문제

핵심이론에서 공부한 내용을 기억하며
'실전예상문제'를 풀어 보면서
문제를 해결하는 능력을 길러 보세요.

05 최종모의고사

핵심이론을 익히고 실전예상문제를
풀어 보았다면 이제 남은 것은 단 하나!
'최종모의고사'를 실제 시험처럼 시간을
정해 놓고 풀어 보세요.

+ P / L / U / S +

시험 직전의 완벽한 마무리!

빨리보는 간단한 키워드

'빨리보는 간단한 키워드'는 핵심요약집으로 시험 직전까지
해당 과목의 중요 핵심이론을 체크할 수 있도록 합니다.
또한, SD에듀 홈페이지(www.sdedu.co.kr)에 접속하시면
해당 과목에 대한 핵심요약집 무료 강의도 제공하고 있으니
꼭 활용하시길 바랍니다!

CONTENTS
목 차

CONTENTS

목 차

합격의 공식 SD에듀 www.sdedu.co.kr

기출복원문제

출/제/유/형/완/벽/파/악/

훌륭한 가정만한 학교가 없고, 덕이 있는 부모만한 스승은 없다.

− 마하트마 간디 −

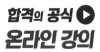

▶ 온라인(www.sdedu.co.kr)을 통해 기출문제 무료 동영상 강의를 만나 보세요.

※ 본 문제는 다년간 독학사 경영학과 2단계 시험에서 출제된 기출문제를 복원한 것입니다. 문제의 난이도와 수험경향 파악용으로 사용하시길 권고드립니다. 본 기출복원문제에 대한 무단복제 및 전재를 금하며 저작권은 SD에듀에 있음을 알려드립니다.

01 다음 중 원가회계의 특징으로 옳지 **않은** 것은?

① 원가회계는 제조기업의 제품제조원가를 계산한다.
② 기업의 외부이해관계자인 채권자 등에게 유용한 정보를 제공하는 것을 주된 목적으로 한다.
③ 원가통제에 대한 유용한 원가정보를 제공한다.
④ 원가회계를 필요로 하는 주된 업종인 제조기업은 구매과정과 제조과정 및 판매과정으로 경영활동이 이루어진다.

01 기업의 내부이해관계자인 경영자에게 유용한 정보를 제공하는 것을 주된 목적으로 하는 것은 관리회계이며, 이와 반대로 기업의 외부이해관계자인 투자자 등에게 유용한 정보를 제공하는 것을 주된 목적으로 하는 것은 재무회계이다.

02 일반적으로 조업도가 증가할수록 발생원가 총액이 증가하고, 조업도가 감소할수록 발생원가 총액이 감소하는 원가형태에 해당하는 것은?

① 변동원가
② 고정원가
③ 준변동원가
④ 준고정원가

02 변동원가에 대한 설명이다.

정답 01 ② 02 ①

03 조업도 수준과 상관없이 일정한 금액이 발생하는 고정원가에 대한 설명이다. 고정가에 속하는 예로 임차료, 보험료 등이 있으며 전력비는 준변동원가에 해당한다.

03 **다음 자료에 해당하는 원가행태와 관련한 설명으로 잘못된 것은?**

조업도(h)	10,000	20,000	30,000
총원가(₩)	1,000,000	1,000,000	1,000,000

① 조업도 수준에 관계없이 관련범위 내에서 원가총액은 항상 일정하다.

② 생산량이 증가할수록 단위당 원가부담액은 감소한다.

③ 제품 제조과정에서 가공원가로 분류된다.

④ 해당 원가로는 전력비나 임차료가 있다.

04 주어진 자료를 이용하여 직접재료비를 구하면 다음과 같다.
- 제조간접비 = ₩5,204,000(당기총제조원가) × 24%
  ∴ 제조간접비는 ₩1,248,960이다.
- ₩1,248,960(제조간접비) = 직접노무비 × 75%
  ∴ 직접노무비는 ₩1,665,280이다.
- ₩5,204,000(당기총제조원가) = 직접재료비 + ₩1,665,280(직접노무비) + ₩1,248,960(제조간접비)
  ∴ 직접재료비는 ₩2,289,760이다.

04 **다음 자료를 이용하여 직접재료비를 계산하면 얼마인가?**

- 당기총제조원가   ₩5,204,000
- 제조간접비   당기총제조원가의 24%
- 제조간접비   직접노무비의 75%

① ₩1,248,960

② ₩1,665,280

③ ₩2,289,760

④ ₩2,914,240

정답 (03 ④   04 ③)

05 다음 자료를 이용하여 1월 중 직접노무비를 계산하면 얼마인가?

- 1월 1일 원재료 재고액 ₩5,000
- 1월 31일 원재료 재고액 ₩8,000
- 1월 중 원재료 매입액 ₩45,000
- 1월 제조간접비 총액 ₩28,000
- 1월 총제조원가 ₩120,000

① ₩37,000

② ₩42,000

③ ₩50,000

④ ₩70,000

06 다음 중 제조간접비에 대한 설명으로 옳은 것은?

① 기본원가에만 해당된다.

② 변동원가에만 해당된다.

③ 간접재료비와 간접노무비는 포함되지 않는다.

④ 기계장치 감가상각비는 제조간접비에 속하는 계정과목이다.

---

05 원재료 계정과 재공품 계정을 이용하여 총제조원가 중 직접노무비를 구하면 다음과 같다.
- 직접재료비 : ₩5,000(기초재고액) + ₩45,000(당기매입액) − ₩8,000(기말재고액) = ₩42,000
- 직접노무비 : ₩120,000(당기총제조원가) − ₩42,000(직접재료비) − ₩28,000(제조간접비) = ₩50,000

06
- 제조간접비는 기본원가(직접원가)에 해당되지 않는다.
- 제조간접비는 원가행태에 따라 고정제조간접비와 변동제조간접비로 구분할 수 있다.
- 제조간접비에는 간접재료비, 간접노무비, 간접경비가 해당한다.

정답 05 ③ 06 ④

07 X부문의 원가를 먼저 고려하면 다음과 같이 배분된다.
- X부문 원가의 배분비율
  → Y : A : B = 4 : 2 : 4
- Y부문 원가의 배분비율
  → A : B = 5 : 3

[문제 하단의 표 참조]

07 (주)시대는 두 개의 제조부문과 두 개의 보조부문으로 이루어져 있으며, 부문간 용역수수에 대한 자료는 다음과 같다. 단계배부법을 사용할 경우 제조부문 A에 배분되는 보조부문의 원가는 얼마인가? (단, 보조부문원가는 X부문의 원가를 우선 배분할 것)

구분	보조부문		제조부문	
	X	Y	A	B
X부문 용역제공	–	40%	20%	40%
Y부문 용역제공	20%	–	50%	30%
발생원가	₩200,000	₩300,000	₩500,000	₩500,000

① ₩40,000

② ₩80,000

③ ₩222,500

④ ₩277,500

»»Q

구분	보조부문		제조부문		합계
	X	Y	A	B	
배분 전 원가	₩200,000	₩300,000	₩500,000	₩500,000	₩1,500,000
X	(₩200,000)	₩80,000	₩40,000	₩80,000	
Y	–	(₩380,000)	₩237,500	₩142,500	
배분 후 원가	–	–	₩777,500	₩722,500	₩1,500,000

정답 07 ④

08 다음은 (주)시대의 원가자료이다. 2월 중 기초원가는 얼마인가?

> • 2월 중 직접재료비   ₩1,000,000
> • 2월 중 가공원가   ₩1,500,000
> • 2월 중 제조간접비   ₩800,000

① ₩700,000

② ₩800,000

③ ₩1,700,000

④ ₩1,800,000

09 다음 자료를 이용하여 가공원가를 계산하면 얼마인가?

> • 직접재료비   ₩300,000
> • 직접노무비   ₩500,000
> • 고정제조간접비   ₩450,000
> • 변동제조간접비   ₩650,000

① ₩300,000

② ₩1,150,000

③ ₩1,600,000

④ ₩1,800,000

08 • ₩1,500,000(가공원가) = 직접노무비 + ₩800,000(제조간접비)
∴ 직접노무비 = ₩700,000
• 기초원가 = ₩1,000,000(직접재료비) + ₩700,000(직접노무비)
∴ 기초원가 = ₩1,700,000

09 가공원가는 직접재료비를 제외한 모든 제조원가를 의미하므로 직접노무비와 제조간접비(고정 + 변동)를 합한 ₩1,600,000이다.

정답 08 ③   09 ③

10 표준원가계산은 단위당 표준원가가 설정되어 있기 때문에 원가흐름의 가정이 필요하지 않고 재고자산의 물량만 파악하면 된다.

10 다음 중 표준원가계산에 대한 설명으로 옳지 <u>않은</u> 것은?

① 표준원가계산은 원가흐름의 가정을 통하여 계산된다.

② 효과적인 원가관리 및 통제가 가능하다.

③ 차이분석을 통하여 효과성과 효율성의 성과를 측정할 수 있다.

④ 재고자산의 평가와 매출원가산정의 기초자료를 제공한다.

11 제품별로 원가계산이 가능하기 때문에 종합원가계산에 비하여 더욱 정확한 원가계산이 가능하다.

11 개별원가계산에 대한 설명으로 가장 옳지 <u>않은</u> 것은?

① 제품을 비반복적으로 생산하는 업종에 적합한 원가계산제도이다.

② 실제원가나 예정원가를 사용하여 원가계산이 가능하다.

③ 작업원가표에 기초하여 원가계산이 이루어진다.

④ 종합원가계산에 비하여 제품별로 정확한 원가계산이 불가능하다.

12 보조부문의 원가를 제조부문에 배부하는 방법으로는 직접배부법, 단계배부법, 상호배부법이 있다. 그 중 보조부문 상호간의 용역수수관계가 중요한 경우 보조부문간의 용역수수관계를 전부 고려하여 제조부문에 배부하는 방법은 상호배부법이다.

12 보조부문 상호간의 용역수수관계를 중요하게 판단하고 보조부문간의 용역수수관계를 전부 고려하여 제조부문에 배부하는 방법은 무엇인가?

① 직접배부법

② 단계배부법

③ 상호배부법

④ 간접배부법

정답 10 ① 11 ④ 12 ③

13 다음 자료를 이용하여 평균법에서의 완성품환산량을 계산하면 얼마인가?

> - 기초재공품　10,000개(재료비 완성도 : 60%, 가공비 완성도 : 50%)
> - 당기착수량　90,000개
> - 완성품수량　80,000개
> - 기말재공품　20,000개(재료비 완성도 : 80%, 가공비 완성도 : 60%)
> - 재료비는 공정초반에 전량 투입되며, 가공비는 공정전반에 걸쳐 균등하게 투입된다.

	재료비환산량(개)	가공비환산량(개)
①	90,000	90,000
②	96,000	90,000
③	100,000	90,000
④	100,000	92,000

14 (주)시대는 선입선출법으로 종합원가계산을 하고 있다. 다음 자료에 의하여 기말재공품의 원가를 계산하면 얼마인가?

> - 완성품환산량 단위당 재료비　　　　　₩400
> - 완성품환산량 단위당 가공비　　　　　₩300
> - 기말재공품 수량　　　　　　　200개(80%)
> - 재료비는 공정초반에 전량 투입되며, 가공비는 공정전반에 걸쳐 균등하게 투입된다.

① ₩48,000

② ₩80,000

③ ₩128,000

④ ₩140,000

13 평균법에 의해 완성품환산량은 기초재공품과 당기착수량을 구분하지 않고 계산한다.
- 재료비환산량 : 완성품환산량 80,000개 + 기말재공품 환산량 20,000개 = 100,000개
- 가공비환산량 : 완성품환산량 80,000개 + 기말재공품 환산량 12,000개(20,000개 × 60%) = 92,000개

14 ・기말재공품 재료비 : 200개 × ₩400 = ₩80,000
- 기말재공품 가공비 : (200개 × 80%) × ₩300 = ₩48,000
- 기말재공품 원가 : ₩80,000 + ₩48,000 = ₩128,000

정답 13 ④　14 ③

15 준변동원가(혼합원가)에 대한 설명이다.

15 전화요금이나 전력비와 같이 고정원가와 변동원가의 요소를 모두 포함한 원가를 무엇이라 하는가?

① 기초원가

② 가공원가

③ 혼합원가

④ 준고정원가

16 • 방법 1

원가함수를 y = a + bx라 하면 최고조업도와 최저조업도는 각각 1월은 34,000시간, 5월은 31,000시간이다. 이를 1월과 5월의 원가함수에 대입하면

㉠ : ₩610,000 = a + 34,000b

㉡ : ₩586,000 = a + 31,000b

㉠과 ㉡을 연립하여 풀면 a = ₩338,000, b = 8이다.

따라서, 원가함수는 y = ₩338,000 + 8x가 된다. 즉 총고정원가는 ₩338,000이다.

• 방법 2

– 단위당 변동원가 = (₩610,000 – ₩586,000) ÷ (34,000시간 – 31,000시간) = ₩8

– 월별 고정원가 = ₩610,000 – (34,000시간 × ₩8) = ₩338,000

또는, ₩586,000 – (31,000시간 × ₩8) = ₩338,000

16 (주)시대의 상반기 전력비는 다음과 같다. 기계시간이 전력비에 대한 원가동인이라면 고저점법으로 원가함수를 추정할 경우 총고정원가는 얼마인가?

월별	기계시간(h)	전력비(₩)
1월	34,000	610,000
2월	32,250	550,000
3월	32,150	507,000
4월	32,000	598,000
5월	31,000	586,000
6월	33,530	475,000

① ₩338,000

② ₩438,000

③ ₩586,000

④ ₩598,000

정답 15 ③ 16 ①

17 다음 (주)시대의 원가 및 기타자료를 기초로 차기 영업이익을 ₩60,000으로 정할 경우 총매출액은 얼마인가?

• 고정원가	₩150,000
• 공헌이익률	30%

① ₩500,000
② ₩560,000
③ ₩700,000
④ ₩760,000

18 다음 중 예산에 관한 설명으로 옳지 <u>않은</u> 것은?

① 종합예산은 조직의 각 부문 활동에 대해 예산이 종합된 조직 전체의 예산이며 변동예산의 일종이다.
② 고정예산은 단 하나의 조업도 수준에 근거하여 작성되기 때문에 성과평가 목적으로 적합한 것이 아니다.
③ 변동예산은 일정 범위의 조업도 수준에 관한 예산이며 성과평가 목적을 달성하기 위해 실제원가를 실제 조업도 수준에서 예산원가와 비교한다.
④ 예산과 관련된 종업원들이 예산편성과정에 참여하는 참여예산의 문제점 중 하나는 예산슬랙이 발생할 가능성이 크다는 것이다.

19 예산편성에 대한 설명으로 옳지 <u>않은</u> 것은?

① 운영예산은 보통 1년을 기준으로 작성된다.
② 연속예산은 관리자가 앞으로 1년에 대한 계획을 세울 수 있다.
③ 참여적 예산은 종업원들이 조직의 일원이라는 인식을 갖기 어렵다.
④ 예산프로그램이 성공하려면 중간관리자층의 전폭적인 지지가 필요하다.

---

17 목표매출액을 'S'라고 할 때 영업이익 = 공헌이익 − 고정비이고, ₩60,000 = (S × 0.3) − ₩150,000 이므로 S = ₩700,000이 된다.

18 종합예산은 기업 전체의 공식적인 행동계획을 화폐로 측정한 것으로 판매예산, 구매예산, 판매관리비예산, 현금예산 등을 기초로 하여 예산손익계산서와 예산재무상태표를 수립하는 예산으로 변동예산과 고정예산 모두 가능하다.

19 참여적 예산은 종업원들이 조직의 일원이라는 인식을 가지게 한다.

정답 17 ③ 18 ① 19 ③

20 실제제조간접비배부율 = 실제제
조간접비총액 ÷ 실제배부기준
₩350,000 ÷ 35시간 = ₩10,000/h

20 (주)시대는 실제개별원가계산제도를 채택하고 있다. 다음 자료를
이용하여 실제제조간접비배부율을 구하면 얼마인가?

• 실제제조간접비	₩350,000
• 예정제조간접비	₩400,000
• 실제직접노동시간	35시간
• 예정직접노동시간	50시간
• 실제기계작업시간	100시간
• 예정기계작업시간	80시간
• (주)시대는 직접노동시간을 기준으로 제조간접비를 배부하고 있다.	

① ₩3,500/h

② ₩5,000/h

③ ₩8,000/h

④ ₩10,000/h

21 • 예정배부율
₩2,040,000(예정제조간접비) ÷
800,000시간(예정직접노동시간)
= ₩2.55/h
• 예정배부액
₩2.55(예정배부율) × 840,000시
간(실제직접노동시간)
= ₩2,142,000
• 제조간접비 배부차이
실제제조간접비 발생액은
₩2,160,000, 예정제조간접비 배
부액은 ₩2,142,000이므로
₩18,000 과소배부다.

21 (주)시대는 정상원가계산제도를 채택하고 있으며, 직접노동시간
을 기준으로 제조간접원가를 배부하고 있다. 다음 자료를 이용
하여 제조간접비 배부차이를 구하면 얼마인가?

• 예정제조간접비	₩2,040,000
• 실제제조간접비	₩2,160,000
• 예정직접노동시간	800,000시간
• 실제직접노동시간	840,000시간

① ₩9,000 과소배부

② ₩9,000 과대배부

③ ₩18,000 과소배부

④ ₩18,000 과대배부

정답 20 ④ 21 ③

22 다음 중 가격결정 시 고려되는 요소로 가장 적절하지 <u>않은</u> 것은?

① 원가

② 제조기술

③ 고객

④ 경쟁사의 조건

23 (주)시대는 연산품 A, B, C를 생산하고 있다. 6월 중 결합원가는 ₩2,000,000이고, 모든 제품은 분리점에서 판매되며 관련 자료는 다음과 같다. 상대적 판매가치법에 따라 산출된 연산품 C의 결합원가 배부액은 얼마인가?

제품	생산량	단위당 판매가격
A	5,000개	₩500
B	3,000개	₩500
C	2,000개	₩500
합계	10,000개	

① ₩400,000

② ₩600,000

③ ₩1,000,000

④ ₩2,000,000

>>>◯

제품	상대적 판매가치	결합원가 배부액
A	5,000개 × ₩500 = ₩2,500,000	₩1,000,000
B	3,000개 × ₩500 = ₩1,500,000	₩600,000
C	2,000개 × ₩500 = ₩1,000,000	₩400,000
합계	₩5,000,000	₩2,000,000

24 표준원가계산으로 제조기술 자체가 향상될 수는 없다.

24 다음 중 표준원가계산의 목적으로 볼 수 **없는** 것은?

① 예산편성
② 원가통제
③ 재고자산의 평가
④ 제조기술의 향상

25 [문제 하단의 표 참조]

25 (주)시대의 노무원가 관련자료가 다음과 같을 때 표준임률은 얼마인가?

• 실제발생액	₩800,000
• 실제 총작업시간	40,000시간
• 임률차이	₩200,000(불리)
• 능률차이	₩75,000(유리)
• 실제생산량	15,000단위
• 제품당 표준작업시간	3시간

① ₩3
② ₩15
③ ₩20
④ ₩30

»»♀

①	②	③
실제투입시간 × 실제임률	실제투입시간 × **표준임률**	실제산출량에 허용된 표준시간 × 표준임률
₩800,000	40,000시간 × **₩15** = ₩600,000	(15,000단위 × 3시간) × ₩15 = ₩675,000
임률(가격차이) = ① − ② = ₩200,000(불리)		
	능률차이 = ② − ③ = ₩75,000(유리)	

정답 24 ④ 25 ②

26 (주)시대는 표준원가계산제도를 채택하고 있다. 다음 자료에 의하여 원재료에 대한 능률차이를 계산하면 얼마인가?

> - 실제구입량   1,000kg
> - 실제사용량   800kg
> - 실제생산량에 허용된 표준투입량   850kg
> - kg당 실제가격   ₩100
> - 구입가격차이   ₩20,000(유리)

① ₩6,000 유리

② ₩6,000 불리

③ ₩18,000 유리

④ ₩18,000 불리

26 • 구입가격차이: $AQ \times (AP - SP)$ $= 1,000kg \times (₩100 - SP) =$ ₩20,000(유리), $SP = ₩120$
• 능률차이: $(AQ - SQ) \times SP =$ $(800kg - 850kg) \times ₩120 =$ ₩6,000(유리)

27 고정제조간접원가 실제발생액과 고정제조간접원가 예산의 차이를 무엇이라 하는가?

① 고정제조간접원가 조업도차이

② 고정제조간접원가 예산차이

③ 고정제조간접원가 총차이

④ 고정제조간접원가 능률차이

27 [문제 하단의 표 참조]

>>>○

고정제조간접원가 실제발생액	고정제조간접원가 예산	고정제조간접원가 배부액
실제원가	표준배부율 × 기준조업도	표준배부율 × 실제생산량에 허용된 표준조업도
고정제조간접원가 예산(소비)차이		−
−	고정제조간접원가 조업도차이	
고정제조간접원가 총차이		

정답   26 ①   27 ②

28 고정제조간접원가 조업도차이
= 예산액 − 배부액
= 배부율 × 단위당 표준시간 × (기준조업도 − 실제생산량)
= ₩21 × 10시간 × (2,400개 − 2,500개)
= ₩21,000(유리)

28 다음 자료를 이용하여 고정제조간접원가 조업도차이를 구하면 얼마인가?

• 고정제조간접원가 월기준조업도	2,400개
• 당월 생산량	2,500개
• 제품 1단위당 표준기계시간	10시간
• 제조간접원가 표준원가배부율	기계시간당 ₩45
• 고정제조간접원가 배부율	기계시간당 ₩21

① ₩21,000(유리)

② ₩21,000(불리)

③ ₩24,000(유리)

④ ₩24,000(불리)

29 불량품질의 재료를 사용한 경우에는 공손품이나 작업폐물이 발생하기 때문에 수량차이라고 할 수 있다.

29 다음 중 직접재료비 가격차이의 발생원인으로 볼 수 **없는** 것은?

① 대량구매를 통하여 수량할인을 받은 경우

② 부적절한 표준가격을 설정한 경우

③ 표준품질과 다른 품질의 재료를 구입한 경우

④ 불량품질의 재료를 사용한 경우

정답 28 ① 29 ④

30 다음 중 변동예산에 대한 설명으로 옳은 것은?

① 변동예산은 항상 처음에 설정된 조업도에 근거하여 편성된 예산과 실제 성과를 비교하여 성과를 평가한다.

② 변동예산의 목적은 어떤 수준의 조업도에서도 예산과 실제의 결과를 비교 가능하게 하기 위한 것이다.

③ 변동예산과 고정예산과의 차이를 변동예산차이라고 한다.

④ 변동예산과 실제성과와의 차이를 매출조업도차이라고 한다.

31 (주)시대는 연필을 생산하는 제조기업이다. 단위당 판매가격이 ₩500이고, 단위당 변동비가 ₩250인 제품을 생산·판매하고 있다. 연간 고정비가 ₩162,500일 때, 손익분기점 판매량은 몇 개인가?

① 600개
② 650개
③ 700개
④ 750개

32 다음 중 변동원가계산의 유용성으로 볼 수 <u>없는</u> 것은?

① 원가행태별 통제가 용이하다.

② 공헌이익을 별도 계산하기 용이하여 부문별 업적평가가 가능하다.

③ 장기적인 의사결정에 유용하다.

④ CVP분석을 위한 자료를 쉽게 구할 수 있다.

30 ① 고정예산은 항상 처음에 설정된 조업도에 근거하여 편성된 예산과 실제 성과를 비교하여 성과를 평가한다.
③ 변동예산과 고정예산과의 차이를 매출조업도차이라고 한다.
④ 변동예산과 실제성과와의 차이를 변동예산차이라고 한다.

31 손익분기점 판매량
= 총고정원가 ÷ 단위당 공헌이익
= ₩162,500 ÷ (₩500 − ₩250)
= 650개

32 변동원가계산은 단기의사결정에 유용하다.

정답 30 ② 31 ② 32 ③

33 [문제 하단의 표 참조]

33 다음 자료를 이용하여 계산한 (주)시대의 변동원가계산에 의한 순이익이 ₩20,000일 때 전부원가계산에 의한 순이익을 계산하면 얼마인가?

구분	직접재료원가	직접노무원가	변동제조 간접원가	고정제조 간접원가
기초	₩2,000	₩600	₩500	₩1,000
기말	₩3,000	₩800	₩900	₩1,500

① ₩20,000

② ₩20,500

③ ₩21,000

④ ₩21,500

》》Q

변동원가계산에 의한 순이익	₩20,000
+ 기말재고자산에 포함된 고정제조간접원가	₩1,500
− 기초재고자산에 포함된 고정제조간접원가	₩1,000
= 전부원가계산에 의한 순이익	₩20,500

정답 33 ②

34 (주)시대는 부품 A를 자가제조하고 있다. 10,000개 자가제조 시 단위당 원가는 다음과 같다.

- 직접재료원가   ₩480
- 직접노무원가   ₩700
- 변동제조간접원가   ₩320
- 고정제조간접원가   ₩1,000

(주)고시는 (주)시대에 부품 A를 단위당 ₩2,300에 연간 10,000개를 납품하겠다고 제의하였다. (주)시대가 이 제안을 수락할 경우 시설임대료 연 ₩5,000,000의 수익 창출이 가능하고 부품 A에 배부된 단위당 고정제조간접원가 ₩600을 외부구매로 회피 가능할 때 다음 중 옳은 것은?

① 자가제조 ₩2,000,000(유리)

② 자가제조 ₩2,000,000(불리)

③ 외부구매 ₩3,000,000(유리)

④ 외부구매 ₩3,000,000(불리)

>>>🔍

구분	항목	결과	
증분수익	시설임대료		₩5,000,000
차액원가	구매원가 증가	₩2,300 × 10,000개	(₩23,000,000)
	직접재료원가 감소	₩480 × 10,000개	₩4,800,000
	직접노무원가 감소	₩700 × 10,000개	₩7,000,000
	변동제조간접원가 감소	₩320 × 10,000개	₩3,200,000
	고정제조간접원가 감소	₩600 × 10,000개	₩6,000,000
증분이익			₩3,000,000

34 [문제 하단의 표 참조]

35 [문제 하단의 표 참조]

35 다음은 (주)시대의 매출액과 원가자료이다. (주)시대의 경영자는 최근 매출액이 급격히 감소하고 있는 제품 A의 폐지를 고려하고 있다. 제품 A를 폐지할 경우 회사 전체 순이익의 감소액을 구하면 얼마인가?

> • 제품 A의 매출액   ₩250,000
> • 고정원가   ₩20,000
> >   (이 중 제품 A를 폐지할 경우 ₩5,000이 회피 가능)
> • 변동원가   ₩130,000

① ₩100,000

② ₩115,000

③ ₩135,000

④ ₩250,000

>>>𝒪

증분수익(매출액 감소)	- ₩250,000
- 증분비용(변동원가 + 고정원가절감)	- ₩135,000
= 증분이익(손실)	- ₩115,000

정답 35 ②

36 (주)시대는 특별주문생산이 증가하고 있다. 기계설비가 여유로운 경우 특별주문의 의사결정과 관련하여 크게 영향이 <u>없는</u> 것은?

① 직접재료원가
② 직접노무원가
③ 고정제조간접원가
④ 변동제조간접원가

36 기계설비가 여유로운 경우 고정원가는 특별주문 의사결정과 관련성이 없다.

37 일반적으로 투자대상으로부터의 현금흐름은 투자자산의 내용연수 중 현금흐름의 발생시점에 따라 달라진다. 다음 중 현금흐름의 발생시점이 <u>아닌</u> 것은?

① 투자시점에서의 현금흐름
② 투자기간의 현금흐름
③ 투자종료시점의 현금흐름
④ 투자회수시점의 현금흐름

37 자본예산에서 일반적으로 고려하는 현금흐름은 투자시점에서의 현금흐름, 투자기간의 현금흐름, 투자종료시점의 현금흐름으로 분류할 수 있다.

38 자본예산분석방법 중 회계적이익률법의 장점이 <u>아닌</u> 것은?

① 계산이 간편하고 이해하기 쉽다.
② 회계상의 순이익을 이용하므로 회계상의 자료를 그대로 이용할 수 있다.
③ 전체적인 수익성이 고려된다.
④ 화폐의 시간적 가치를 고려한다.

38 회계적이익률법은 화폐의 시간적 가치를 고려하지 못하는 단점이 있다.

정답 36 ③ 37 ④ 38 ④

39 책임회계제도에 기반을 둔 경영체제가 운용되기 위해서는 책임중심점이 있어야 하는데, 일반적인 네 가지 형태 중 이익중심점에 대한 내용이다.

39 다음 괄호에 해당하는 책임중심점은 무엇인가?

( )은 하나의 기업 그 자체가 될 수도 있지만 생산부서나 판매부서와 같이 기업의 특정부서로 구성되는 것이 일반적이며, 원가와 수익 모두에 대해 통제책임을 지는 중심점이다.

① 수익중심점

② 원가중심점

③ 투자중심점

④ 이익중심점

40 대체가격은 시장가격기준, 원가기준, 협상가격기준으로 분류한다.

40 다음 중 대체가격의 분류에 해당하지 않는 것은?

① 시장가격기준

② 원가기준

③ 공급가격기준

④ 협상가격기준

정답 39 ④ 40 ③

SD에듀와 함께, 합격을 향해 떠나는 여행

제 1 장

원가관리회계의 개념

교육은 우리 자신의 무지를 점차 발견해 가는 과정이다.

– 윌 듀란트 –

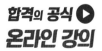

제 1 장 | 원가관리회계의 개념

1 원가관리회계의 의의 기출

일반적으로 상기업은 완성품인 상품을 매입하여 이를 판매하는 과정을 통해 기업의 이익이 창출되는 반면에 제조기업은 원재료 등을 매입해 이를 바탕으로 제품을 제조한 후 생산한 제품을 판매하는 과정을 통해 기업의 이익을 창출한다.

원가회계란 제품의 제조에 투입된 원가를 기록, 계산 그리고 집계하여 제품생산에 소요된 총원가를 계산하는 회계처리이다. 또한 경영자의 일상적인 경영활동을 위한 계획(의사결정)과 통제(성과평가) 및 외부보고용 재무제표를 작성하는 데 유용한 경제적 정보를 제공하는 서비스 활동을 말한다.

> **더 알아두기**
>
> **재무회계와 원가관리회계** 기출
>
> | 구분 | 재무회계 | 원가관리회계 |
> |------|----------|--------------|
> | 목적 | 외부정보이용자의 경제적 의사결정에 유용한 정보의 제공 | 경영자의 경제적 의사결정에 유용한 정보의 제공 |
> | 정보이용자 | 외부정보이용자(주주, 채권자 등) | 내부정보이용자(경영자, 관리자 등) |
> | 보고수단 | 기업회계기준에 따른 재무제표 | 일정한 기준이 없는 특정보고서 |
> | 정보의 질적 속성 | 객관적이며 검증 가능한 정보 | 주관적이며 목적 적합한 정보 |
> | 시간적 관점 | 과거지향적 정보 | 미래지향적 정보 |
> | 범위 | 넓고 전체적인 범위 | 좁고 구체적인 범위 |

2 원가관리회계의 목적 기출

(1) 재무제표의 작성에 유용한 원가정보를 제공한다.

(2) 원가통제에 대한 유용한 원가정보를 제공한다.

(3) 경영자의 경영의사결정에 유용한 원가정보를 제공한다.

제2절 │ 원가관리회계의 체계와 범위

1 원가관리회계의 체계와 범위

원가회계는 이익측정과 재고자산평가를 위하여 역사적 원가자료를 집계, 측정, 배분 및 평가하는 제품원가계산방법을 다루는 회계인 반면, 관리회계는 경영자의 의사결정과 계획과 통제 및 성과평가에 유용한 정보를 제공하기 위한 회계이다.

원가관리회계의 범위는 기업 전체뿐만 아니라 조직의 생산업무 프로세스와 재고관리 문제 등과 관련된 생산관리 부문, 조직부서의 성과평가 문제를 다루는 인사조직 부문, 이밖에도 마케팅, 전략 부문 등에도 관리적 의사결정을 할 때 필요한 정보를 제공한다.

〈원가관리회계의 범위〉

원가회계의 영역	관리회계의 영역		
제품원가계산	전략적 계획	경영통제	업무통제

2 의사결정의 범주에 따른 관리회계 분류

앤서니(R. N. Anthony)는 관리회계를 의사결정의 범주에 따라 전략적 계획, 경영통제, 업무통제로 나누었다.

(1) 전략적 계획

목표를 설정하고 그 목표를 달성하기 위한 대안을 탐색하여 더 나은 결과를 얻을 수 있는 방안에 대해 의사결정하는 것을 계획이라고 한다. 계획은 기간에 따라 단기·중기·장기로 분류하며 계획이 포함하는 범주에 따라 전략적 계획과 구체적 계획으로 분류할 수 있다. 예를 들어 어떤 물건을 생산하여 판매하고자 할 때 세우는 생산전략이나 판매전략 등을 전략적 계획이라 하며, 전략적 계획을 달성하기 위한 입지 선정이나 생산시간, 판촉활동 등을 구체적 계획이라 한다. 전략적 계획을 수립할 때 중요한 점은 기업과 기업환경 간의 관계 설정을 고려하는 것이다. 전략적 계획을 세울 때 여러 대안 가운데 하나를 선택해야 하는데 이 경우 여러 가지 원가개념을 이용한 회계정보가 사용된다.

(2) 경영통제와 업무통제

통제는 조직의 각 부서가 수립된 계획을 적절하게 수행하고 있는지를 확인하는 절차를 의미한다. 통제하는 영역에 따라 분류하면 조직의 목표달성에 필요한 자원을 통제하는 부분을 경영통제라 하며 특정 과업 또는 거래들이 원활하게 수행되게 통제하는 것을 업무통제라 한다. 조직의 각 부서나 특정 과업 또는 거래가 사전에 설정된 목표를 달성하고 있는지를 확인하는 과정을 피드백이라 하며 이때 실행 여부를 평가하는 경영통제시스템인 성과평가회계가 사용된다.

(3) 원가관리회계의 범위

원가관리회계의 범위는 외부 공표용 재무제표를 작성하기 위한 제품원가계산 측면, 원가계산의 관리적 측면, 경영자의 의사결정에 필요한 자료를 제공하는 측면으로 나눌 수 있다.

제품원가계산 측면	원가의 흐름과 배분, 개별원가계산, 활동기준원가계산, 종합원가계산 등
관리적 측면	표준원가계산, 변동원가계산 등
경영자의 의사결정에 필요한 자료를 제공하는 측면	원가의 분류와 추정, 원가・조업도・이익분석, 관련원가와 의사결정, 자본예산, 종합예산, 책임회계와 성과평가, 대체가격 등

제3절　경영통제시스템의 의의와 발전

1 경영통제시스템의 의의

경영통제시스템(Management Control System)은 경영자가 기업목표를 달성하는 데 자원이 효과적・효율적으로 획득・사용되었는지를 확인하기 위한 것이다. 경영통제시스템은 경영통제의 주된 목적과 경영통제 과정을 결정하는 것으로 이루어지므로 목적을 명확히 하여 구성원들에게 전달해야 한다.
경영통제시스템은 상급자인 최고경영자가 하급자인 하위경영자와 사원에게 지시하고, 각 부서가 사전에 설정된 목표를 달성하고 있는지 업적을 평가하고 목표를 점검하고 수정하는 피드백 과정을 거친다.

2 경영통제시스템의 요소

(1) **경영자** : 상급자와 하급자로 구성되는데, 상급자는 하급자의 업무를 감독·지시하는 역할을 한다.

(2) **경영과정** : 하급자가 운영과정을 감독·지시하는데, 주로 예산을 계획·집행하는 과정이다.

(3) **환경** : 통제불가능요소로 정치적 변동, 경제적 변화, 경쟁기업의 반응 등이 있다.

(4) **성과** : 경영과정의 결과를 평가하는 과정으로서 예산과 결과를 비교·분석하는 과정이며, 원가차이분석, 책임회계 등의 수단으로 성과를 평가한다.

(5) **피드백** : 미래의 계획을 수정하는 역할이다.

3 경영통제의 발전과정

혼그렌(C. T. Horngren)에 의하면 경영통제시스템은 다음 단계를 거쳐 발전해 왔다.

(1) **제1단계 : 물리적 관찰**
　① 경영자가 실제 업무를 관찰·감독하여 경영업무를 수행한다.
　② 중소기업의 경우에는 적합하지만 대기업에서는 부적절하다.

(2) **제2단계 : 역사적 기록**
　① 회계장부를 체계적으로 기록하는 단계이며 재무제표와 같은 회계보고서가 작성되는 단계이다.
　② 금년의 실적과 작년의 실적 비교로 성과평가가 가능하다.

(3) **제3단계 : 종합예산**
　① 종합예산의 편성, 실행단계, 경영의 계획과 통제가 양적 수단에 의해 수행되는 단계(금년의 목표달성 여부 확인가능)이다.
　② 1년 단위의 계획과 같은 큰 계획단위 예산으로 고정예산을 뜻한다.

(4) 제4단계 : 변동예산

① 예산을 여러 조업도에 따라 편성함으로써 실제원가와 예산원가를 비교·분석하는 단계이다.

② 표준원가계산을 함께 고려함으로써 원가차이가 강조되어 분석되며 예산제도가 고도로 발전된 단계이다.

(5) 제5단계 : 책임회계

① 책임중심점별로 책임을 부여하여 업무를 수행하게 하고, 책임에 따라 성과를 분석·평가함으로써 기업의 목표를 달성하고자 하는 회계이다.

② 책임회계는 관리회계가 고도로 이루어지는 단계이다.

○✕로 점검하자 | 제1장

※ 다음 지문의 내용이 맞으면 ○, 틀리면 ✕를 체크하시오. [1~7]

01 원가관리회계는 기업회계기준에 따른 재무제표를 통하여 정보이용자에게 보고한다. (　　)

02 원가관리회계는 미래지향적 정보를, 재무회계는 과거지향적 정보를 제공한다. (　　)

03 표준원가계산, 변동원가계산 등은 제품원가계산 측면으로 볼 수 있다. (　　)

04 경영통제시스템은 경영자가 기업목표를 달성하는 데 자원이 효과적으로 사용되었는지를 확인하기 위한 것이다. (　　)

05 경영자는 상급자와 하급자로 구분되는데 하급자는 상급자의 업무를 감독하는 역할을 한다.
(　　)

06 환경 중 통제불가능요소로는 정치적 변동, 경제적 변화, 경쟁기업의 반응 등이 있다. (　　)

07 경영통제의 발전과정 중 제5단계 책임회계는 책임중심점별로 책임을 부여하여 업무를 수행하게 하고, 이 책임에 따라 성과를 분석·평가함으로써 기업의 목표를 달성하고자 하는 회계이다.
(　　)

정답과 해설　01 ✕　02 ○　03 ✕　04 ○　05 ✕　06 ○　07 ○

01　원가관리회계는 일정한 기준이 없는 특정보고서를 통하여 정보이용자에게 보고한다.
03　표준원가계산, 변동원가계산 등은 관리적 측면으로 볼 수 있다.
05　상급자는 하급자의 업무를 감독·지시하는 역할을 한다.

01 다음 중 원가관리회계에 대한 설명으로 옳지 <u>않은</u> 것은?

① 재무제표의 작성에 유용한 원가정보를 제공한다.

② 원가통제에 대한 유용한 원가정보를 제공한다.

③ 경영자의 경영의사결정에 유용한 원가정보를 제공한다.

④ 객관적이며 검증 가능한 정보를 제공한다.

02 다음 중 원가회계의 영역에 해당하는 것은?

① 제품원가계산

② 경영통제

③ 업무통제

④ 전략적 계획

03 다음 중 원가관리회계의 특징은?

① 과거지향적 정보를 더 강조한다.

② 기업회계기준에 따른 재무제표를 작성한다.

③ 외부정보이용자를 위한 정보를 제공한다.

④ 주관적이며 목적 적합한 정보를 제공한다.

---

01 원가관리회계는 주관적이며 목적 적합한 정보를 제공한다.

02 ②·③·④는 관리회계의 영역이다.

03 ① 미래지향적 정보를 강조한다.
② 일정한 기준이 없는 특정보고서를 사용한다.
③ 내부정보이용자를 위한 정보를 제공한다.

정답 (01 ④ 02 ① 03 ④)

04 ① 제1단계 : 물리적 관찰
   ② 제2단계 : 역사적 기록
   ④ 제4단계 : 변동예산

04 다음 중 경영통제의 발전단계에 대한 설명으로 옳은 것은?

① 제1단계 : 책임회계

② 제2단계 : 변동예산

③ 제3단계 : 종합예산

④ 제4단계 : 물리적 관찰

정답 04 ③

제 2 장

원가의 개념과 분류

교육이란 사람이 학교에서 배운 것을 잊어버린 후에 남은 것을 말한다.

– 알버트 아인슈타인 –

제 **2** 장 | 원가의 개념과 분류

제1절 원가의 개념 기출

원가란 재화나 서비스의 생산을 달성하기 위해 희생되었거나 희생되었으리라고 예상되는 재화 등의 경제적 자원을 화폐적 단위로 측정한 것을 말한다. 이와 같이 발생한 원가는 기업이 재화와 용역을 획득하는 과정에서 점차 비용으로 배분된다. 즉, 원가금액 중 당기의 수익획득과정에서 소멸된 부분은 비용으로, 소멸되지 않고 남아있는 부분은 자산으로 계상된다.

$$원가(Cost) \begin{cases} 미소멸원가 : 자산(Assets) \\ 소멸원가 : 비용(Expense) \end{cases}$$

제2절 원가의 분류 기출

1 원가요소에 따른 분류

(1) 재료비 : 제품생산을 위해 소비된 주요재료비

(2) 노무비 : 제품생산을 위해 소비된 원가(공장 종업원의 임금, 제수당 등)

(3) 제조경비 : 제품생산을 위해 소비된 원가로 재료비와 노무비를 제외한 기타 원가

2 추적가능성에 따른 분류 기출

추적가능성에 따른 분류는 기업이 여러 가지 제품을 생산하는 경우, 제조와 관련하여 발생한 원가 중 특정 제품이나 원가대상에 직접적으로 연결시킬 수 있는지 여부에 따라 원가를 분류하는 것으로서 직접원가와 간접원가로 분류한다.

(1) 직접원가(직접비) : 원가 소비액을 개별 제품별로 직접 추적이 가능한 원가

(2) 간접원가(간접비) : 원가가 여러 제품에 공통적으로 발생되어 원가소비액을 개별 제품별로 추적할 수 없는 원가

제조활동에 따른 분류	추적이 가능한 경우	추적이 불가능한 경우
재료원가(재료비)	직접재료원가(직접재료비)	간접재료원가(간접재료비)
노무원가(노무비)	직접노무원가(직접노무비)	간접노무원가(간접노무비)
제조경비(경비)	직접제조경비(직접경비)	간접제조경비(간접경비)
	→ 직접원가(기초원가)	→ 간접원가(제조간접비)

추적이 가능한 직접재료비, 직접노무비, 직접경비를 직접원가 혹은 기초원가라고 하며, 추적이 불가능한 간접재료비, 간접노무비, 간접경비를 간접원가 혹은 제조간접비라고 한다. 일반적으로 원가를 **직접재료비, 직접노무비, 직접경비, 제조간접비로 크게 구분하고 있다.**

3 원가행태에 따른 분류 기출

(1) 변동원가(변동비) : 조업도(또는 생산량)의 변화에 따라 관련범위 내에서 **총원가가 비례적으로 변동하는 원가**로서 조업도가 변화하더라도 **단위당 원가는 일정하게 된다.** 변동원가의 경우에는 조업도가 "0"일 경우에는 전혀 발생하지 않는다(재료비, 노무비 등).

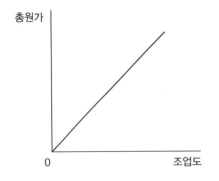
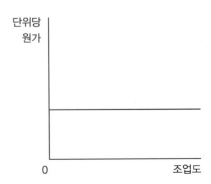

> **더 알아두기**
>
> 조업도란 기업이 보유하고 있는 시설능력의 활용 정도를 의미하는 것으로 생산량의 증가 혹은 감소가
> 원가의 변화를 초래하는 것으로 파악하는 것이다.

(2) 고정원가(고정비) : 조업도(또는 생산량)가 변화해도 관련범위 내에서 **총원가가 변하지 않고** 고정되어
있는 원가로서, 조업도가 증가하게 되면 단위당 원가는 점차 감소하게 된다. 즉, 고정원가는 조업도와
상관없이 발생하는 원가이다(임차료, 보험료, 재산세, 감가상각비 등).

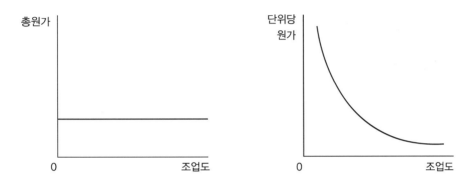

> **더 알아두기**
>
> **조업도가 증가하는 경우의 고정원가와 변동원가** 기출
>
> | 구분 | 고정원가 | 변동원가 |
> |---|---|---|
> | 총원가 | 일정 | 정비례 |
> | 단위당 원가 | 체감 | 일정 |

(3) 준변동원가(준변동비, 혼합원가) : 고정원가와 변동원가의 두 가지 요소를 모두 포함하고 있는 원가이
다. 조업도 수준이 변화(증가)할 때 총원가가 변화(증가)하는 형태를 보인다. 이러한 원가의 예는 기본
요금이 있는 전화요금이나 전기요금을 들 수 있다.

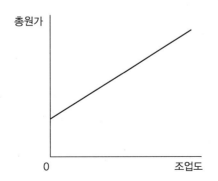

(4) 준고정원가(준고정비, 계단원가) : 고정원가와 변동원가의 두 가지 요소를 모두 포함하고 있으나, 고정원가가 원가동인의 다양한 범위별로 일정하지만 원가동인이 한 범위에서 다음 범위로 움직이면 불연속적(계단식)으로 증가하는 계단원가함수의 형태를 보인다.

예를 들어 사탕 10개를 포장하는 데 100원짜리 포장지 1장이 필요하다고 한다면 사탕을 10개 포장하는 데 포장지 1장이 필요할 것이다. 그러나 사탕을 11개부터 20개까지 포장하는 경우에는 포장지가 2장이 필요해 원가가 200원 발생할 것이다. 즉 사탕 1개부터 10개까지는 포장지 구입원가 100원, 사탕 11개부터 20개까지는 포장지 구입원가 200원, 사탕 21개부터 30개까지는 포장지 구입원가 300원이 발생하는 되는 것이다. 이러한 준고정원가는 다음과 같은 형태의 그래프가 될 것이다.

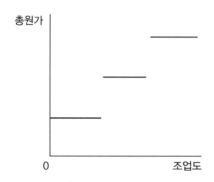

4 의사결정과 관련된 분류 기출

(1) 관련원가(Relevant costs)

의사결정 대안별로 다르게 나타나게 될 미래의 기대되는 원가로서, 미래 의사결정과 관련성이 있는 원가를 말한다. 기회원가와 회피가능원가 등이 여기에 해당된다.

① **기회원가(Opportunity cost)** 기출 : 선택된 대안 이외의 다른 대안 중 최선의 대안을 선택했더라면 얻을 수 있었던 최대이익 또는 최소비용으로 의사결정 시 반드시 고려해야 하는 원가

② **회피가능원가(Avoidable cost)** : 특정의사결정을 하지 않으면 발생되지 않을 수 있는 원가로 의사결정 여부에 따라 발생될 수도 있고 발생되지 않을 수도 있는 원가

(2) 비관련원가(Unrelevant costs)

의사결정 대안별로 차이가 나지 않는 원가로서 미래 의사결정과 관련성이 없는 원가를 말한다. 매몰원가와 회피불가능원가 등이 여기에 해당된다.

① **매몰원가(Sunk costs)** 기출 : 과거의 의사결정으로 인하여 이미 발생한 원가로서 대안 간에 차이가 발생하지 않으며 현재와 미래의 의사결정에는 아무런 영향을 미치지 못하는 원가

② **회피불가능원가(Unavoidable cost)** : 특정대안을 선택하지 않아도 계속 발생되는 원가로서 경영자의 의사결정에 의해서도 절약할 수 없는 원가

5 자산성에 따른 분류 기출

발생한 원가가 제품의 원가를 구성하느냐 아니면 발생한 기간에 전액 비용으로 처리되느냐에 따라 제품원가와 기간원가로 분류할 수 있다.

(1) 제품원가(Production costs) 기출 : 제품의 생산과 관련하여 발생하는 원가로서 제품의 원가를 구성하여 재고자산의 형태로 존재하다가 판매되는 시점에 매출원가라는 형태로 비용화되는 원가를 말한다. 따라서 제품원가는 영원히 비용화되지 않는 원가가 아니라, 판매되는 시점까지 자산으로 존재하게 되는 원가를 말하고, 재고가능원가라고도 한다.

(2) 기간원가(Period costs) : 제품원가에 해당하지 않는 나머지 원가를 말하며, 발생한 시점에 모두 당기 비용화되는 원가로서, 제품의 원가에 포함되지 않고 발생하는 회계기간의 비용으로 처리되는 원가를 말한다. 즉, 이러한 기간원가는 미래 경제적 효익을 제공할 것으로 판단하기 어렵거나 미래 경제적 효익을 측정하기 어렵기 때문에 발생시점에 모두 비용화하는 것이다. 통상 판매관리비가 이러한 기간원가에 해당되며 미래시점으로 이연되지 않기 때문에 재고불가능원가라고도 한다.

6 통제가능성에 따른 분류 기출

(1) 통제가능원가 : 일정기간 내에 경영자의 의사결정과정에 영향력을 미칠 수 있는 원가로서 경영자의 성과평가 과정에서 고려되어야 할 원가이다.

(2) 통제불능원가 : 일정기간 내에 경영자의 의사결정과정에 영향력을 미칠 수 없는 원가로서 경영자의 성과평가 과정에서 고려되어서는 안 된다.

7 시점에 따른 분류

(1) 역사적 원가 : 재화나 용역이 교환된 시점에서 결정된 원가로서 취득원가라고도 한다.

(2) 예정원가 : 앞으로 발생될 것으로 기대되는 미래원가를 추정과 분석을 통해 예측한 원가를 말한다.

제3절　원가의 구성

제품의 원가는 직접재료원가, 직접노무원가, 제조간접원가로 이루어지고 이를 원가의 3요소라고 한다.

1 직접재료원가 [기출]

구매과정에서 구입한 재료 중 제품의 제조과정에 투입되어 소비된 금액이 재료원가이다. 재료원가는 제품과의 연관성에 따라 특정제품을 위해 소비되어 그 제품의 원가로 직접 추적할 수 있는 직접재료원가와 여러 제품을 만드는 데 공통으로 사용되어 특정제품의 원가로 직접 추적할 수 없는 간접재료원가(제조간접원가)로 나누어진다. 당기의 제조에 투입된 직접재료원가는 다음과 같이 계산한다.

> 직접재료원가 = 기초재료재고액 + 당기재료매입액 − 기말재료재고액

2 직접노무원가 [기출]

노무원가란 종업원이 제조활동에 제공한 노동력의 대가인 인건비로서 직접재료원가와 마찬가지로 특정제품의 추적가능 여부에 따라 직접노무원가와 간접노무원가(제조간접원가)로 나누어진다. 이에 따라 제조현장에서 직접 제조활동에 참여하는 종업원에 대한 노무원가는 직접노무원가로, 설비수선이나 동력공급과 같이 간접적으로 제품제조활동에 참여하는 종업원에 대한 노무원가는 간접노무원가로 분류된다.

3 제조간접원가 [기출]

제조간접원가란 직접재료원가와 직접노무원가, 직접경비 이외의 모든 제조원가로서 간접재료원가, 간접노무원가, 감가상각비 등이 포함된다.

4 기초(기본)원가와 가공(전환)원가 [기출]

직접재료원가, 직접노무원가, 제조간접원가의 세 가지 제조원가 중 직접재료원가와 직접노무원가를 기초원 가 또는 기본원가라 하고, 직접노무원가와 제조간접원가를 전환원가 또는 가공원가(가공비)라고 한다.

> • 기초원가 = 직접재료원가 + 직접노무원가 + 직접경비
> • 가공원가 = 직접노무원가 + 직접경비 + 제조간접원가

					판매이익	
				판매비와관리비		판매가격
		제조간접원가				
	직접재료원가	직접원가 (기초원가)	제조원가	총원가		
직접경비	직접노무원가					

〈원가구성도〉

5 당기총제조원가 [기출]

당기 중 제품 생산에 들어간 총비용으로서 기초재공품재고액에 당기총제조비용(당기총제조원가)을 가산하고 기말재공품재고액과 타계정대체액을 차감하여 산출한다.

> 당기총제조원가 = 직접재료원가 + 직접노무비 + 직접경비 + 제조간접원가

더 알아두기

원가 분류 방법 [기출]
- 직접재료원가 = 기초재고액 + 당기매입액 – 기말재고액
- 기초원가 = 직접재료원가 + 직접노무원가 + 직접경비
- 제조간접원가 = 간접재료원가 + 간접노무원가 + 간접경비
- 당기총제조원가 = 직접재료원가 + 직접노무원가 + 직접경비 + 제조간접원가
- 총원가 = 제조원가 + 판매비와관리비
- 판매가격 = 총원가 + 판매이익

※ 다음 지문의 내용이 맞으면 ○, 틀리면 ✕를 체크하시오. [1~8]

01 원가금액 중 당기의 수익획득과정에서 소멸된 부분은 비용으로, 소멸되지 않고 남아있는 부분은 자산으로 계상된다. (   )

02 원가는 추적가능성에 따라 변동원가와 고정원가로 구분한다. (   )

03 기초원가와 전환원가에 모두 포함되는 원가는 제조간접원가이다. (   )

04 변동원가의 경우 조업도가 증가하면 총원가가 비례적으로 증가하고, 단위당 원가는 감소하게 된다.
(   )

05 기회원가란 여러 대안 중에서 선택된 대안을 제외하고 선택되지 않은 대안 중 최선의 대안의 원가 혹은 이익을 말한다. (   )

06 기간원가는 재고자산의 형태로 존재하다가 판매되는 시점에 매출원가라는 형태로 비용화되는 원가를 말한다. (   )

07 간접재료비, 간접노무비, 간접경비의 합은 제조간접원가(제조간접비)이다. (   )

08 매몰원가는 비관련원가로 의사결정에 아무런 영향을 미치지 못하는 원가이다. (   )

정답과 해설   01 ○   02 ✕   03 ✕   04 ✕   05 ○   06 ✕   07 ○   08 ○

02   원가는 추적가능성에 따라 직접원가와 간접원가로 구분한다.
03   기초원가와 전환원가에 모두 포함되는 원가는 직접노무원가이다.
04   변동원가의 경우 조업도가 증가하면 총원가가 비례적으로 증가하고, 단위당 원가는 일정하게 된다.
06   기간원가는 발생한 시점에 모두 당기 비용화되는 원가이고, 제품원가는 재고자산의 형태로 존재하다가 판매되는 시점에 매출원가 형태로 비용화되는 원가를 말한다.

01 다음 중 직접원가에 해당되는 것은?

① 특정제품의 포장비
② 공장관리자 등의 급료
③ 공장 전력비
④ 간접노무원가

02 다음 중 원가행태에 따른 원가분류로 가장 옳은 것은?

① 직접원가, 간접원가
② 재료원가, 노무원가
③ 실제원가, 표준원가
④ 변동원가, 고정원가

03 제조원가의 3요소에 해당하지 <u>않는</u> 것은?

① 재료원가
② 노무원가
③ 가공원가
④ 제조경비

04 준변동원가는 고정원가(사용량과 무관하게 납부하는 기본요금)와 변동원가(사용량에 따라 증가하는 요금)의 두 가지 요소로 구성된 원가를 말하며 혼합원가라고도 한다.

04 다음에서 설명하고 있는 원가행태는 무엇인가?

> 전력비의 원가행태는 사용량과 무관하게 납부하는 기본요금과 조업도(사용량)가 증가함에 따라 납부해야 할 금액이 비례적으로 증가하는 추가요금으로 구성되어 있다.

① 준고정원가
② 준변동원가
③ 고정원가
④ 변동원가

05 준고정원가는 고정원가와 변동원가의 두 가지 요소를 모두 포함하고 있으나, 고정원가가 원가동인의 다양한 범위별로 일정하지만 원가동인이 한 범위에서 다음 범위로 움직이면 불연속적(계단식)으로 증가하는 계단원가함수의 형태를 보인다.

05 다음에서 설명하고 있는 원가행태는 무엇인가?

> 공장의 급료를 분석한 결과, 공장노동자의 급료는 월 20일 근무기준으로 지급되며 월 20일 이상 근무하는 경우에 한해 초과근무일수에 관계없이 기본급 ₩300,000이 추가적으로 지급되고 있다.

① 준고정원가
② 준변동원가
③ 고정원가
④ 변동원가

06 가공원가(전환원가) = 직접노무원가 + 직접경비 + 제조간접원가
즉, 직접재료원가를 제외한 모든 제조원가의 합을 가공원가 혹은 전환원가라고 한다. 제시된 원가자료로 가공원가를 계산하면 ₩169,000이다.

06 다음 원가자료를 이용하여 가공원가를 계산하면?

• 직접재료원가	₩100,000	• 간접재료원가	₩2,000
• 직접노무원가	₩70,000	• 간접노무원가	₩3,000
• 직접경비	₩90,000	• 간접경비	₩4,000

① ₩160,000 ② ₩164,000
③ ₩167,000 ④ ₩169,000

정답 04 ② 05 ① 06 ④

07 다음 중 기초원가이면서 가공원가에도 해당하는 원가는 무엇인가?

① 직접재료원가

② 고정제조간접원가

③ 직접노무원가

④ 변동제조간접원가

07 기초원가는 '직접재료원가 + 직접노무원가 + 직접경비'이며, 가공원가는 직접재료원가를 제외한 모든 제조원가이다. 따라서 기초원가와 가공원가 모두 해당하는 원가는 직접노무원가이다.

08 공장에 설치하여 사용하던 기계가 고장이 나서 처분하려고 한다. 취득원가는 ₩1,000,000이며 고장시점까지의 감가상각누계액은 ₩200,000이다. 동 기계를 바로 처분하는 경우 ₩500,000을 받을 수 있으며 ₩100,000의 수리비를 들여 수리하는 경우 ₩700,000을 받을 수 있다. 이때 매몰원가는 얼마인가?

① ₩100,000

② ₩800,000

③ ₩700,000

④ ₩500,000

08 매몰원가는 과거에 이미 발생된 원가로 현재와 미래의 의사결정에는 아무런 영향을 미치지 못하는 원가이다. 문제에서는 기계를 ₩1,000,000에 취득하였기 때문에 취득가격에서 현재 감가상각누계액 ₩200,000을 제외한 ₩800,000이 매몰원가이다.

09 조업도의 증가에 따른 고정원가와 변동원가와 관련한 원가행태로 틀린 것은?

① 단위당 고정원가는 증가한다.

② 총고정원가는 일정하다.

③ 단위당 변동원가는 일정하다.

④ 총변동원가는 증가한다.

09 조업도가 증가하는 경우 단위당 고정원가는 감소한다.

정답 (07 ③ 08 ② 09 ①)

10 조업도가 증가함에 따라 단위당 변동원가는 일정한 반면, 단위당 고정원가는 감소한다.

10 다음 중 원가의 개념에 대한 설명으로 틀린 것은?

① 원가란 재화나 용역을 얻기 위하여 희생된 경제적 자원이다.

② 원가회계에서는 일반적으로 상이한 목적에 따라 상이한 원가가 사용된다.

③ 조업도가 증가함에 따라 단위당 변동원가는 증가하는 반면, 단위당 고정원가는 일정하다.

④ 조업도는 생산량, 판매량, 직접노동시간 등 원가와 인과관계가 있는 척도이다.

11 기회원가는 의사결정 시 반드시 고려해야 하는 원가이다.

11 원가의 분류에 대한 설명으로 틀린 것은?

① 특정제품에 대해 직접적으로 추적이 불가능한 원가를 간접원가라 한다.

② 기회원가는 관련원가로 현재의 의사결정 시 고려해서는 안 되는 원가이다.

③ 기간원가는 발생한 시점에 모두 당기 비용화되는 원가이다.

④ 통제불능원가는 경영자의 의사결정에 영향력을 미칠 수 없는 원가이다.

12 ① 추적가능성에 따른 분류 – 직접원가와 간접원가
② 통제가능성에 따른 분류 – 통제가능원가와 통제불능원가
④ 원가요소에 따른 분류 – 재료비, 노무비, 제조경비

12 다음 중 원가의 분류 방법과 그 내용이 바르게 연결된 것은?

① 추적가능성에 따른 분류 – 통제가능원가와 통제불능원가

② 통제가능성에 따른 분류 – 직접원가와 간접원가

③ 원가행태에 따른 방법 – 변동원가와 고정원가

④ 원가요소에 따른 분류 – 관련원가와 비관련 원가

정답 10 ③ 11 ② 12 ③

13 다음 표에 보이는 원가행태와 관련한 설명으로 **잘못된** 것은?

조업도	100시간	200시간	300시간
총원가	₩2,000,000	₩2,000,000	₩2,000,000

① 조업도 수준에 관계없이 관련범위 내에서 원가총액은 항상 일정하다.
② 제품 제조과정에서 가공원가로 분류된다.
③ 생산량이 증가할수록 단위당 원가부담액은 증가한다.
④ 상기와 같은 원가행태에 속하는 예로는 임차료와 감가상각비가 있다.

13 생산량이 증가할수록 단위당 원가부담액은 감소한다.

14 다음은 (주)시대의 올해 제조원가 자료이다. 다음 자료를 이용하여 기초원가와 가공원가를 계산하면 얼마인가?

- 직접재료원가 ₩300,000 • 변동제조간접원가 ₩60,000
- 직접노무원가 ₩500,000 • 고정제조간접원가 ₩70,000

	기초원가	가공원가
①	₩300,000	₩630,000
②	₩800,000	₩630,000
③	₩800,000	₩130,000
④	₩930,000	₩630,000

14 • 기초원가 :
₩300,000(직접재료원가) +
₩500,000(직접노무원가)
= ₩800,000

• 가공원가 :
₩500,000(직접노무원가) +
₩60,000(변동제조간접원가) +
₩70,000(고정제조간접원가)
= ₩630,000

15 매몰원가란 무엇을 의미하는가?

① 이미 발생하였기 때문에 의사결정과 관련성이 없는 원가
② 특정대안을 선택하지 않음으로써 그 발생을 회피할 수 있는 원가
③ 당기의 영업활동에 영향을 미치지 않는 원가
④ 특정 대안에 합리적으로 배분할 수 있는 원가

15 매몰원가란 과거 의사결정으로 인하여 이미 발생한 원가로서 대안 간에 차이가 발생하지 않는 원가를 의미한다. 따라서 이미 발생하였기 때문에 의사결정과 관련성이 없는 원가이다.

정답 13 ③ 14 ② 15 ①

16 당기총제조원가 :
₩35,000(기초원가) + ₩20,000
(제조간접원가) = ₩55,000

16 당기의 기초원가는 ₩35,000이고, 가공원가는 ₩30,000이었다. 제조간접원가가 ₩20,000일 때 당기총제조원가는 얼마인가?

① ₩30,000

② ₩35,000

③ ₩50,000

④ ₩55,000

17 • 원재료 사용액 :
₩100,000(기초) + ₩200,000(당기)
− ₩70,000(기말) = ₩230,000

• 당기총제조원가 :
₩230,000(직접재료비)
+ ₩180,000(직접노무비)
+ ₩130,000(제조간접비)
= ₩540,000

• 당기제품제조원가 :
₩110,000(기초재공품)
+ ₩540,000(당기총제조원가)
− ₩130,000(기말재공품)
= ₩520,000

17 다음 자료를 이용하여 당기제품제조원가를 구하면 얼마인가?

• 기초원재료 재고	₩100,000
• 기말원재료 재고	₩70,000
• 당기원재료 매입	₩200,000
• 직접노무비	₩180,000
• 제조간접비	₩130,000
• 기초재공품 재고	₩110,000
• 기말재공품 재고	₩130,000
• 기초제품 재고	₩60,000
• 기말제품 재고	₩150,000

① ₩520,000

② ₩540,000

③ ₩430,000

④ ₩230,000

정답 16 ④ 17 ①

제 3 장

원가계산제도

우리 인생의 가장 큰 영광은 결코 넘어지지 않는 데 있는 것이 아니라
넘어질 때마다 일어서는 데 있다.

– 넬슨 만델라 –

제 **3** 장 | 원가계산제도

제1절 **원가계산제도의 의의와 유형**

1 원가계산제도의 의의

원가회계는 제품원가의 계산과 원가의 관리와 통제, 성과의 측정과 평가를 위한 정보 제공이 목적이다. 제품원가계산은 재무상태표상의 재고자산을 평가하고 손익계산서상의 매출원가 결정이 목적인 원가회계의 한 영역이다.

2 원가계산제도의 유형

원가계산제도는 원가의 집계방법에 따라 개별원가계산과 종합원가계산으로 나뉜다. 또한 원가의 측정방법에 따라 실제원가계산, 정상원가계산, 표준원가계산으로 나뉘고 제품원가계산 방법에 따라 다시 전부원가계산, 변동원가계산, 초변동원가계산으로 나뉜다.

제2절 **전부원가계산과 변동원가계산**

1 변동원가계산 기출

변동원가계산은 제품원가 계산 시 변동제조원가(직접재료원가, 직접노무원가, 변동제조간접원가)만을 포함하고, 고정제조원가(고정제조간접비)는 제외하여 계산한다. 결국 변동원가계산방법에서는 제품단위의 재고비용은 어떠한 고정제조간접원가도 포함하지 않는다.

2 전부원가계산 기출

전부원가계산은 제품원가 계산 시 모든 원가(변동제조원가와 고정제조원가)를 포함하여 계산한다. 전부원가계산은 변동원가계산과 달리 변동제조비용들과 함께 고정제조간접원가도 각 제품단위에 배분한다. 그러므로 전부원가계산에서 제품단위원가는 직접재료원가, 직접노무원가, 그리고 변동 및 고정제조간접원가를 포함한다. 제품원가에 모든 생산비용을 포함시키기 때문에 전부원가계산이라는 이름이 붙은 것이다.

3 초변동원가계산

초변동원가계산은 제품원가 계산 시 직접재료원가만을 포함하고, 나머지 직접노무원가·제조간접원가는 기간원가로 처리하는 방법이다.

제3절   실제원가계산과 표준원가계산

원가계산제도는 원가의 측정방법에 따라 실제원가계산, 정상원가계산, 표준원가계산으로 나뉜다.

1 실제원가계산 기출

실제원가계산은 모든 원가를 실제 발생한 원가를 이용하여 제품원가를 계산하는 방법이다. 실제원가계산은 모든 원가를 실제치로 사용하기 때문에 해당 기간이 끝난 후가 아니면 원가정보를 얻을 수 없다. 따라서 실무에서 거의 사용되지 않는다.

2 정상원가계산 기출

정상원가계산은 직접재료원가와 직접노무원가는 실제발생한 원가를 이용하나, 제조간접원가는 예정배부율을 이용하여 제품원가를 계산하는 방법이다. 정상원가계산은 실제원가계산의 단점을 보완하기 위한 것으로 직접재료원가와 직접노무원가는 실제로 발생된 원가를, 제조간접원가는 회계연도가 시작되기 전에 결정된 제조간접비 예정배부율을 이용하여 제품에 배부하는 원가계산제도이다.

3 표준원가계산 [기출]

표준원가계산은 모든 원가를 표준배부율(표준원가)을 이용하여 계산하는 방법이다. 표준원가는 기업이 과거의 생산경험이나 기술분석 등으로 사전에 설정한 것으로서 목표의 달성을 추구하며 작업을 하게 하는 목표치의 기준이 된다. 표준원가의 개념은 일반적으로 제품이나 용역의 생산활동과 그러한 활동에 종사하는 근로자의 작업에 대하여 기업이 추구해야 할 목표를 제공하고 이의 달성 여부에 대한 성과평가를 하여 효율적인 작업관리를 하기 위한 목적으로 사용된다.

제4절   개별원가계산과 종합원가계산

1 개별원가계산 [기출]

개별원가계산은 조선업, 건축업, 항공기 제조업 등 주문이나 특별수요에 따라 종류와 규격이 상이한 제품을 개별적으로 생산하는 기업에 적합한 원가계산방법이다. 개별원가계산이란 고객의 주문에 따라 특정 제품을 개별적으로 생산하는 기업에서 사용하는 원가계산방법으로서 원가를 작업원가표를 통해 구분·집계하여 계산하는 방법이다. 즉, 개별원가계산방법에서는 제조원가를 직접재료원가, 직접노무원가, 직접경비, 제조간접원가로 구분하여 작업원가표에 집계한다. 제조간접원가의 배분 등에 대해서는 제7장 원가배분에서 자세히 다루도록 한다.

2 종합원가계산 [기출]

(1) 종합원가계산의 의의

종합원가계산은 자동차, 전자제품 등 시장수요에 따라 동종제품을 계속적으로 반복하여 대량생산하는 기업에 적합한 원가계산방법이다. 이 방법은 원가를 개별작업별로 집계하는 개별원가계산과는 달리 공정이나 부문별로 원가를 집계한 다음, 집계한 원가를 각 공정이나 부문에서 생산한 총산출물의 수량으로 나누어 산출물의 단위당 원가를 구하는 과정에 기초하고 있다.

종합원가계산을 적용하는 회사는 동종제품을 계속적으로 대량생산하기 때문에 개별작업별로 작업지시서를 발행할 필요도 없고 개별작업이 존재하지 않으므로 개별원가계산보다 더 단순하게 원가계산을 할 수 있어 관리비용도 적게 발생한다.

(2) 종합원가계산의 종류

① 평균법
평균법이란 기초재공품원가와 당기발생원가를 합한 총원가를 평균하여 완성품과 기말재공품에 배분하는 방법이다. 따라서 평균법에 의한 경우에는 기초재공품원가와 당기발생원가를 구분하지 않고 모두 합해서 총원가를 구해야 한다.

② 선입선출법
선입선출법이란 당기완성품의 구성내역에 대해 기초재공품으로 가지고 있던 것이 먼저 완성된 것으로 보는 방법이다. 따라서 기초재공품원가를 모두 완성품에 포함시키고 당기발생원가를 완성품과 기말재공품에 배분한다.

(3) 종합원가계산의 절차

> ① 물량흐름의 파악 → ② 완성품환산량 계산 → ③ 배분대상 원가의 원가요소별 파악 →
> ④ 완성품환산량 단위당 원가의 계산 → ⑤ 원가배분(완성품과 기말재공품)

① 물량흐름의 파악
물량의 흐름은 다음과 같은 등식에 의해 파악한다. 물량흐름을 파악할 때는 기말재공품의 완성도를 고려할 필요 없이 수량기준으로 계산하면 된다. 평균법의 경우 완성품수량을 기초재공품수량과 당기착수량으로 구분하지 않고, 선입선출법의 경우 완성품수량을 기초재공품수량과 당기착수량으로 구분한다.

> 기초재공품수량 + 당기착수량 = 당기완성량 + 기말재공품수량

② 완성품환산량 [기출]
완성품환산량이란 그 기간에 투입된 모든 재료 및 비용이 완성품화되었다면 생산된 완성품수량으로 공정에서의 모든 노력을 완성품으로 환산하였을 경우 몇 단위가 완성되었는지를 측정한 단위이다. 완성품이란 당해 생산공정에서 생산이 완료된 것을 말하는 것으로 가공비의 완성도가 100%이다. 기말재공품이란 당해 생산공정에서 생산이 완료되지 않고 가공 중에 있는 것으로 가공비 완성도가 100% 미만에 해당한다.

> • 완성품에 대한 완성품환산량 = 완성품수량 × 100%
> • 기말재공품에 대한 완성품환산량 = 기말재공품수량 × 가공비 완성도

평균법의 경우 총완성품환산량을 계산한다. 즉, 완성품 중 기초재공품에 해당하는 부분이 있음에도 불구하고 이를 당기에 착수된 것으로 보아 완성품환산량을 계산하는 것이다. 선입선출법의 경우 당기완성품환산량을 계산한다. 즉, 완성품을 기초재공품이 완성된 것과 당기착수분이 완성된 것으로 나누어 당기에 실제로 투입된 완성품환산량을 계산한다.

③ 배분할 원가의 요약

종합원가계산에서는 개별원가계산과 제품원가를 제조공정별로 집계한 후 이를 그 공정의 완성품과 기말재공품에 배분하는데, 이를 위해서는 공정별로 배분할 원가가 얼마인지 파악하여야 한다. 평균법의 경우 기초재공품에 포함된 원가와 당기발생원가를 합한 총원가를 구하고, 선입선출법의 경우 당기발생원가만 요약하고 기초재공품원가는 더하지 않는다.

④ 완성품환산량 단위당 원가계산

배분할 원가를 완성품으로 나누면 완성품환산량 단위당 원가를 구할 수 있다.

> • 완성품환산량 단위당 직접재료원가 = 총직접재료원가 ÷ 직접재료원가 완성품환산량
> • 완성품환산량 단위당 가공원가 = 총가공원가 ÷ 가공원가 완성품환산량

⑤ 완성품과 기말재공품 원가계산

평균법의 경우 완성품원가 계산 시 완성품환산량 단위당 원가와 완성품환산량을 곱하여 구하고, 선입선출법의 경우 완성품원가 계산 시 완성품환산량 단위당 원가와 완성품환산량을 곱한 후 여기에 기초재공품 원가를 더하여 계산한다.

> • 완성품에 배분될 원가 = 환산량 단위당 원가 × 완성품의 완성품환산량
> • 기말재공품에 배분될 원가 = 환산량 단위당 원가 × 기말재공품의 완성품환산량

(4) 평균법 `기출`

① 평균법의 개념

평균법은 기초재공품의 제조는 당기 이전에 착수하였음에도 불구하고 당기에 착수한 것으로 가정한다. 따라서 기초재공품원가를 당기에 발생한 당기총제조원가와 동일하게 취급하여 완성품과 기말재공품에 배분하는 방법이다. 그러므로 기말재공품원가는 기초재공품원가의 일부와 당기총제조비용의 일부로 계산되어 차기로 이월된다. 결국 평균법은 기초재공품의 완성도를 무시하는 방법이다.

② 평균법의 절차

〈1단계〉 물량흐름의 파악

기초재공품이 존재한다고 할 경우 공정의 투입물량과 산출물량 사이에는 다음과 같은 관계가 성립한다.

> 기초재공품수량 + 당기착수량 = 당기완성량 + 기말재공품수량

〈2단계〉 완성품환산량의 계산

각각의 원가요소별로 완성품환산량을 계산한다. 당기완성품수량은 기초재공품의 완성분과 당기투입량 중 당기완성분으로 구분할 수 있으나 평균법에서는 기초재공품도 당기에 착수된 것처럼 간주하므로 이러한 구분이 필요없다.

> 완성품환산량 = 당기완성품수량 + 기말재공품수량 × 완성도

《3단계》 원가배분대상액의 파악

원가요소별로 기초재공품원가와 당기투입원가를 합산하여 원가배분대상액 총액을 구한다. 원가배분대상액을 파악하는 단계에서 기초재공품원가를 합하는 이유는 평균법가정하에서 기초재공품도 당기에 착수된 것처럼 간주하여 완성품환산량을 계산하기 때문에 원가배분대상액을 파악하는 단계에서도 기초재공품원가 역시 당기에 발생한 것처럼 간주하기 때문이다.

> 총원가 = 기초재공품원가 + 당기투입원가

《4단계》 원가요소별 완성품환산량 단위당 원가계산

기초재공품원가와 당기투입원가를 합산한 총원가를 원가요소별 완성품환산량으로 나누어 가중평균한 완성품환산량 단위당 원가를 구한다.

> 원가요소별 완성품환산량 단위당 원가 = $\dfrac{\text{원가요소별 기초재공품원가 + 원가요소별 당기투입원가}}{\text{원가요소별 총완성품환산량}}$

《5단계》 완성품원가와 기말재공품원가계산

원가요소별 완성품환산량 단위당 원가에 완성품수량을 곱하여 완성품의 총원가를 구하고, 원가요소별 완성품환산량 단위당 원가에 기말재공품의 완성품환산량을 곱하여 기말재공품의 원가를 구한다.

> - 완성품원가 = Σ(원가요소별 완성품환산량 단위당 원가 × 완성품수량)
> - 기말재공품원가 = Σ(원가요소별 완성품환산량 단위당 원가 × 기말재공품의 원가요소별완성품환산량)

예제 문제

《평균법에 의한 종합원가계산》

(주)시대는 종합원가계산제도를 채택하고 있으며, 물량의 흐름 및 원가관련정보는 다음과 같다. 한편, 직접재료는 공정착수 시점에 투입되고 가공원가는 전 공정을 통하여 균등하게 발생한다. 평균법에 의한 기말재공품과 완성품원가를 계산하라.

- 기초재공품   2,000개(완성도 80%)
- 당기착수량   18,000개
- 당기완성량   15,000개
- 기말재공품   5,000개(완성도 60%)
- 당기발생원가   재료원가 ₩245,000, 가공원가 ₩186,000
- 기초재공품원가   재료원가 ₩15,000, 가공원가 ₩30,000

〈1단계〉 물량흐름의 파악

기초재공품	2,000개	당기완성	15,000개
당기착수량	18,000개	기말재공품	5,000개
	20,000개		20,000개

〈2단계〉 완성품환산량의 계산

구분	물량(완성도)	재료원가	가공원가
완성품	15,000개	15,000개	15,000개
기말재공품	5,000개(60%)	5,000개	3,000개
완성품환산량		20,000개	18,000개

〈3단계〉 원가배분대상액의 파악

	합계	재료원가	가공원가
기초재공품원가	₩45,000	₩15,000	₩30,000
당기발생원가	₩431,000	₩245,000	₩186,000
계	₩476,000	₩260,000	₩216,000

〈4단계〉 원가요소별 완성품환산량 단위당 원가의 계산

	재료원가	가공원가
원가합계	₩260,000	₩216,000
완성품환산량	÷20,000개	÷18,000개
완성품환산량 단위당 원가	₩13	₩12

〈5단계〉 완성품의 총원가와 기말재공품의 원가계산
① 완성품원가 : ₩375,000(15,000개 × ₩13 + 15,000개 × ₩12)
② 기말재공품원가 : ₩101,000(5,000개 × ₩13 + 3,000개 × ₩12)

(5) 선입선출법 기출

① 선입선출법의 개념

선입선출법은 기초재공품을 우선적으로 가공하여 완성시킨 다음, 당기투입분의 제조에 착수한다는 가정 아래 당기총제조비용을 배분하는 방법이다. 그러므로 선입선출법 하에서 기말재공품의 원가는 모두 당기제조비용의 일부로만 구성되어 있다고 가정을 하는 방법이다.

② 선입선출법의 절차

〈1단계〉 물량흐름의 파악

기초재공품이 존재한다고 할 경우 공정의 투입물량과 산출물량 사이에는 다음과 같은 관계가 성립한다.

기초재공품수량 + 당기착수량 = 당기완성량 + 기말재공품수량

〈2단계〉 완성품환산량의 계산

각각의 원가요소별로 완성품환산량을 계산한다. 당기완성품수량은 평균법과는 달리 기초재공품의 완성분과 당기투입량 중 당기완성분으로 구분하여 계산해야 한다.

> 완성품환산량 = 당기완성품수량 + 기말재공품 완성품환산량 − 기초재공품 완성품환산량
> = 기초재공품수량 × (1 − 전기완성도) + 당기착수완성품수량 + 기말재공품수량 ×
> 기말재공품완성도

〈3단계〉 원가배분대상액의 파악

기초재공품원가는 총액으로, 당기투입원가는 원가요소별로 파악한다. 이는 기초재공품 원가는 총액으로 완성품원가의 일부에 우선적으로 포함되는 반면에, 당기투입원가는 원가요소별로 완성품과 기말재공품에 배분되어야 하기 때문이다.

〈4단계〉 원가요소별 완성품환산량 단위당 원가계산

3단계에서 구한 원가요소별 당기투입원가(기초재공품원가는 제외)를 2단계에서 구한 완성품환산량으로 나누어 원가요소별 완성품환산량 단위당 원가를 구한다. 따라서 선입선출법에 의한 완성품환산량 단위당 원가는 당기에 투입된 원가로만 구성된다.

$$원가요소별\ 완성품환산량\ 단위당\ 원가 = \frac{원가요소별\ 당기투입원가}{원가요소별\ 총완성품환산량}$$

〈5단계〉 완성품원가와 기말재공품원가계산

완성품원가는 기초재공품원가와 당기투입원가 중 완성분의 합계액이며, 기말재공품원가는 당기투입원가 중 미완성분이다. 기초재공품원가는 총액으로 완성품원가에 포함되는 반면, 당기투입원가는 원가요소별로 완성품원가와 기말재공품원가에 배분된다.

> • 완성품원가 = 기초재공품원가 + Σ(원가요소별 당기투입완성품환산량 단위당 원가 × 완성품의 원가요소별 완성품수량)
> • 기말재공품원가 = Σ(원가요소별 완성품환산량 단위당 원가 × 기말재공품의 원가요소별 완성품환산량)

예제 문제

〈선입선출법에 의한 종합원가계산〉

(주)시대는 종합원가계산제도를 채택하고 있으며, 물량의 흐름 및 원가관련정보는 다음과 같
다. 한편, 직접재료는 공정착수 시점에 투입되고 가공원가는 전 공정을 통하여 균등하게 발생
한다. 선입선출법에 의한 기말재공품과 완성품원가를 계산하라.

- 기초재공품   200개(완성도 60%)
- 당기착수량   2,400개
- 당기완성량   2,000개
- 기말재공품   600개(완성도 70%)
- 당기발생원가   재료원가 ₩480,000, 가공원가 ₩345,000
- 기초재공품원가   재료원가 ₩180,000, 가공원가 ₩70,000

〈1단계〉 물량흐름의 파악

기초재공품	200개	당기완성	2,000개
당기착수량	2,400개	기말재공품	600개
	2,600개		2,600개

〈2단계〉 완성품환산량의 계산

구분	물량(완성도)	재료원가	가공원가
기초-완성	200개(60%)	0개	80개
당기착수-완성	1,800개	1,800개	1,800개
기말재공품	600개(70%)	600개	420개
완성품환산량		2,400개	2,300개

〈3단계〉 원가배분대상액의 파악

	합계	재료원가	가공원가
기초재공품원가	₩250,000	₩180,000	₩70,000
당기발생원가	₩825,000	₩480,000	₩345,000
계	₩1,075,000	₩660,000	₩415,000

〈4단계〉 원가요소별 완성품환산량 단위당 원가의 계산

	재료원가	가공원가
원가합계	₩480,000	₩345,000
완성품환산량	÷2,400개	÷2,300개
완성품환산량 단위당 원가	₩200	₩150

> 〈5단계〉 완성품의 총원가와 기말재공품의 원가계산
>
> ① 완성품의 총원가 : 재료원가 ₩180,000 + 1,800개 × ₩200   = ₩540,000
>
>   가공원가 ₩70,000 + 1,880개 × ₩150   = ₩352,000
>
>   ₩892,000
>
> ② 기말재공품원가 : 600개 × ₩200 + 420개 × ₩150 = ₩183,000

(6) 공손품 회계 `기출`

공손품은 품질 및 규격이 표준에 미달하여 품질검사에서 불합격한 불합격품을 말한다. 공손품은 정상공손과 비정상공손으로 구분해서 정상공손은 매출원가에 가산하고 비정상공손은 '재고자산감모손실'이라는 영업외비용으로 처리한다.

〈개별원가계산과 종합원가계산의 비교〉 `기출`

구분		개별원가계산	종합원가계산
적용생산 형태		고객의 주문에 따라 제품을 생산하는 주문생산 형태	표준규격제품을 연속적으로 대량생산하는 형태
		주로 다품종 소량생산 형태	주로 소품종 대량생산 형태
		조선, 항공, 건설업 등	식품, 화학, 제분, 정유업 등
원가계산 방법		주문을 받은 개별제품별로 작성된 작업원가표에 집계함	발생한 원가는 공정별로 재공품 계정에 집계함
		제품단위당 원가는 작업원가표에 집계된 제조원가를 작업한 수량으로 나누어 계산함	제품의 제조원가는 일정기간에 발생한 총원가를 총생산량으로 나누어 단위당 평균제조원가를 계산함
		재고자산의 평가에 있어서 작업이 완성된 것은 제품계정으로 대체되고 미완성의 제품은 재공품이 됨	재고자산의 평가에 있어서 제품은 완성수량에, 재공품은 기말재공품 환산량에 단위당 평균제조원가를 곱하여 계산
원가보고서의 작성		각 작업별로 작성함	각 공정별로 작성함
원가구분		직접원가와 간접원가 : 직접원가와 간접원가의 구분이 반드시 필요	재료원가와 가공원가 : 직접원가와 간접원가의 구분은 원칙적으로 불필요

※ 다음 지문의 내용이 맞으면 ◯, 틀리면 ✕를 체크하시오. [1~7]

01 실제원가계산과 정상원가계산의 차이가 나타나는 항목은 제조간접원가이다. (   )

02 변동원가계산은 제품원가 계산 시 모든 원가(변동제조원가와 고정제조원가)를 포함하여 계산한다. (   )

03 개별원가계산은 주로 소품종 대량생산형태에 적합한 원가계산방법이다. (   )

04 표준원가계산은 모든 원가를 표준배부율을 이용하여 제품원가를 계산한다. (   )

05 개별원가계산은 원가를 직접원가와 간접원가로 구분한다. (   )

06 종합원가계산은 원가를 재료원가와 가공원가로 구분한 후 직접원가와 간접원가로 구분한다. (   )

07 정상원가계산은 원가계산과 원가관리를 신속하게 할 목적으로 고안된 원가계산방법이다. (   )

정답과 해설　01 ◯　02 ✕　03 ✕　04 ◯　05 ◯　06 ✕　07 ✕

02 변동원가 계산 시 고정제조원가는 기간비용으로 처리한다.

03 소품종 대량생산형태에 적합한 원가계산방법은 종합원가계산이다.

06 종합원가계산에서 원가구분 시 직접원가와 간접원가 구분은 불필요하다.

07 표준원가를 사용해서 제품원가를 계산하고 회계처리를 하는 경우에는 업무가 간소화되고 신속해지며, 표준원가를 설정하면 실제원가가 표준원가의 통제한계에서 발생하는지를 파악할 수 있으므로 예외에 의한 관리를 실시할 수 있어 효율적으로 원가를 관리할 수 있다.

01 제품의 생산에는 원가의 모든 요소가 공헌하므로 변동원가는 물론 고정원가도 제품의 원가에 포함되어야 한다는 개념하에서 계산되는 원가계산방법은 전부원가계산이다.

01 제품의 생산에는 원가의 모든 요소가 공헌하므로 변동원가는 물론 고정원가도 제품의 원가에 포함되어야 한다는 개념하에서 계산되는 원가계산방법은 무엇인가?

① 종합원가계산
② 전부원가계산
③ 정상원가계산
④ 변동원가계산

02 정상원가계산에서 직접재료원가와 직접노무원가는 실제원가, 제조간접원가는 예정배부율에 따라 결정된 원가를 적용하는 원가계산방법이다.

02 정상원가계산 시 사용되는 원가요소를 바르게 나타낸 것은?

① 직접노무원가 – 예정배부율에 따른 원가
② 고정제조간접원가 – 실제배부율에 따른 원가
③ 변동제조간접원가 – 예정배부율에 따른 원가
④ 직접재료원가 – 예정배부율에 따른 원가

03 변동원가계산은 고정제조간접원가를 기간비용으로 처리하므로 설비능력의 이용정도를 파악하기 곤란하다.

03 변동원가계산과 관련된 사항이 <u>아닌</u> 것은?

① 고정제조간접원가를 기간비용으로 처리하므로 설비능력의 이용도를 정확히 측정할 수 있다.
② 이익은 생산량이 아닌 판매량에 영향을 받는다.
③ 모든 원가를 변동비와 고정비로 구분하며 공헌이익을 계산한다.
④ 외부보고목적으로는 사용될 수 없으나 여러 가지 의사결정과 업적평가 등에 유용하게 사용될 수 있다.

정답 01 ② 02 ③ 03 ①

04 다음 중 종합원가계산의 특징이 <u>아닌</u> 것은?

① 제조공정별로 원가집계
② 제조원가보고서 작성
③ 동종제품을 대량으로 생산하는 기업
④ 작업원가표 작성

04 작업원가표 작성은 개별원가계산을 위한 서류이므로 종합원가계산의 특징이 아니다.

05 다음 중 원가계산방법을 적용하는 업종의 연결이 <u>잘못된</u> 것은?

① 개별원가계산 – 조선업, 건설업, 항공기제작업
② 개별원가계산 – 자동차수리업, 건설업, 제지업
③ 종합원가계산 – 시멘트업, 정유업, 제분업
④ 종합원가계산 – 제분업, 제과업, 제약업

05 제지업은 종합원가계산이 타당하다.

06 개별원가계산과 종합원가계산의 차이점을 설명한 것으로 <u>틀린</u> 것은?

① 개별원가계산은 다품종 소량주문 생산, 종합원가계산은 동종제품 대량생산하는 업종에 적합하다.
② 개별원가계산은 각 작업별로 원가를 집계하나 종합원가계산은 공정별로 원가를 집계한다.
③ 개별원가계산은 작업별로 개별원가계산표를 작성하며, 종합원가계산은 공정별로 제조원가보고서를 작성한다.
④ 개별원가계산은 완성품환산량을 기준으로 원가를 완성품과 기말재공품에 배부하며, 종합원가계산은 작업원가표에 의해 원가를 배부한다.

06 종합원가계산은 완성품환산량을 기준으로 원가를 완성품과 기말재공품에 배부하며, 개별원가계산은 작업원가표에 의해 원가를 배부한다.

정답 (04 ④   05 ②   06 ④)

07 [문제 하단의 표 참고]

07 (주)시대는 평균법을 이용하여 종합원가계산을 한다. 원재료는 공정초기에 전량투입되며, 가공비는 공정기간 동안 균등하게 투입될 경우에 완성품환산량을 구하면 얼마인가?

- 기초재공품수량 400개(70%)
- 착수수량 2,100개
- 완성품수량 2,000개
- 기말재공품수량 500개(50%)

	재료원가	가공원가
①	2,500개	2,500개
②	2,500개	1,970개
③	2,500개	2,250개
④	1,970개	2,250개

»»○

구분	물량(완성도)	재료원가	가공원가
완성품	2,000개	2,000개	2,000개
기말재공품	500개(50%)	500개	250개
완성품환산량		2,500개	2,250개

정답 07 ③

08 다음 자료를 보고 선입선출법에 의한 가공비의 완성품환산량을 계산하면 얼마인가?

> - 기초재공품   10,000단위(완성도 : 60%)
> - 기말재공품   20,000단위(완성도 : 50%)
> - 착수량   30,000단위
> - 완성품수량   20,000단위
> - 원재료는 공정 초에 전량 투입되고, 가공비는 공정 전반에 걸쳐 균등하게 발생한다.

① 24,000단위

② 20,000단위

③ 30,000단위

④ 10,000단위

09 다음 자료에 의하여 종합원가계산에 의한 가공비의 완성품환산량을 계산하면 얼마인가?

> - 기초재공품   100개(완성도 : 25%)
> - 기말재공품   200개(완성도 : 50%)
> - 착수량   400개
> - 완성품수량   300개
> - 원재료는 공정 초에 전량 투입되고, 가공비는 공정 전반에 걸쳐 균등하게 발생한다.

	평균법	선입선출법
①	375개	375개
②	400개	375개
③	400개	400개
④	375개	400개

08 기초재공품 × 40% + (완성품수량 − 기초재공품수량) + 기말재공품 × 50%

09 - 평균법
  = 300개 + (200개 × 50%)
  = 400개
- 선입선출법
  = (100개 × 75%) + 200개 + (200개 × 50%)
  = 375개

정답 (08 ① 09 ②)

SD에듀와 함께, 합격을 향해 떠나는 여행

제 4 장

원가행동의 유형과 추정

얼마나 많은 사람들이 책 한 권을 읽음으로써 인생에 새로운 전기를 맞이했던가.

– 헨리 데이비드 소로 –

제 4 장 | 원가행동의 유형과 추정

제1절 원가행동의 유형

원가행동(Cost Behavior)은 원가에 영향을 미치는 여러 가지 요인의 변화에 따른 원가의 반응양상이다. 조업도 증감에 따라 어떤 원가는 증가·감소하며 어떤 원가는 이에 관계없이 일정하다.

계획을 위해서 관리자는 두 상황 가운데 어떤 형태가 나타날지를 예측할 수 있어야 하며 원가가 변할 것으로 기대되면 얼마나 변할지도 알 수 있어야 한다. 이에 관한 정보를 제공하기 위해 원가를 변동원가와 고정원가의 두 부류로 분류할 수 있다.

1 변동원가(Variable Cost) 기출

변동원가는 조업도의 변화에 따라 직접 비례하여 증감하는 원가로 다음과 같은 특징을 가지고 있다.

(1) 변동원가는 조업도에 비례하여 총액이 증감하는 원가이다.

(2) 단위당 변동원가는 불변이며, 대부분의 직접원가는 변동원가이다.

(3) 공학적 변동원가는 투입·산출관계가 공학적으로 발생하는 변동원가로 직접재료원가, 직접노무원가와 같이 작업량에 직접 비례해 인과관계를 갖고 움직이는 것이며, 재량변동원가는 경영자의 재량에 따라 증감이 가능한 원가이다.

(4) 변동비의 예로는 직접재료원가, 직접노무원가, 간접재료원가, 소모품비, 수도광열비 등이 있다.

(5) 순수변동원가와 계단식 변동원가

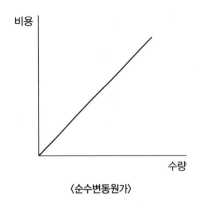

〈순수변동원가〉

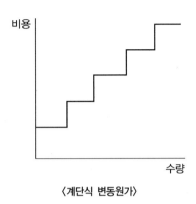

〈계단식 변동원가〉

2 고정원가(Fixed Cost) 기출

고정원가는 조업도 수준의 변화에 관계없이 발생액이 항상 일정한 원가이다. 변동원가와 달리 고정원가는 기간에 따라 조업도가 변화하더라도 영향을 받지 않는 원가로 다음과 같은 특징을 가지고 있다.

(1) 고정원가는 일정조업도 범위 내에서 조업도가 증감해도 **총액이 변동하지 않는** 원가이다.

(2) 단위당 고정원가는 조업도 증감에 따라 **변동**하는 원가이다.

(3) 시설기초원가는 공장, 설비 및 기업의 기본적 조직구조와 관련된 고정원가로 감가상각비, 재산세, 보험료 등이 대표적이며, 재량고정원가는 경영자의 재량에 따라 증감이 가능한 원가이다.

3 혼합원가 기출

혼합원가는 변동원가와 고정원가의 요소를 둘 다 포함하는 원가로서 준변동원가라고도 한다. 혼합원가는 전력비 등과 같이 기본요금이 존재하고 사용량이 증가함에 따라 원가가 증가하는 원가를 말한다. 이때 기본요금은 고정원가 요소이고, 사용량에 따라 증가하는 요금은 변동원가 요소로 볼 수 있다.

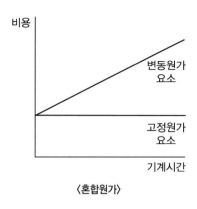

〈혼합원가〉

제2절 원가행동의 추정

1 원가추정의 의의

원가추정은 조업도(독립변수)와 원가(종속변수) 사이의 관계를 규명하는 것이다. 원가추정의 목적은 회계자료나 작업측정으로 미래원가를 추정하여 경영활동의 계획과 통제 및 특수한 의사결정에 유용한 정보를 제공하는 데 있다.

2 원가추정의 가정

(1) 총원가 변화는 단 하나의 원가동인의 변화로 설명된다. 원가동인은 총원가에 영향을 미치는 요소로 원가동인의 변화는 관련된 원가대상의 총원가를 변화시킨다. 원가동인의 예에는 생산부문의 생산량, 직접노무원가, 가동준비횟수, 마케팅부문의 매출액, 판매원수, 광고횟수 등이 있다. 회계학에서는 이 가운데 한 원가동인에 따라 총원가가 변한다고 가정한다.

(2) 원가행태는 일정한 관련범위에서 원가동인의 선형원가함수로 표시할 수 있다. 선형원가함수는 일정한 관련범위에서 총원가와 단일의 원가동인 사이에 직선으로 표시되는 원가함수이다. 이것은 일정기간 동안 한 단위를 추가로 생산하는 데 소요되는 한계원가가 일정하다는 가정이다. 선형의 원가행태가 모든 조업도 수준에서 경제학의 곡선형 원가행태를 표현하지는 못하지만 정상조업도, 즉 특정 기간에 조업 가능하다고 판단되는 조업도 범위에서는 합리적인 근사치라고 할 수 있다. 관련범위(Relevant range)는 원가와 조업도 사이의 일정한 관계가 유지되는 조업도 범위이므로 선형원가함수로서 경제학의 곡선형 원가함수를 가장 잘 나타내는 정상적인 조업도 범위를 말한다. 즉 원가행태의 회계학적 추정치는 이와 같이 오직 관련범위에서만 타당하다고 할 수 있다.

3 원가함수

원가추정의 가정에 따라 총원가의 행태는 다음과 같은 방정식으로 나타낼 수 있다. 이와 같이 원가행태를 함수로 표시한 것을 원가함수(Cost Function)라 한다.

$$TC = a + bx$$
- TC : 추정총원가
- a : 추정고정원가
- b : 추정단위당 변동원가
- x : 원가동인

추정총원가는 원가동인의 수준에 단위당 변동원가를 곱한 추정변동원가(bx)와 추정고정원가(a)를 합한 개념이다. 추정원가는 실제발생원가와 차이가 있을 수 있어 유의해야 한다.

제3절 원가추정방법의 선택

원가행태를 분석하고 미래원가를 예측하는 방법은 여러 가지다. 원가함수를 추정하는 방법은 경제적 타당성과 적합도를 고려하여 선택해야 한다.

1 고저점법 기출

혼합원가를 분석할 때 사용되는 고저점법(High-low method)은 **관련범위에서 최대조업도와 최저조업도에 관한 원가자료를 이용하여 원가함수를 추정**한다. 이렇게 두 극단에서 나타난 원가 차이를 두 점 간의 조업도 차이로 나눔으로써 변동비를 구하고 이를 이용하여 고정비를 산출한다.
고저점법 적용은 아주 간편하나 원가함수를 결정하는 데 두 점(고점, 저점)만을 이용한다는 큰 결점이 있다. 두 점만 이용하여 원가와 조업도 사이의 관계를 나타내는 모든 점들을 대표하는 원가함수를 정확히 도출하기는 어렵다. 또한 최고조업도와 최저조업도가 정상적인 생산활동에서 발생한 것이 아니라면 그것은 정상적인 생산활동의 원가추정에는 적합하지 않다. 이런 이유 때문에 원가함수 결정에 더욱 많은 점들을 사용하는 다른 방법이 고저점법보다 정확하다.

2 산포도법

조업도와 비용의 관계를 나타내는 여러 점을 그래프에 그린 것을 산포도(Scatter graph)라 하고, 이 점들을 대표할 수 있게 도출한 선을 회귀선(Regression line)이라고 한다. 결국 회귀선의 기울기는 조업도 변화에 따른 비용의 평균화율(단위당 변동비)을 나타내며, 회귀선이 Y축과 만나는 점은 총고정비를 뜻한다.

3 최소제곱법

최소제곱법(Least squares method)은 산포도법보다 훨씬 정밀한 방법이다. 자료를 대표하는 회귀선을 눈대중으로 도출하는 산포도법과 달리 최소제곱법은 통계적 분석으로 가장 알맞은 회귀선을 도출한다.

4 공학적 접근방법

공학적 접근방법(Engineering approach)은 생산방식, 원재료명세, 필요 노동력, 필요한 기계장치, 생산능률, 소비전력 등에 대한 평가를 근거로 원가행태가 어떠해야 하는지를 산업공학전문가들이 계량적으로 분석하는 것이다. 이 방식은 조업도와 원가의 관계에 관한 과거 자료가 없는 상황에서 사용될 때가 많다.

※ 다음 지문의 내용이 맞으면 ○, 틀리면 ✕를 체크하시오. [1~7]

01 변동원가계산은 원가행동 유형을 고려한 원가계산방법이다. (   )

02 공장의 감가상각비, 재산세, 보험료 등은 대표적인 변동원가이다. (   )

03 준고정원가는 변동원가와 고정원가의 요소를 둘 다 포함하는 원가이다. (   )

04 원가추정의 목적은 회계자료나 작업측정으로 미래원가를 추정하여 경영활동의 계획과 통제 및 특수한 의사결정에 유용한 정보를 제공하는 데 있다. (   )

05 원가동인은 총원가에 영향을 미치는 요소로 원가동인의 변화는 관련된 원가대상의 총원가를 변화시킨다. (   )

06 조업도와 비용의 관계를 나타내는 여러 점을 그래프에 그린 것을 산포도라 하고, 이 점들을 대표할 수 있게 도출한 선을 회귀선이라고 한다. (   )

07 혼합원가를 분석할 때 사용되는 산포도법은 관련범위에서 최대조업도와 최저조업도에 관한 원가자료를 이용하여 원가함수를 추정한다. (   )

정답과 해설 01 ○ 02 ✕ 03 ✕ 04 ○ 05 ○ 06 ○ 07 ✕

02 공장의 감가상각비, 재산세, 보험료 등은 대표적인 고정원가이다.

03 변동원가와 고정원가의 요소를 둘 다 포함하는 원가는 준변동원가이다.

07 혼합원가를 분석할 때 사용되는 고저점법은 관련범위에서 최대조업도와 최저조업도에 관한 원가자료를 이용하여 원가함수를 추정한다.

01 다음 중 원가행동 유형을 고려한 원가계산방법은?

① 실제원가계산
② 표준원가계산
③ 정상원가계산
④ 변동원가계산

02 다음 중 원가행동의 추정방법이 <u>아닌</u> 것은?

① 계정분석법
② 고저점법
③ 최소제곱법
④ 상호배분법

03 다음 중 원가추정방법에 대한 설명으로 옳지 <u>않은</u> 것은?

① 고저점법은 관련범위에서 최대조업도와 최저조업도에 관한 원가자료를 이용하여 원가함수를 추정한다.
② 산포도법은 최소제곱법보다 훨씬 정밀한 방법이다.
③ 최소제곱법은 자료를 대표하는 회귀선을 눈대중으로 도출하는 산포도법과 달리 통계적 분석으로 가장 알맞은 회귀선을 도출한다.
④ 공학적 접근방법은 생산방식, 원재료명세, 필요 노동력, 필요한 기계장치, 생산능률, 소비전력 등에 대한 평가를 근거로 원가행태가 어떠해야 하는지를 산업공학전문가들이 계량적으로 분석하는 것이다.

01 원가행동은 제품의 생산량이나 작업시간으로 표시되는 조업도 수준의 변동에 따른 총원가의 반응정도로, 원가행동 유형을 고려한 원가계산방법은 조업도에 따라 총원가를 비례적으로 변동시키는 변동원가계산이다.

02 상호배분법은 보조부문원가를 제조부문에 배부하는 방법이다.

03 최소제곱법은 산포도법보다 훨씬 정밀한 방법이다.

정답 01④ 02④ 03②

SD에듀와 함께, 합격을 향해 떠나는 여행

제 5 장

원가-조업도-이익분석

지식에 대한 투자가 가장 이윤이 많이 남는 법이다.

– 벤자민 프랭클린 –

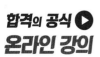
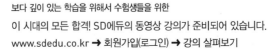

제 5 장 | 원가-조업도-이익분석

제1절 원가-조업도-이익분석의 기초

1 CVP분석의 기초

(1) CVP분석의 의의

원가 – 조업도 – 이익분석(CVP분석: Cost – Volume – Profit analysis)이란 조업도의 변동이 기업의 원가, 수익, 이익에 미치는 영향을 분석하는 기법이다. 회사가 일정한 목표이익을 얻고자 할 때 제품을 몇 단위를 판매해야 하고, 매출액을 얼마정도 달성해야 하는지 여부는 중요한 정보이다. 즉, CVP분석은 조업도의 변화가 원가·수익·이익에 미치는 영향을 분석하여 미래에 대한 이익계획을 수립하고 기업의 채산성을 분석하는 데 유용한 정보를 제공한다.

(2) CVP분석의 목적

① 경영계획(특히, 이익계획의 설정 및 예산편성)에 기여하는 자료를 얻기 위함이다.
② 개별 계획 설정(Project Planning)에 유용한 도구가 된다.
③ 기업 전체 또는 일부의 업적을 평가하고 의사결정을 하는 데 유용한 도구로서 활용하기 위함이다.

(3) CVP분석의 가정 기출

① 모든 원가는 변동원가와 고정원가로 분류할 수 있다고 가정한다.
② 수익과 원가의 행태는 관련범위 내에서 선형이라고 가정한다.
③ 생산량과 판매량은 일정하다고 가정한다.
④ 단일제품을 생산하는 것으로 가정한다.
⑤ 화폐의 시간가치를 고려하지 않는다.

2 CVP분석의 기본개념 [기출]

(1) 공헌이익

공헌이익이란 매출액에서 변동원가를 차감한 금액으로 고정원가를 회수하고 이익을 창출하는 데 공헌하는 금액이다.

> 공헌이익 = 매출액 - 변동원가

단위당 공헌이익이라 함은 단위당 판매가격에서 단위당 변동원가를 차감한 금액을 말하는 것으로서, 제조업에 있어서 단위당 공헌이익은 판매한 제품 한 단위가 고정원가를 회수하고 이익을 창출하는 데 얼마만큼 공헌하는지를 나타내는 금액이다.

> 단위당 공헌이익 = 단위당 판매가격 - 단위당 변동원가

> **[더 알아두기]**
>
> **손익분기점(BEP : Break-Even Point)** [기출]
> 총매출과 그것을 위해 지출된 총비용이 일치되는 매출액을 의미한다. 즉, 일정기간의 매출액이 그 기간에 지출된 비용과 같아서 이익도 손실도 발생하지 않는 지점을 가리킨다.

(2) 공헌이익률(CMR : Contribution Margin Ratio) [기출]

공헌이익률이란 공헌이익의 개념을 비율개념으로 나타낸 것으로서 총공헌이익을 총매출액으로 나누어 계산할 수도 있고, 단위당 공헌이익을 단위당 판매가격으로 나누어서 계산할 수도 있다. 공헌이익률은 매출액 중 몇 퍼센트가 고정원가의 회수 및 이익창출에 공헌하였는가를 나타내는 것으로 매출액의 변화가 기업의 순이익에 미치는 영향을 분석할 때 공헌이익보다 유용하게 사용된다.

$$\text{공헌이익률} = \frac{\text{총공헌이익}}{\text{매출액}} = \frac{\text{단위당 공헌이익}}{\text{단위당 판매가격}}$$

3 원가구조(Cost Structure)

조직이 가지고 있는 원가 중 고정원가와 변동원가의 상대적인 비율이다. CVP분석에서는 원가구조가 일정한 것으로 가정하지만 장기적으로는 관리자의 의도에 따라 변동될 수 있다.

변동원가의 비중이 높을 경우	공헌이익률이 낮아 매출의 증감에 따른 영업이익의 변동폭이 좁다.
고정원가의 비중이 높을 경우	공헌이익률이 높아 매출의 증감에 따른 영업이익의 변동폭이 크다.

4 영업레버리지

(1) 영업레버리지(Operation Leverage) 기출

레버리지란 사전적인 의미로는 작은 힘으로 큰 물체를 움직일 수 있는 지레장치를 뜻하고, 경영학적 의미로는 매출이나 자산의 작은 증가로 큰 이익의 증가를 가져올 수 있는 방법을 의미한다.

영업레버리지는 고정영업비용의 지출을 수반하는 자산의 보유정도를 말하며, 영업레버리지분석은 매출액의 변화에 대한 영업이익 변화의 관계를 분석하는 것이다.

① 고정비 비중이 상대적으로 큰 기업이 영업레버리지가 크며 반대로 고정비 비중이 작은 기업이 영업레버리지가 작다.

② 영업레버리지가 큰 기업은 매출액의 변동에 따른 이익의 변동폭이 매우 크다. 즉 매출액이 조금만 증가(감소)하여도 이익이 큰 폭으로 증가(감소)한다.

(2) 영업레버리지도(DOL : Degree of Operating Leverage) 기출

영업레버리지도는 매출액의 변화율에 대한 영업이익의 변화율을 의미하며, 이를 산식으로 정리하면 영업이익에 대한 공헌이익의 비율이 된다.

$$영업레버리지도 = \frac{영업이익의\ 변화율}{매출액의\ 변화율} = \frac{공헌이익}{영업이익}$$

영업레버리지도는 매출액의 변화율에 대한 영업이익의 변화율을 의미하므로 다음과 같은 관계가 성립한다.

$$영업이익증가율(\%) = 매출액\ 증가율(\%) \times 영업레버리지도$$

(3) 영업레버리지도의 특징

① 손익분기점에서 가장 큰 수치를 갖는다. 손익분기점 부근에서는 영업이익이 매우 작다.

② 매출액이 증가함에 따라 점차 감소한다. 매출액이 증가함에 따라 변동원가는 증가하는 반면, 고정원가는 일정하므로 고정원가의 비중이 점점 작아지기 때문이다.

제2절 손익분기점의 분석

손익분기점(BEP : Break-Even Point)은 제품의 판매로 얻은 수익과 지출된 비용이 일치하여 이익도 손실도 발생하지 않는 매출액이나 판매량을 말한다. 즉, 손익분기점에서는 고정원가와 총공헌이익이 일치하여 영업이익이 0이 된다. 손익분기점은 CVP분석에서 영업이익이 0이 되는 하나의 점으로 CVP분석의 한 부분이라고 할 수 있다.

1 손익분기점의 계산 기출

손익분기점은 총매출액이 변동원가와 고정원가를 포함한 총원가와 같아지는 판매량(또는 매출액), 즉 이익을 0으로 만드는 판매량(또는 매출액)을 말한다. 또한, 총공헌이익과 총고정원가가 같아지는 판매량(또는 매출액)으로도 정의할 수 있다.

(1) 등식법(Equation Method)

CVP분석의 기본등식을 사용하여 손익분기점 판매량이나 매출액을 계산하는 방법이다.

> 총수익 = 변동비 + 고정비 + 이익

① 손익분기점에서 이익은 0이다.

> 총수익 = 변동비 + 고정비

② 손익분기점 등식은 다음과 같이 나타낼 수도 있다.

> • 판매량 × 판매단가 = 판매량 × 단위당 변동원가 + 고정원가
> • 매출액 = 매출액 × 변동비율 + 고정원가

(2) 공헌이익법(Contribution Margin Method) 기출

총공헌이익과 고정원가가 일치하는 판매량이나 매출액을 계산하는 방법이다.

$$손익분기점의\ 판매량 = \frac{총\ 고정비}{단위당\ 공헌이익} = \frac{총\ 고정비}{공헌이익률}$$

2 안전한계 기출

(1) 안전한계(M/S : Margin of Safety)

안전한계는 실제 또는 예상 판매량(매출액)이 손익분기점의 판매량(매출액)을 초과하는 판매량(매출액)을 의미하며, 기업의 판매 부진 등으로 판매량이나 매출액 감소 시 어느 정도까지 감소해도 기업이 손실이 나지 않는지에 대한 기업안전성의 지표로서 안전한계가 클수록 좋다.

> 안전한계 판매량(매출액) = 실제판매량(매출액) − 손익분기점 판매량(매출액)

(2) 안전한계율(M/S 비율 : Margin of Safety Ratio)

안전한계를 현재 판매량(매출액)에 대한 비율로 나타낸 것을 안전한계율이라고 한다. 즉, 판매량(매출액) 중에서 안전한계 판매량(매출액)이 몇 %를 차지하는지를 나타내는 것으로 안전한계율은 다음과 같이 계산된다.

$$
\begin{aligned}
\text{안전한계율} &= \frac{\text{안전한계 판매량(매출액)}}{\text{판매량(매출액)}} \\
&= \frac{\text{판매량(매출액)} - \text{손익분기점 판매량(매출액)}}{\text{판매량(매출액)}} \\
&= \frac{\text{영업이익}}{\text{공헌이익}} \\
&= 1 - \frac{\text{손익분기점 판매량(매출액)}}{\text{판매량(매출액)}}
\end{aligned}
$$

판매량(매출액)이 손익분기점을 초과할 경우 이익이 발생하는데 손익분기점에서 고정비가 회수되므로 이익은 안전한계에서 발생한다.

> 이익 = 안전한계 판매량 × 단위당 공헌이익
> = 안전한계 매출액 × 공헌이익률

제3절 매출배합의 개념

1 매출배합(Sales Mix)의 정의

(1) 기업의 제품들의 총판매량 중에서 각 제품의 판매량이 차지하는 상대적 비율이다.

(2) 공헌이익이 큰 제품이 총매출에서 차지하는 비중이 높을수록 기업의 이익은 커진다.

(3) CVP분석은 매출배합이 항상 일정하다고 가정한다.

(4) 소비자의 기호, 시장점유율과 같은 요인들이 변화함에 따라 매출배합이 변하는 것이 일반적이므로 매출배합을 산출하는 것도 CVP분석의 일부분이라고 할 수 있다.

2 매출배합과 단위당 공헌이익

(1) 매출배합을 평균단위당 공헌이익으로 측정 가능하다.

(2) 총매출량은 변하지 않더라도 매출배합이 수익성이 높은 제품의 비중을 높이는 방향으로 바뀌면 평균단위당 공헌이익이 높아지고, 수익성도 향상된다.

제4절 원가-조업도-이익분석의 한계 [기출]

CVP분석은 여러 가지 제한된 가정을 기초로 하고 있는데 이러한 가정은 CVP분석을 적용할 때 한계로 작용할 수도 있다.

(1) 모든 원가는 변동원가와 고정원가로 분류할 수 있다고 가정한다.

조업도의 변동과 관련된 원가행태에 대한 정확한 정보가 필수적이다. 그러나 현실적으로 준변동원가인 전기료, 수도료와 같이 특정원가가 고정원가에 해당하는지 또는 변동원가 성격을 갖는지를 판단하기가 애매한 경우가 많다.

(2) 수익과 원가의 행태는 관련범위 내에서 선형이라고 가정한다.

단위당 판매단가는 매출수량의 변동과 관계없이 일정하고, 단위당 변동원가 역시 조업도의 변동과 관계 없이 항상 일정하다고 가정한다. 현실적으로 생산량이 증가하면 총원가의 기울기인 한계원가는 학습효과나 능률의 향상 등으로 인해 곡선의 형태를 가지는 경우가 대부분이지만, CVP분석은 주로 단기간의 의사결정문제에 이용되므로 관련범위 내에서는 총수익과 총원가는 선형이라고 가정한다.

(3) 생산량과 판매량은 일정하다고 가정한다.

생산량이 모두 판매된 것으로 가정함으로써 기초재고자산과 기말재고자산이 손익에 영향을 미치지 않는 것으로 간주한다.

(4) 단일제품을 생산하는 것으로 가정한다.

복수의 제품을 생산하는 경우 제품배합이 일정하다고 가정한다. 매출배합이 일정하지 않고 수시로 변경된다면 각기 다른 공헌이익을 가지는 여러 가지 제품의 판매량의 변화 때문에 하나의 손익분기점이 아닌 여러 개의 손익분기점이 도출되기 때문이다.

(5) 화폐의 시간가치를 고려하지 않는다.

현재가치개념을 사용하지 않고 명목가치로만 수익과 비용을 평가하여 의사결정을 한다는 뜻이다. 따라서 화폐의 시간가치를 배제하는 단기모델이라는 점과 화폐가치가 변할 수 있는 인플레이션을 무시한다는 제반 한계점을 갖는다.

○X 로 점검하자 | 제5장

※ 다음 지문의 내용이 맞으면 ○, 틀리면 ×를 체크하시오. [1~7]

01 공헌이익이란 판매가격에서 변동원가와 고정원가를 차감한 금액을 말한다. (　　)

02 원가구조란 조직이 가지고 있는 원가 중 고정원가와 변동원가의 상대적인 비율이다. CVP분석에서는 원가구조가 일정한 것으로 가정하지만 장기적으로는 관리자의 의도에 따라 변동될 수 있다.
(　　)

03 손익분기점이란 총매출과 그것을 위해 지출된 총비용이 일치되는 매출액을 의미하며 일정기간의 매출액이 그 기간에 지출된 비용과 같아서 이익도 손실도 발생하지 않는 지점을 가리킨다.
(　　)

04 기업의 판매 부진 등으로 판매량이나 매출액 감소 시 어느 정도까지 감소해도 기업이 손실이 나지 않는지에 대한 기업안전성의 지표로서 안전한계가 작을수록 좋다. (　　)

05 원가구조 중 고정원가 비율이 클수록 이익의 안정성이 커진다. (　　)

06 영업레버리지도는 현 매출액 수준에서 매출액의 변화율이 이익의 변화율에 얼마만큼의 영향을 미치는가를 나타내는 지표이다. (　　)

07 매출배합은 제품들의 총판매량 중에서 각 제품의 판매량이 차지하는 상대적 비율이다. (　　)

정답과 해설　01 ×　02 ○　03 ○　04 ×　05 ×　06 ○　07 ○

01　공헌이익이란 판매가격에서 변동원가를 차감한 금액을 말한다.
04　기업의 판매 부진 등으로 판매량이나 매출액 감소 시 어느 정도까지 감소해도 기업이 손실이 나지 않는지에 대한 기업안전성에 대한 지표로서 안전한계가 클수록 좋다.
05　고정비 비율이 클수록 공헌이익에 비해 영업이익이 작아지므로 영업레버리지가 커지고 이익의 안정성도 낮아진다.

01 단위당 판매가격이 ₩150이고, 단위당 변동비가 ₩30인 제품을 생산·판매하고 있다. 연간 고정비는 ₩72,000일 때, 손익분기점 판매량은?

① 300개

② 400개

③ 500개

④ 600개

02 단위당 판매가격이 ₩50이고, 단위당 변동비가 ₩30인 제품을 생산·판매하고 있다. 연간 고정비는 ₩20,000일 때, 연간 손익분기점 매출액은?

① ₩50,000

② ₩55,000

③ ₩60,000

④ ₩65,000

03 손익분기점에서 공헌이익은 다음 중 어떤 항목과 일치하는가?

① 변동원가

② 매출액

③ 고정원가

④ 판매비와관리비

---

01 손익분기점의 판매량

$$= \frac{\text{총 고정원가}}{\text{단위당 공헌이익}}$$

$$= \frac{₩72,000}{₩150 - ₩30}$$

$$= 600개$$

02 손익분기점의 매출액

$$= \frac{\text{고정원가}}{\text{공헌이익률}}$$

$$= \frac{₩20,000}{40\%} = ₩50,000$$

∵ 공헌이익률

$$= \frac{\text{단위당 공헌이익}}{\text{단위당 판매가격}}$$

$$= \frac{(₩50 - ₩30)}{₩50} = 40\%$$

03 공헌이익은 매출수익에서 변동원가를 차감한 잔액으로 고정원가를 회수하고 난 다음 기간영업이익 획득에 공헌할 수 있는 금액을 의미하는 것으로 손익분기점에서는 이익이 0이다. 이는 공헌이익과 고정원가가 동일한 금액이 됨을 뜻한다.

정답 01 ④ 02 ① 03 ③

04 모든 원가는 변동비와 고정비로 구분할 수 있다. 현실적으로 모든 원가를 변동비와 고정비로 구분하는 것은 어렵지만, CVP분석에서는 모든 원가가 변동비와 고정비로 구분된다고 가정하는 것이다.

04 다음 중 CVP분석에 필요한 가정이 아닌 것은?

① 조업도만이 수익과 원가에 영향을 미치는 유일한 요인이다.

② 모든 원가를 변동비와 고정비로 구분하기 어려우므로 원가를 구분하지 않는다.

③ 원가와 수익의 형태는 결정되어 있고, 관련범위 내에서는 선형이다.

④ 화폐의 시간가치를 고려하지 않는다.

05 손익분기점의 판매량 = 고정원가 ÷ (단위당 판매가격 − 단위당 변동원가)

05 다음 중 손익분기점 판매량의 공식은?

① 고정원가 ÷ (단위당 판매가격 − 단위당 변동원가)

② 단위당 판매가격 ÷ (고정원가 − 단위당 변동원가)

③ 고정원가 ÷ (1 − 단위당 변동원가)

④ 고정원가 ÷ (1 − 법인세율)

06 • 손익분기점 매출액

$$= \frac{고정비}{공헌이익률} = \frac{₩500,000}{0.25}$$

$$= ₩2,000,000$$

• 목표이익하에서 매출액

$$= \frac{(고정비 + 목표이익)}{공헌이익률}$$

$$= \frac{(₩500,000 + ₩200,000)}{0.25}$$

$$= ₩2,800,000$$

06 (주)시대의 손익분기점 매출액은 ₩2,000,000이고, 공헌이익률은 25%이다. 이 회사가 ₩200,000의 영업이익을 달성하고자 한다면 총매출액은 얼마가 되어야 하는가?

① ₩2,500,000

② ₩2,700,000

③ ₩2,750,000

④ ₩2,800,000

정답 04 ② 05 ① 06 ④

07 다음 중 매출배합에 대한 설명으로 옳지 **않은** 것은?

① 기업의 제품들의 총판매량 중에서 각 제품의 판매량이 차지하는 상대적 비율이다.

② 공헌이익이 큰 제품이 총매출에서 차지하는 비중이 높을수록 기업의 이익은 커진다.

③ CVP분석은 매출배합이 불규칙적이라고 가정한다.

④ 소비자의 기호, 시장점유율과 같은 요인들이 변화함에 따라 매출배합이 변하는 것이 일반적이므로 매출배합을 산출하는 것도 CVP분석의 일부분이라고 할 수 있다.

08 합격상사의 매출액은 ₩1,000,000이고, 영업레버리지도는 6, 공헌이익률은 48%이다. 합격상사의 영업이익은 얼마인가?

① ₩50,000

② ₩80,000

③ ₩90,000

④ ₩100,000

09 다음 중 영업레버리지에 대한 설명으로 옳은 것은?

① 조직 내에 고정비가 차지하고 있는 상대적인 크기를 나타내는 척도이다.

② 변동비가 차지하고 있는 비중이 큰 기업이 큰 영업레버리지를 가진다.

③ 큰 영업레버리지를 갖고 있는 기업은 매출액의 변동에 따른 이익의 변동 폭이 매우 작다.

④ 조직 내에 변동비가 차지하고 있는 상대적인 크기를 나타내는 척도이다.

---

07 CVP분석은 매출배합이 항상 일정하다고 가정한다.

08 영업레버리지도(6)

$$= \frac{공헌이익(480,000)}{영업이익(X)}$$

∴ X = 80,000

09 ② 고정비가 차지하고 있는 비중이 큰 기업이 큰 영업레버리지를 가진다.

③ 큰 영업레버리지를 갖고 있는 기업은 매출액의 변동에 따른 이익의 변동 폭이 매우 크다.

④ 조직 내에 고정비가 차지하고 있는 상대적인 크기를 나타내는 척도이다.

정답 07 ③ 08 ② 09 ①

10 영업레버리지도는 매출액이 증가함에 따라 점차 감소한다. 이는 매출액이 증가함에 따라 변동비는 증가하는 반면, 고정비는 일정하므로 고정비의 비중이 점점 작아지기 때문이다.

10 다음 중 영업레버리지도에 대한 설명으로 옳지 <u>않은</u> 것은?

① 현 매출액 수준에서 매출액의 변화율이 이익의 변화율에 얼마만큼의 영향을 미치는가를 나타내는 지표이다.
② 영업레버리지도가 클수록 매출액의 변화율보다 영업이익의 변화율이 크게 나타난다.
③ 매출액이 증가함에 따라 점차 증가한다.
④ 손익분기점에서 가장 큰 수치를 갖는다.

11 공헌이익은 매출액−변동원가이므로, 매출액이 증가하거나, 변동원가가 감소하면 공헌이익이 증가하게 된다.

11 일반적으로 공헌이익을 가장 많이 증가시키는 것은?

① 판매가격의 인상
② 판매가격의 인하
③ 변동원가의 증가
④ 고정원가의 감소

12 일반적으로 고정비 비율이 클수록 이익의 안정성이 작아진다.

12 다음 중 원가구조에 관한 설명으로 옳지 <u>않은</u> 것은?

① 고정비 비율이 클수록 매출이 증가할 경우 유리하다.
② 변동비 비율이 클수록 매출이 감소할 경우 유리하다.
③ 고정비 비율이 클수록 이익의 안정성이 커진다.
④ 매출이 증가하는 호황기에는 고정비의 비중이 큰 경우가 유리하다.

정답 10 ③ 11 ① 12 ③

13 (주)시대는 단위당 판매가격이 ₩500이고 단위당 변동원가가 ₩350인 제품을 생산하여 판매하고 있다. 회사는 제품 2,000개를 판매한다는 목표로 예산을 다음과 같이 세웠다. 이 경우 안전한계와 안전한계율은 얼마인가?

매출액	₩1,000,000
변동원가	₩700,000
공헌이익	₩300,000
고정원가	₩150,000
영업이익	₩150,000

	안전한계	안전한계율
①	₩500,000	50%
②	₩500,000	45%
③	₩400,000	50%
④	₩400,000	45%

14 다음의 자료에 의하여 각 회사별로 현재의 수준에서 영업레버리지도를 구하면 얼마인가?

	A회사	B회사	C회사
매출액	₩150,000	₩200,000	₩200,000
변동원가	₩90,000	₩80,000	₩50,000
공헌이익	₩60,000	₩120,000	₩150,000
고정원가	₩30,000	₩90,000	₩120,000
영업이익	₩30,000	₩30,000	₩30,000

	A회사	B회사	C회사
①	3	4	5
②	5	4	2
③	4	5	2
④	2	4	5

13 • 손익분기점 매출액 : ₩150,000(고정원가) ÷ 30%(공헌이익률) = ₩500,000
• 안전한계 : ₩1,000,000(매출액) − ₩500,000(손익분기점 매출액) = ₩500,000
• 안전한계율 : ₩500,000(안전한계) ÷ ₩1,000,000(매출액) = 50%

14 • A회사 : ₩60,000(공헌이익) ÷ ₩30,000(영업이익) = 2
• B회사 : ₩120,000(공헌이익) ÷ ₩30,000(영업이익) = 4
• C회사 : ₩150,000(공헌이익) ÷ ₩30,000(영업이익) = 5

정답 13 ① 14 ④

제 6 장

종합예산

행운이란 100%의 노력 뒤에 남는 것이다.

- 랭스턴 콜먼 -

제 6 장 | 종합예산

1 기업계획의 의의

(1) 기업계획

경영자는 기업을 운영하면서 미래의 기업 환경을 예측하고, 장·단기 기업계획을 세운다. 기업계획은 경영자가 자신이 계획한 내용을 종업원과 기타 이해관계자에게 제시하여 공식적으로 표현한 것인데, 기업계획은 전략적 계획, 중기계획, 종합예산으로 분류할 수 있다.

(2) 기업계획의 분류 기출

전략적 계획(Strategic Plan)	최고경영층에 의해 작성되는 장기적인 경영정책이나 경영목표
중기계획(Intermediate Plan)	전략적 계획을 토대로 중간경영층이 수립하는 계획
종합예산(Master Budget)	중기계획을 기초로 작성되는 단기계획

2 예산의 의의와 종류

(1) 예산의 의의

예산(Budget)이란 미래 경영계획을 화폐가치로 표현한 것을 말하며, 기업은 경영활동을 합리적으로 계획·수행·평가하기 위해 미래 영업활동에 필요한 모든 활동에 대해 예산을 설정한다. 예산은 기업의 전략적 계획 및 장기계획을 기초로 하여 기업 전체 또는 특정부문(판매부문, 생산부문, 구매부문 등)을 대상으로 기업의 장·단기적인 목표나 조직의 전략과 같은 광범위한 계획을 수립하는 것을 말한다.

(2) 예산편성의 유용성

① **계획의 수립** : 미래의 계획과 운영절차를 수립하여 기업의 전반적인 문제점을 사전에 발견하고 미래의 목적을 달성할 수 있게 된다.

② **성과평가기준의 제공** : 예산은 실적과 비교됨으로써 차후의 성과를 평가할 수 있는 기준이 된다.

③ **의사전달의 역할** : 관리자들의 계획을 공식화하여 조직 전체에 명료하게 전달할 수 있는 수단이 된다.

④ **조정의 역할** : 여러 부서의 계획과 목표를 통합함으로써 조직 전체의 활동을 조정하는 역할을 한다. 즉 예산편성은 여러 부서의 계획과 목표가 조직 전체의 광범위한 목표와 일관성을 갖도록 유도한다.

(3) 예산의 종류

① 종합예산 기출

ⓐ 판매·생산·구매·재무 등 조직 전체에 대한 예산

ⓑ 기업 전체를 대상으로 작성한 예산이므로 하부조직의 모든 예산이 종합예산에 포함

ⓒ 종합예산이 결정되면 각 하부단위의 경영자들은 이 예산에 기초하여 구체적인 활동계획 수립

ⓓ 고정예산과 변동예산으로 구분 가능

② 고정예산

ⓐ 하나의 고정된 조업도에 맞춰 편성되는 예산

ⓑ 실제 조업도수준이 처음에 계획된 조업도수준과 다르다면, 차이 분석과 비교의 의무 없음

③ 변동예산

ⓐ 일정한 범위의 조업도에 맞춰 편성되는 예산

ⓑ 실제 조업도가 변동할 것으로 예상될 때마다 유연하게 조정 가능

3 예산편성과 관련된 기타 개념 기출

(1) 예산기간

① 운영예산(Operating Budgets)

운영예산은 대개 1년을 기준으로 작성된다. 1년은 기업의 회계연도와 일치해야 하는데 이는 예산과 실적을 서로 비교할 수 있어야 하기 때문이다. 많은 기업들은 시간이 지남에 따라 예산자료의 검토와 재조정을 용이하게 하기 위해 1년 예산을 분기별로 나누어 작성한다.

② 연속예산(Continuous Budgets or Perpetual Budgets)

연속예산도 12개월을 다루나 현재의 1개월이 끝나면 새로운 1개월을 예산에 포함시켜 **항상 12개월 예산이 유지되게 예산을 작성**한다. 예를 들어 현재 1월부터 12월까지의 예산이 작성되어 있는데, 시간이 경과하여 1월이 끝나면 당해 연도 1월을 예산에서 탈락시키고 다음 연도 1월을 추가로 예산에 포함시켜 새로운 12개월의 예산을 유지하는 것이다. 연속예산은 관리자가 현재 시점에 관계없이 현시점에서 앞으로 1년에 대한 계획과 목표에 늘 관심을 기울일 수 있다는 장점이 있다. 그러나 연속예산 이외의 다른 형태의 예산에서는 시간이 지남에 따라 계획에 포함되는 기간이 점점 짧아진다는 단점이 있다.

(2) 참여적 예산(Participative Budget)

예산의 성공적 수행 여부는 그 예산이 어떤 방법으로 편성되었느냐에 달려 있다. 일반적으로 성공적인 예산프로그램은 비용통제의 책임이 있는 관리자에게 담당부서의 예산을 작성하게 하는 것이다. 이런 방식으로 예산을 작성하는 것은 예산이 책정된 후에 이를 근거로 관리자의 행위를 통제할 때에 더욱 필요하다. 상위 경영자가 예산을 작성하여 하위 관리자에게 이를 강요하면 협조나 생산성 향상을 가져오기보다 반감과 거부반응을 유발할 가능성이 크다. 참여적 예산의 장점은 다음과 같다.

① 조직의 일원으로 인식함

② 실제로 업무를 수행하는 자가 예산을 가장 잘 추정할 수 있는 위치에 있으므로 담당자가 작성한 예산에 대한 신뢰성이 높음

③ 할당된 목표보다는 스스로 목표를 설정했을 경우 달성하고자 노력하는 성향이 더 강함

④ 스스로 설정한 예산은 목표를 달성하지 못했을 경우, 스스로 자기 자신을 질책하는 독특한 통제시스템을 가지고 있음

(3) 인간관계적 고려사항

예산프로그램이 성공적으로 수행되려면 조직의 중요한 위치에 있는 관리자가 예산프로그램을 전폭적으로 수용하고 지지해야 한다. 최고경영층이 예산에 미온적인 경우 하위 또는 중간관리자가 최고경영층의 이러한 태도를 인지하게 되며 그들 또한 예산에 미온적인 태도를 보일 것이다.

예산프로그램을 집행함에 있어 특히 중요한 것은 최고경영층이 예산자료를 어떤 특정 문제점에 대한 종업원의 책임소재를 파악하기 위해 사용해서는 안 된다는 점이다. 예산을 이러한 부정적인 목적으로 사용하면 협력이나 생산성 향상보다 적대감, 긴장, 불신 등으로 기업의 분위기가 점차 악화될 것이다. 예산을 압력 수단으로 사용하지 않고 긍정적으로 사용하면 목표 설정이나 경영성과측정 또는 조직 내 문제점의 파악 등에 큰 효과를 거둘 수 있다. 종업원들이 지닌 예산에 대한 부정적인 생각은 조직의 모든 계층에서 오랜 기간 동안 예산을 긍정적인 방향으로 사용하면 자연적으로 사라질 수 있다. 최고경영층은 예산이 기업의 목표를 효과적으로 달성하기 위한 도구임을 하위 관리자들에게 잘 인식시켜야 한다.

경영자는 예산 편성과 시행에 행동과학적 측면이 매우 중요함을 인식해야 한다. 관리자들의 인간적인 요소를 도외시하고 예산의 기능적인 측면만 강조하면 예산 편성이나 집행과 정에서 많은 장애에 부딪힌다. 그러므로 최고경영자는 예산이 종업원들에게 동기를 부여하고 구성원들 간의 노력을 조정하는 수단임을 잊지 말아야 한다.

(4) 예산위원회

예산위원회는 예산프로그램에 관한 전반적인 정책 설정과 예산 작성에 요구되는 조정의 역할을 주로 담당한다. 이 위원회는 일반적으로 사장과 판매·생산·구매를 책임진 부사장들 그리고 재무담당이사 등으로 구성된다. 예산위원회는 조직의 하위 부서들 사이에 일어날 수 있는 예산책정에 관련된 다양한 문제점이나 갈등을 해결하는 역할을 한다. 또한 예산위원회는 최종예산을 승인하며 회사가 설정된 목표를 향해 잘 움직이는지 장기적인 보고를 통해 점검하기도 한다.

제2절   종합예산시스템

1 종합예산의 편성 [기출]

종합예산은 기업 전체를 대상으로 하는 것으로서 **보통 1년 단위로 편성되는** 단기예산이며, 기업이 달성해야 할 구체적인 목표를 나타내는 **고정예산**이다. 이러한 종합예산의 편성은 미래에 예상되는 재무적 결과에 대한 예측에 초점을 맞추고 있으며, 성과평가의 기준으로 사용된다.

(1) 판매예산(Sales Budget)

차기에 예상되는 판매액에 대한 계획으로서, 종합예산의 모든 부분들이 판매예산에 기초하고 있다. 즉 종합예산의 출발점이며 핵심이다.

(2) 판매예측(Sales Forecast)

판매예측은 판매예산보다 폭넓은 개념으로 해당 기업의 판매량과 판매가격뿐만 아니라 해당 기업이 속한 시장 전체의 판매 잠재력까지 포함하여 예측하는 것을 말한다.

2 종합예산의 작성과정

(1) 판매예산이 작성되면 현재의 기말재고수량과 기말재고예산에 근거하여 생산량예산을 결정한다.

(2) 생산량예산을 기초로 직접재료원가 예산, 직접노무원가 예산, 제조간접원가 예산 등을 결정한다.

(3) 매출원가예산을 편성한 뒤 판매예산에 근거하여 결정된 판매관리비예산을 고려하여 영업예산을 작성한다.

(4) 영업예산과 기업의 재무활동에 기인하여 편성된 자본예산에 근거하여 현금예산을 편성한다.

(5) 궁극적으로 예산 포괄손익계산서와 예산 재무상태표를 작성한다.

3 종합예산시스템의 예시

(1) 판매예산

판매예산이란 종합예산편성의 출발점으로서 차기에 판매될 것으로 예측되는 판매량과 매출액에 대한 예산을 말한다. 수요에 대한 예측을 근거로 판매예산을 편성하는데, 판매예산은 예측하고자 하는 기간에 판매될 것으로 예상되는 수량에 단위당 예산판매가격을 곱하여 편성한다. 판매예산을 편성하는 경우에는 회사의 과거실적이나 회사의 시장점유율, 회사의 판매가격과 관련된 정책, GDP나 경제성장률 등과 같은 경제지표, 회사의 광고와 같은 판매촉진활동, 제품의 장기적인 판매추세 등을 고려하여 결정하게 된다.

판매예산이 작성되면 현재의 기말재고수량과 기말재고예산에 근거하여 생산량예산을 결정한다. 다른 모든 예산들은 판매예측에 따라 결정되므로 판매예산을 수립하는 데 많은 시간과 노력을 투입해야 한다.

(2) 생산량예산(Product Budget)

예상판매량과 기말제품재고수준을 충족시키기 위해 생산해야 할 제품수량을 결정하는 것으로서 제조예산이라고도 한다. 생산량예산은 회사가 차기 중에 몇 개의 제품을 생산하여야 하는가에 대한 목표생산량을 나타내며, 차기의 예산판매량에 차기 말의 예상재고량을 가산한 후 당기 말(차기 초)의 예상재고량을 차감하여 구한다.

> 예상생산량 = 예상판매량 + (예상)기말제품재고수량 − (예상)기초제품재고수량

(3) 제조원가 예산(Manufacturing Cost Budget)

제조원가 예산은 제조 예산에서 편성된 목표생산량을 제조하기 위하여 예상되는 제조원가에 대한 예산이며, 직접재료원가, 직접노무원가, 제조간접원가에 대하여 각각 예산을 편성한다.

① 직접재료원가 예산

직접재료원가 예산은 제조예산상의 목표생산량을 생산하기 위해 예상되는 직접재료원가에 대한 예산을 말한다. 직접재료원가 예산은 차기의 목표생산량의 생산에 필요한 재료량에 재료의 단위당 구입원가를 곱하여 계산한다.

$$\text{직접재료원가 예산} = \frac{\text{제품예산생산량} \times \text{제품단위당 직접재료수량}}{\text{직접재료투입수량}} \times \text{직접재료비 단위당 원가}$$

② 직접재료구매 예산

직접재료구매 예산은 제조예산상의 목표생산량 생산을 위해 요구되는 직접재료원가를 위해 예산기간 중에 구입하여야 하는 직접재료에 대한 예산이다. 직접재료구매예산은 목표생산량의 생산에 필요한 직접재료원가 예산에 기말예상 직접재료재고를 더하고, 기초예상 직접재료재고를 차감하여 계산한다.

$$직접재료구입량 = \frac{직접재료투입량}{직접재료예산} + 기말직접재료수량 - 기초직접재료수량$$

③ **직접노무원가 예산**

직접노무원가 예산은 제조예산상의 목표생산량을 생산하기 위해 요구되는 직접노무원가에 대한 예산을 말한다. 직접노무원가 예산은 한 단위 생산에 필요한 직접노동시간과 목표생산량을 곱하여 목표생산량을 위해 필요한 직접노동시간을 계산한 후 시간당 임률을 곱하여 계산한다.

$$직접노무원가 예산 = 제품예상생산량 \times 제품단위당 노동시간 \times 노동시간당 직접노무원가$$

직접노무원가 예산을 편성하면 사전에 필요한 노동력을 예측할 수 있고, 이에 따라 종업원의 추가고용이나 일시해고 등 직접노동력 수급계획 수립이 가능하다.

④ **제조간접원가 예산**

제조간접원가 예산은 목표생산량을 제조하기 위해 요구되는 제조간접원가에 대한 예산으로서 제조간접원가는 고정원가와 변동원가가 포함되어 있기 때문에 원가행태를 구분하여 변동제조간접원가와 고정제조간접원가로 구분하여 예산을 편성하는 것이 좋다. 변동제조간접원가는 생산량 단위당 요구되는 변동제조간접원가를 제조예산상의 목표생산량에 곱하여 계산하고, 고정제조간접원가는 생산량과 상관없기 때문에 회사가 나름대로의 기준을 가지고 일정 금액을 설정하여야 한다.

$$제조간접원가 예산 = \frac{제품예상생산량 \times 제품단위당 변동제조간접원가}{변동제조간접원가 예산} + \begin{array}{c}고정제조\\간접원가 예산\end{array}$$

(4) 매출원가 예산

매출원가 예산은 제조원가 예산에 기초제품재고액을 더하고 기말제품재고액을 차감하여 계산할 수 있다.

$$매출원가 예산 = 기초제품재고액 + 당기제품제조원가 - 기말제품재고액$$

(5) 판매비와관리비 예산

판매비와관리비 예산은 예산기간 동안 제조부문 이외의 부분에서 발생할 것으로 예상되는 비용에 대한 예산으로서 판매관리비도 원가행태별로 나누어서 변동판매관리비와 고정판매관리비로 나누어 예산을 편성하는 것이 좋다.

(6) 현금예산 편성

현금예산이란 예산기간 동안의 현금유입과 현금유출에 대한 예산을 편성하는 것을 말하며, 기업의 지불능력이나 현재 또는 미래의 영업활동과정에서 요구되는 현금을 충분히 보유할 수 있는지를 파악할 수 있게 해주는 매우 중요한 예산이다. 현금예산을 편성하기 위해서는 제조예산, 제조원가 예산, 직접재료구매 예산, 판매관리비 예산 등 모든 예산이 먼저 편성이 되어야 비로소 가능하게 된다.

① 현금예산의 구성

　㉠ 현금유입 : 기초현금잔액에 예산기간 동안 기업에 유입될 것으로 예상되는 항목

　　(예 현금매출, 매출채권의 회수, 부채의 차입, 자본의 증가 등)

　㉡ 현금유출 : 예산기간 동안 예상되는 모든 현금지급 항목

　　(예 현금매입, 매입채무의 지급, 부채의 상환, 배당금 지급 등)

　㉢ 현금부족 또는 초과 : 총현금유입액과 총현금유출액의 차이

현금부족현상이 예상되는 경우	금융기관으로부터 현금조달
현금초과현상이 예상되는 경우	차입금상환이나 단기투자에 이용

　㉣ 현금조달 또는 상환 : 예산기간 동안 발생할 것으로 예상되는 자금의 조달 및 상황에 대한 내용을 작성

② 현금예산 작성의 이점

현금예산을 작성하게 되면 기업이 지불능력이 있는지 여부를 확인하거나 현행 및 미래의 영업활동에 필요한 현금을 충분히 조달할 수 있는지 여부를 파악할 수 있다. 또한 예산과정을 통해서 갑작스러운 현금흐름의 문제점을 미연에 방지할 수 있기 때문에 가능한 짧은 기간별로 작성하는 것이 바람직하다.

(7) 예산포괄손익계산서

예산포괄손익계산서는 앞서 작성된 판매예산・매출원가예산・판매관리비 예산 등을 기초로 하여 작성되며 예산기간동안의 경영성과를 나타낸다.

(8) 예산재무상태표

예산재무상태표는 예산기간 말의 재무상태에 관한 정보를 제공하기 위한 목적으로 작성되는 예산재무제표이다. 예산재무상태표는 예산기간 초의 재무상태와 예산기간 동안의 영업성과에 대한 추정치 및 자산・부채항목의 변동치를 결합하여 작성한다.

제3절 영기준예산 및 증분예산 등

1 카이젠 예산(Kaizen Budgeting)

카이젠(Kaizen)이란 일본말로 지속적인 개선을 의미한다. 카이젠 예산은 예산기간 동안의 개선을 구체적으로 예산에 반영한 것이다. 예를 들어, 매년 2%의 원가절감을 하도록 예산편성을 한다면 공장에서는 매년 2%의 원가절감을 달성하여야 하며 만약 이를 달성하지 못하면 엔지니어 등의 도움을 받아서 달성할 수 있도록 계속해서 노력한다.

2 활동기준예산(Activity-Bared Budgeting, ABB) 편성

활동기준예산은 재화나 용역을 생산하고 판매하는 데 필요한 활동에 대하여 예산을 편성하는 것이다. 이러한 활동기준예산은 목표치나 산출물에 근거한 예산이 아니라 각각의 활동에 대한 예산을 편성하여야 하기 때문에 회사가 활동기준원가에 대한 정보가 기본적으로 있어야 한다.

3 영기준예산(Zero Based Budget)

영기준예산은 전년도 예산에 대한 참조 없이 완전히 제로 베이스에서 새롭게 예산을 수립하는 방법이다. 물론 하나의 사업에 대해 전년도 현황을 완전히 배제한 채 새롭게 검토하여 예산을 수립한다는 측면에서 볼 때 비용을 최적화시킬 수 있는 장점이 있지만, 반대로 이미 검토가 끝나서 진행 중인 사업에 대해서는 처음부터 다시 검토 작업을 진행하는 데 엄청난 시간과 인력의 낭비를 초래할 수 있다는 문제점이 있다.

4 예산슬랙(Budgetary Slack)

예산슬랙은 예산상의 목표를 쉽게 달성하려고 수익예산을 과소예측하거나 비용예산을 과대예측하려는 경향을 말한다. 이러한 예산슬랙은 예산차이가 성과평가에 사용될 때 흔히 발생하며, 경영자의 입장에서 보면 예측하지 못했던 불리한 사태로부터 자신을 보호하는 하나의 수단이기도 하다.

○✕ 로 점검하자 | 제6장

※ 다음 지문의 내용이 맞으면 ○, 틀리면 ✕를 체크하시오. [1~7]

01 전략적 계획은 중간경영층에 의해 작성되는 장기적인 경영정책이나 경영목표를 말한다. (　　)

02 연속예산은 현재의 1년이 끝나면 새로운 1년을 예산에 포함시켜 항상 12개월의 예산이 유지되도록 작성되는 예산이다. 현재의 시점에 관계없이 현시점에서 앞으로 1년에 대한 계획과 목표를 수립하고 재조정할 수 있다. (　　)

03 하나의 고정된 조업도에 맞춰 편성되는 예산은 고정예산이다. (　　)

04 판매예산은 차기에 예상되는 판매액에 대한 계획으로서 종합예산의 출발점이며 핵심이다.
(　　)

05 현금예산 편성 중 현금매입, 매입채무의 지급, 부채의 상환 등은 현금유입에 해당한다. (　　)

06 영기준예산은 재화나 용역을 생산하고 판매하는 데 필요한 활동에 대하여 예산을 편성하는 것이다.
(　　)

07 예산위원회는 예산프로그램에 관한 전반적인 정책 설정과 예산 작성에 요구되는 조정의 역할을 주로 담당하는 기관이다. (　　)

정답과 해설　01 ✕　02 ✕　03 ○　04 ○　05 ✕　06 ✕　07 ○

01 전략적 계획은 최고경영층에 의해 작성되는 장기적인 경영정책이나 경영목표를 말한다.

02 연속예산은 현재의 1개월이 끝나면 새로운 1개월을 예산에 포함시켜 항상 12개월의 예산이 유지되도록 작성되는 예산이다. 현재의 시점에 관계없이 현시점에서 앞으로 1년에 대한 계획과 목표를 수립하고 재조정할 수 있다.

05 현금예산 편성 중 현금매입, 매입채무의 지급, 부채의 상환 등은 현금유출에 해당한다.

06 재화나 용역을 생산하고 판매하는 데 필요한 활동에 대하여 예산을 편성하는 것은 활동기준예산이다.

01 예산의 출발점은 판매예측에서 시작된다. 판매예산을 작성한 후에는 구매예산을 작성하고 판매비와관리비 예산, 현금예산의 순으로 진행된다.

01 다음 중 종합예산을 편성할 때 가장 먼저 편성되어야 하는 것은?

① 현금예산
② 제조예산
③ 판매예산
④ 매출원가 예산

02 • 전략적 계획(Strategic Plan)
최고경영층에 의해 작성되는 장기적인 경영정책이나 경영목표
• 중기계획(Intermediate Plan)
전략적 계획을 토대로 중간경영층이 수립하는 계획
• 종합예산(Master Budget)
중기계획을 기초로 작성되는 단기계획

02 중기계획을 기초로 작성되는 단기계획은?

① 전략적 계획
② 장기계획
③ 중기계획
④ 종합예산

03 예산의 유용성은 크게 계획을 수립하게 하고, 성과평가기준을 제공하며, 의사전달과 조정의 역할을 수행하는 것으로 요약될 수 있다. 최고경영층은 예산을 작성함에 있어 조직 전체의 나아갈 방향을 제시하고, 중간 관리자와 하부직원들이 자세한 예산정보를 제공함으로써 예산은 구체적으로 작성된다.

03 다음 중 예산편성의 유용성에 대한 설명으로 옳지 않은 것은?

① 미래의 계획과 운영절차를 수립하여 기업의 전반적인 문제점을 사전에 발견할 수 있게 된다.
② 일반적으로 복잡한 회사의 운영상황과 미래의 불확실성 때문에 비현실적으로 작성된다.
③ 관리자들의 계획을 공식화하여 조직 전체에 명료하게 전달하는 수단이 된다.
④ 여러 부서의 계획과 목표를 통합함으로써 조직 전체의 활동을 조정하는 역할을 한다.

정답 01 ③ 02 ④ 03 ②

04 다음 중 예산편성과 관련된 개념에 대한 설명으로 옳은 것은?

① 운영예산 – 운영예산은 대개 1년을 기준으로 작성된다.

② 연속예산 – 연속예산은 관리자가 앞으로의 1년에 대한 계획을 세울 수 없다.

③ 참여적 예산 – 종업원들이 조직의 일원이라는 인식을 갖기 어렵다.

④ 인간관계적 고려사항 – 예산프로그램이 성공하려면 중간관리자층의 전폭적 지지가 필요하다.

05 다음 중 활동기준예산편성에 대한 설명으로 옳지 <u>않은</u> 것은?

① 재화나 용역을 생산하고 판매하는 데 필요한 활동에 대하여 예산을 편성하는 것이다.

② 예산차이가 성과평가에 사용될 때 흔히 발생하며, 경영자의 입장에서 보면 예측하지 못했던 불리한 사태로부터 자신을 보호하는 하나의 수단이기도 하다.

③ 활동기준원가에 대한 정보가 기본적으로 있어야 한다.

④ 목표치나 산출물에 근거한 예산이 아니라 각각의 활동에 대한 예산을 편성하여야 한다.

06 (주)시대의 20X1년 예상판매액은 ₩7,000,000, 매출총이익률이 30%이고, 기초실제재고액이 ₩500,000이고 기말목표재고액이 ₩550,000이라고 할 때 20X1년 중 목표구입액은 얼마인가?

① ₩4,850,000

② ₩4,950,000

③ ₩5,400,000

④ ₩5,900,000

---

04 ② 연속예산 – 연속예산은 관리자가 앞으로 1년에 대한 계획을 세울 수 있다.
③ 참여적 예산 – 종업원들이 조직의 일원이라는 인식을 가질 수 있다.
④ 인간관계적 고려사항 – 예산프로그램이 성공하려면 최고경영층의 전폭적 지지가 필요하다.

05 ②는 예산슬랙에 대한 내용이다.

06 • 매출원가
= ₩7,000,000 × (1 – 30%)
= ₩4,900,000
• 목표구입액 = ₩4,900,000(매출원가) – ₩500,000(기초) + ₩550,000(기말) = ₩4,950,000

정답 (04 ① 05 ② 06 ②)

07 ③은 변동예산에 대한 내용이다.

07 예산의 종류 중 종합예산에 대한 설명으로 옳지 <u>않은</u> 것은?

① 기업 전체를 대상으로 작성한 예산이므로 하부조직의 모든 예산이 포함된다.
② 고정예산과 변동예산으로 구분이 가능하다.
③ 일정한 범위의 조업도에 맞춰 편성되는 예산이다.
④ 종합예산이 결정되면 이 예산에 기초하여 구체적인 활동계획을 수립한다.

08 • 당기제품제조원가 : ₩60,000(기초재공품) + ₩100,000(당기총제조원가) − ₩50,000(기말재공품) = ₩110,000
• 매출원가 : ₩30,000(기초제품재고) + ₩110,000(당기제품제조원가) − ₩25,000(기말제품재고) = ₩115,000

08 다음 자료를 이용하여 매출원가를 구하면 얼마인가?

• 기초재공품원가	₩60,000
• 기초제품재고액	₩30,000
• 당기총제조원가	₩100,000
• 기말재공품원가	₩50,000
• 기말제품재고액	₩25,000
• 기초원재료재고액	₩60,000

① ₩105,000
② ₩110,000
③ ₩115,000
④ ₩120,000

정답 07 ③ 08 ③

제 7 장

원가배분

또 실패했는가? 괜찮다. 다시 실행하라. 그리고 더 나은 실패를 하라!

– 사뮈엘 베케트 –

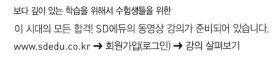

제 **7** 장 | 원가배분

제1절 원가배분의 의의와 목적

1 원가배분의 의의

일반적으로 제조기업에서 가장 중요한 과제는 '제조간접원가와 같은 간접원가를 어떤 기준을 가지고 각각의 원가대상에 배분하여 줄 것인가'이다. 즉, 원가배분이란 둘 이상의 원가대상에 의하여 공통적으로 사용된 간접원가를 합리적인 배부기준에 따라 각각의 원가대상에 배분하는 과정을 말한다.

2 원가배분의 목적

(1) 제품원가의 계산

제품의 제조원가는 직접원가와 간접원가의 합으로 구성된다. 따라서 간접원가를 구하기 위해서 원가배분을 한다.

(2) 경제적 의사결정을 위한 정보제공

원가배분을 통해 제품원가에 대한 정보를 알게 되면 판매가격의 결정이나, 부품을 자가제조할 것인가 외부 구입할 것인가와 같은 경제적 의사결정을 하는 데 도움이 된다.

(3) 경영자와 종업원의 동기부여

원가배분은 경영자와 종업원의 행동에 영향을 미칠 수 있기 때문에 그들의 행동이 조직의 목적과 일치하도록 합리적으로 원가배분을 해야 하며 배분된 원가는 이후 성과평가의 기준으로 활용될 수 있다.

(4) 원가의 정당화

합리적인 원가배분을 통해 적정가격을 설정함으로써 제품가격의 정당성을 입증할 수 있다.

(5) 이익과 자산의 측정

① 기업의 순이익 측정에 영향을 미치는 재고자산의 가액과 매출원가를 정확히 산출하여 주주, 채권자 등 이해관계자들에게 합리적인 정보를 제공하기 위해 원가를 배분해야 한다.
② 전통적 회계에서의 원가배분은 이익측정과 자산평가의 목적으로 이루어졌으나, 현대의 회계에서는 외부재무보고 목적, 경제적 의사결정, 동기부여 및 성과평가, 원가의 정당화 및 보상액의 결정 등의 목적으로 이루어진다.

3 원가배분 절차

(1) 원가대상의 설정

우선 원가를 알고자 하는 대상, 즉 원가대상을 설정한다. 가장 일반적인 원가대상으로는 제품이나 특정 사업부문이 될 것이다. 경영자는 회사가 생산한 제품의 원가를 당연히 알고자 할 것이며, 또한 운영하는 사업부의 원가가 얼마인지도 알고 싶을 것이다. 따라서 이러한 경우에는 제품이나 특정 사업부가 원가대상이 되는 것이다.

(2) 원가의 집계

원가대상에 할당할 직접원가와 간접원가를 집계하는 절차이나, 직접원가는 원가대상에 직접적으로 추적이 가능하므로 각 원가대상별로 얼마가 발생하였는지 확인만 하면 되기 때문에 큰 문제가 되지 않는다. 따라서 보통 원가의 집계라고 하면 간접원가를 집계하여 원가집합으로 설정하는 것이 주요 과제이다.

(3) 원가대상별 직접원가의 확인

직접원가는 원가대상별로 추적이 가능하므로, 각 원가대상별로 직접원가를 확인한다.

(4) 간접원가의 배부기준과 배분방법 선택 [기출]

① **인과관계기준** : 원가를 발생시킨 원인을 찾아 그 원인과 결과(원가대상)를 연결시키는 방식으로 원가배분을 하는 방법으로서 가장 합리적인 원가배분기준이라 할 수 있다. 그러나 이 방법의 경우에는 추적가능성이 낮은 간접원가의 특성상 그 기준이 명확하게 드러나지 않는 경우가 많다.

② **수혜기준** : 원가의 발생으로 인한 혜택 받은 정도의 크기에 비례하여 원가대상에 원가를 배분하는 방식이다. 즉, 어떠한 활동이나 원가의 발생으로 인하여 특정 원가대상에 제공된 수혜의 비율에 따라서 간접원가를 배분하는 방법으로서 수익자부담원칙에 입각한 배분기준이다. 보통 공공재의 경우에 이러한 원칙을 적용한다.

③ **부담능력기준** : 각 원가대상이 원가를 부담할 수 있는 능력에 따라 원가를 배분하는 기준으로 수익창출능력이 큰 원가대상에 많은 원가가 배분되고, 수익창출능력이 적은 원가대상에 원가가 적게 배분되도록 하는 방법이다.

④ **공정성과 공평성기준** : 집계된 원가를 원가대상에 배분할 때 공정하고 공평하게 이루어지도록 하는 기준으로서 서로 간에 만족할 수 있는 가격을 설정하기 위한 수단으로 정부와의 계약에서 종종 사용된다. 이 기준은 원가를 배부하는 방법을 의미하기보다 원가배분을 통해 달성해야 하는 목표를 의미한다.

(5) 원가대상별 배분율 계산

배분율은 원가대상별로 배분되어야 할 원가집합의 비율로서 원가집합을 배분기준 총계로 나누어 계산한다. 즉, 배분율은 배부기준 단위당 원가집합의 금액을 의미하는 것이다.

(6) 원가대상별 배분액 계산

원가대상별로 원가집합의 배분액을 결정하는 과정으로서, 각 원가대상별 배부기준에 배부율을 곱하여 계산한다.

---

1 제조간접원가의 배부기준

제조간접원가는 개별작업과 직접 대응시킬 수 없기 때문에 제조간접원가를 각 제품에 배부하기 위해서는 적당한 배부기준을 선택해야 한다. 일반적으로 많이 사용되는 배부기준은 직접노무원가기준, 직접노동시간기준, 기계시간기준 등이 있으며 배부기준 선택 시 다음의 사항을 고려해야 한다.

(1) 제조간접원가의 발생과 높은 상관관계를 가져야 하고, 논리적으로도 타당한 인과관계가 있어야 한다.

(2) 제조간접원가의 배부기준은 쉽게 적용할 수 있어야 한다.

2 실제제조간접원가 배부율과 예정제조간접원가 배부율

(1) 실제제조간접원가 배부율 `기출`

실제제조간접원가 배부율은 실제제조간접원가 발생액을 배부기준으로 나누어 계산한다. 이를 산식으로 표현하면 다음과 같다.

> - 실제제조간접원가 배부율 $= \dfrac{\text{실제제조간접원가 합계}}{\text{실제조업도}}$
> - 제조간접원가 배부액 = 개별작업의 실제조업도 × 제조간접원가 실제배부율

(2) 예정제조간접원가 배부율 [기출]

예정제조간접원가 배부율은 제조간접원가 예상액을 기준조업도 혹은 예정조업도로 나누어 구할 수 있다.

> • 예정제조간접원가 배부율 = $\dfrac{총\ 예산제조간접원가(예정제조간접원가)}{예정조업도(기준조업도)}$
>
> • 제조간접원가 배부액 = 개별작업의 실제조업도 × 제조간접원가 예정배부율

일반적으로 연간 배부율을 이용하는데 월별·분기별 배부율보다 계절에 따른 영향을 배제할 수 있고, 월별 조업도의 변동에 따른 영향을 제거할 수 있다. 또한 배부율의 잦은 조정은 비용과 효익의 측면에서 바람직하지 않다.

예제 문제

01 직접작업시간법으로 계산한 제조지시서 #101의 제조간접원가 예정배부액은 얼마인가?

(1) 연간 예정제조간접비총액 : ₩100,000
(2) 연간 예정직접작업시간 : 1,000시간
(3) 제조지시서별 실제작업시간 : #101 = 500시간, #201 = 300시간

> • 예정제조간접원가 배부율 : $\dfrac{₩100,000}{1,000시간}$ = ₩100/직접작업시간당
>
> • 제조간접원가 배부액 : ₩100 × 500시간 = ₩50,000

3 제조간접원가 배부율의 종류

(1) 공장 전체 제조간접원가 예정배부율

모든 제조간접원가를 공장 전체 원가집합에 집적하고, 공장 전체 제조간접가의 변동요소를 가장 잘 나타내는 기준을 선택하여 모든 부문에서 생산되는 모든 제품에 공통적으로 적용하는 방법이다.

(2) 부문별 제조간접원가 예정배부율

각 제조부문에 집계된 제조간접원가를 각 부문별 특성을 가장 잘 나타내는 기준에 따라 각각의 제조부문별로 다른 배부기준을 사용하여 제조간접원가를 배부하는 방법이다.

4 제조간접원가 배부차이 [기출]

정상원가계산(예정원가계산)이란 제품원가계산 시 직접재료원가와 직접노무원가는 각 제품에 직접 대응시키고 제조간접원가를 예정배부율에 의해 각 제품에 배부하는 원가계산방법이다. 제조간접원가를 예정배부율에 따라 배부하다 보면 예정배부된 제조간접원가와 실제 발생한 제조간접원가 사이에 차이가 발생할 수 있다. 이를 제조간접원가 배부차이라고 한다.

즉, 정상개별원가계산에서는 회사 내부 원가관리 목적상 제조간접원가 예정배부율에 의해 제조간접원가를 배부하는 것인데, 회사 외부 보고용 재무제표는 실제원가 및 그 근사치로 작성되어야 하므로 제조간접원가 예정배부액과 실제 발생액의 차이를 조정해 주는 절차가 필요하다.

(1) 제조간접원가계정의 실제발생액과 예정배부액과의 차이를 제조간접원가 차이라고 한다.

(2) 제조간접원가 배부차이는 예정배부율의 산정요소인 제조간접원가 예산과 예정조업도에 대한 예측의 부정확성에 기인한 것이다.

(3) 이 원가차이는 합리적인 배부기준에 따라 재공품, 제품, 및 매출원가에 안분한다.

> • 제조간접원가 과소배부액 = 실제발생액 > 예정배부액
> • 제조간접원가 과대배부액 = 실제발생액 < 예정배부액

제3절 부문원가의 배분 기출

1 의의

제조기업에서 제조부문이란 직접 제조활동을 수행하는 부문을 말하며, 보조부문이란 제조부문이 사용하는 보조용역을 제공할 뿐 제조활동에는 직접적으로 참여하지 않는 부문을 말한다. 보조부문은 직접 제품 생산활동을 수행하는 것은 아니지만 제조부문의 생산활동을 돕기 위해 설치된 것이므로, 보조부문에서 발생한 원가도 제품의 원가에 포함되어야 한다. 그러나 보조부문은 여러 제품과 관련되어 있기 때문에 직접 어떤 제품에 얼마의 금액이 배부될 것인지 알 수 없다. 따라서 보조부문의 원가를 집계한 후 이를 합리적으로 제품에 배부하는 절차가 필요한데 이것이 부문별 원가계산의 의미이다.

※ 부문별 원가는 개별원가계산과 종합원가계산에 공통으로 적용되며 다음의 순서에 따라 계산된다.
- 1단계 : 부문직접원가의 부과
- 2단계 : 부문간접원가(공통원가)의 부과
- 3단계 : 보조부문원가를 각 제조부문에 배부
- 4단계 : 제조부문원가를 제품 및 재공품 계정에 배부

> **더 알아두기**
>
> **부문공통비의 배부기준 기출**
>
> | 부문공통비 | 배부 기준 |
> | --- | --- |
> | 건물 감가상각비 | 건물의 점유면적 |
> | 공장 인사관리 부문 | 종업원 인원수 |
> | 건물의 임차료와 보험료 | 각 부문의 점유면적 |
> | 수선유지부문 | 수선 횟수 |
> | 식당부문 | 종업원 인원수 |
> | 구매부문 | 주문횟수와 주문내용 |

2 보조부문원가 배분방법 기출

보조부문은 제조부문에만 용역을 제공하는 것이 아니라 때에 따라서는 다른 보조부문에 용역을 제공하기도 하고, 용역의 일부를 스스로 사용하기도 한다. 그러나 보조부문의 모든 활동은 본질적으로 제조부문의 제조활동을 보조하기 위한 것이므로, 보조부문에서 발생하는 모든 원가는 당연히 제품의 제조원가를 구성하는 것으로 보아야 한다. 따라서 제품의 원가를 계산하기 위해서는 보조부문원가를 제조부문에 적절히 배분하여야 한다.

보조부문원가를 제조부문에 배분하는 방법은 보조부문 상호 간의 용역수수관계를 어떻게 고려하는지에 따라 다음의 방법으로 나뉜다.

(1) 직접배분법 기출

직접배분법은 보조부문원가를 다른 보조부문에는 배분하지 않고 직접제조부문에만 배부하는 방법으로 보조부문 상호 간의 용역수수관계를 전혀 고려하지 않는 방법이다. 정확한 원가배부가 이루어지지 않을 수도 있지만 보조부문 상호 간의 용역수수관계가 별로 중요하지 않을 경우에 적용할 수 있기 때문에 계산이 가장 간단한 방법이다.

예제 문제

02 다음은 보조부문원가에 관한 자료이다. 보조부문의 제조간접원가를 다른 보조부문에는 배부하지 않고 제조부문에만 직접 배부할 경우 수선부문에서 조립부문으로 배부될 제조간접원가는 얼마인가?

구분		보조부문		제조부문	
		수선부문	관리부문	절단부문	조립부문
제조간접비		₩60,000	₩100,000		
부분별배부율	수선부문		20%	40%	40%
	관리부문	50%		20%	30%

보조부문의 배부방법 중 직접배분법에 대한 문제이다. 수선부와 관리부가 주고받는 용역수수비율에 대해서는 아예 없는 것으로 보고 문제를 풀면 된다.

$$₩60,000 \times \frac{40\%}{40\% + 40\%} = ₩30,000$$

---

(2) 단계배분법 기출

단계배분법은 보조부문원가를 배부순서에 따라 단계적으로 다른 보조부문과 제조부문에 배부하는 방법으로 보조부문 상호 간의 용역수수관계를 일부만 고려하는 방법이다. 직접 배분법과 상호배분법의 절충적인 방법인 단계배분법에서는 보조부문원가의 배분순서를 합리적으로 결정하는 것이 매우 중요하며, 배부순서를 결정할 때에는 일반적으로 다음과 같은 기준이 사용된다.

- 다른 보조부문에 제공하는 보조부문원가의 금액이 큰 부문부터 배분하는 방법
- 다른 보조부문에 제공하는 용역의 비율이 큰 부문부터 배분하는 방법
- 보조부문에서 제공하는 보조부문원가의 금액이 큰 부문부터 배분하는 방법

예제 문제

03 두 개의 제조부문과 두 개의 보조부문으로 이루어진 (주)시대의 부문 간 용역수수에 관련된 다음 자료를 이용하여 제조부문 조립부문에 배부되는 보조부문의 총액을 계산하면 얼마인가? (단, 단계배부법을 사용하고, 동력부문을 먼저 배분한다)

구분		보조부문		제조부문	
		동력부문	관리부문	주조부문	조립부문
제조간접비		₩700,000	₩300,000	₩1,000,000	₩700,000
부분별배부율	동력부문	300kW	200kW	300kW	200kW
	관리부문	200㎡	200㎡	300㎡	300㎡

i) 동력부문의 배분

- 동력 → 관리 : $₩700,000 \times \dfrac{200kW}{200kW + 200kW + 300kW} = ₩200,000$

- 동력 → 주조 : $₩700,000 \times \dfrac{200kW}{200kW + 200kW + 300kW} = ₩200,000$

- 동력 → 조립 : $₩700,000 \times \dfrac{300kW}{200kW + 200kW + 300kW} = ₩300,000$

ii) 관리부문의 배분

- 관리 → 주조 : $(₩300,000 + ₩200,000) \times \dfrac{300㎡}{300㎡ + 300㎡} = ₩250,000$

- 관리 → 조립 : $(₩300,000 + ₩200,000) \times \dfrac{300㎡}{300㎡ + 300㎡} = ₩250,000$

iii) 제조부문 조립부문에 배부되는 보조부문의 총액 : ₩300,000 + ₩250,000 = ₩550,000

(3) 상호배분법

상호배분법은 보조부문원가를 용역수수관계에 따라 다른 보조부문과 제조부문에 배부하는 방법으로 보조부문 상호 간의 용역수수관계를 완전히 고려하는 방법이다. 상호배분법은 이론적으로 가장 타당하고 가장 정확한 방법이지만 계산의 복잡성 때문에 실무에서는 거의 쓰이지 않는다.

배분될 총원가 = 자기부문의 발생원가 + 배분받은 원가

상호배분법에서는 먼저 모든 보조부문에 대하여 방정식을 세운 다음, 방정식을 풀어서 각 보조부문에 배분될 총원가를 계산한 후에, 이 총원가를 모든 용역수수관계를 고려하여 보조부문과 제조부문에 배분한다.

3 단일배분율법과 이중배분율법

보조부문의 원가를 변동원가와 고정원가로 구분하느냐의 여부에 따라 단일배분율법과 이중배분율법으로 나눌 수 있다.

(1) 단일배분율법(Single Rate Method)

보조부문원가를 변동원가와 고정원가를 구분하지 않고 하나의 배부기준을 이용하여 총원가를 배분하는 방법이다.

(2) 이중배분율법(Dual-Rate Method)

보조부문의 원가를 원가행태에 따라 고정원가와 변동원가로 분류하여 각각 다른 배부기준을 적용하여 총원가를 배분하는 방법이다.

유형자산들은 각 보조부문 또는 제조부문의 최대조업도(또는 예산조업도)에 맞추어 구입되는 것이 일반적이기 때문에 고정원가는 최대사용량(또는 예상사용량)을 기준으로 배부하는 것이 합리적이다. 변동원가는 인과관계관점에서 볼 때 실제조업도(실제사용량)와 관련이 많으므로 실제사용량을 기준으로 배부하는 것이 합리적이다.

예제 문제

04 합격상사의 공장에는 하나의 보조부문 X와 두 개의 제조부문 A, B가 있다. 보조부문 X는 두 개의 제조부문 A, B에 전력을 공급하고 있는데, 각 제조부문의 월간 최대사용 가능량과 5월의 실제사용량은 다음과 같다.

구분	A	B	합계
최대사용가능량	500kWh	1,500kWh	2,000kWh
실제사용량	500kWh	500kWh	1,000kWh

한편, 5월 중 각 부분에서 발생한 제조간접원가는 다음과 같다.

| 구분 | 보조부문 | 제조부문 | | 합계 |
	X	A	B	
변동원가	₩100,000	₩140,000	₩160,000	₩400,000
고정원가	200,000	160,000	240,000	600,000
합계	300,000	300,000	400,000	1,000,000

[요구사항]
1. 단일배분율법을 이용하여 제조부문 A와 B의 원가를 계산하시오.
2. 이중배분율법을 이용하여 제조부문 A와 B의 원가를 계산하시오.

1. 단일배분율법을 이용하는 경우

구분	보조부문	제조부문		합계
	X	A	B	
배분전원가	300,000	300,000	400,000	1,000,000
A원가배분*	(300,000)	150,000	150,000	0
배분후원가	0	450,000	550,000	1,000,000

   ※ A : B = 500 : 500이다. 그러므로 보조부문원가를 배분한 후의 제조부문 A, B의 원가는 각각
   ₩450,000과 ₩550,000이다.

2. 이중배분율법을 이용하는 경우
   i) 변동원가 배분

구분	보조부문	제조부문		합계
	X	A	B	
배분전원가	100,000	140,000	160,000	400,000
A원가배분*	(100,000)	50,000	50,000	0
배분후원가	0	190,000	210,000	400,000

   ※ A : B = 500 : 500이다. 그러므로 보조부문원가를 배분한 후의 제조부문 A, B의 원가는 각각
   ₩190,000과 ₩210,000이다.

   ii) 고정원가 배분

구분	보조부문	제조부문		합계
	X	A	B	
배분전원가	200,000	160,000	240,000	600,000
A원가배분*	(200,000)	50,000	150,000	0
배분후원가	0	210,000	390,000	600,000

   ※ A : B = 500 : 1,500이다. 그러므로 보조부문원가를 배분한 후의 제조부문 A, B의 원가는 각각
   ₩210,000과 ₩390,000이다.

제4절 경제적 의사결정과 동기부여를 위한 원가배분

기업의 경영환경이 불확실해지고 제조기술이 복잡해지는 반면 기업의 규모는 커져서 시장의 변화에 신속하게 대응하기가 어려워지고 있다. 이러한 이유로 많은 대규모 기업들에서 최고경영자의 의사결정권한을 하위경영자에게 위임하는 분권화가 이루어지고 있다. 기업의 경영관리적 측면에서 원가통제가 제품원가계산보다 중요한 목적이 되어야 한다. 이와 같이 원가통제를 주된 목적으로 설계된 원가회계제도가 책임회계제도이다. 책임회계제도에서는 원가뿐만 아니라 기업의 수익·이익·투자활동까지도 통제되고 책임중심점의 관리자 성과평가를 통해 부문조직의 영업성과를 향상시킬 수 있다.

1 책임회계의 의의

책임회계는 기업조직에 여러 종류의 책임중심점을 설정하고, 계획과 실적에 관련된 회계수치를 책임중심점별로 집계·분석·보고함으로써 계획과 실적에 관한 정보를 파악하게 하는 회계제도이다. 여기서 책임중심점은 일련의 경영활동에 책임을 지고 의사결정권한을 가지는 조직단위를 말한다. 책임회계의 목적은 책임중심점을 설정하여 권한과 책임을 부여하고 계획과 실적에 관련된 회계수치를 책임중심점에 결부시켜 해당 책임중심점의 관리자에 대한 성과평가를 함으로써 결과적으로 각 조직단위의 성과를 향상시키는 데에 있다.

책임회계제도는 원가통제 측면뿐만 아니라 수익통제 측면에서도 유용하다. 수익 발생의 책임을 명확히 규명하고, 책임자별로 수익을 집계함으로써 효율적으로 수익을 통제할 수 있다. 이처럼 책임중심점은 책임내용에 따라 원가중심점, 수익중심점, 이익중심점, 투자중심점 등으로 구분할 수 있다.

책임회계제도의 목적을 성공적으로 달성하려면 성과보고서 작성이 필요하다. 성과보고서에는 예산과 실제 성과 및 양자의 차이 내용이 포함되어 있어 책임중심점의 관리자에 대한 성과평가에 도움을 주며, 예산과 실제 성과와의 중요한 차이에 대해서 경영자의 주의를 환기시키는 경영전략, 즉 예외에 의한 관리를 가능하게 해준다.

2 전통적인 원가회계와 책임회계의 비교

전통적인 원가회계에서는 주로 제품원가계산이나 재무보고 목적을 위해 원가를 기능별(제조원가, 판매비와 관리비)로 분류하며 자원이 어느 기능을 위해 소비되었는지를 중요시하는 반면에 책임회계에서는 자원이 어느 기능을 위해 소비되었는지보다 누가 자원을 소비했는지를 더 중요시한다. 책임회계의 기본사고는 기업목표를 효율적으로 달성하기 위하여 동기부여 될 대상은 조직이 아니라 인간, 즉 책임중심점의 관리자이므로 관리자를 성과평가의 대상으로 한다는 점에 주의해야 한다. 전통적인 원가회계와 책임회계를 비교하면 다음과 같다.

첫째, 전통적인 회계에서는 주로 제품원가의 계산과 재고자산의 평가를 위해 원가자료를 수집하는 반면, 책임회계에서는 특정 원가 발생에 누가 책임을 지는가를 명확히 규정하고 그 책임자가 원가의 관리를 효율적으로 수행할 수 있게 하기 위해 원가자료를 수집한다.

둘째, 전통적인 원가회계에서는 원가를 제조원가와 판매비와관리비로 분류하여 자원이 어느 기능을 위해 소멸되었는지를 파악하는 반면, 책임회계에서는 통제가능성을 기준으로 원가를 분류하여 통제가능원가와 통제불능원가로 구별한다. 즉 책임회계제도는 책임과 권한을 부여받은 경영자가 자신의 책임범위에서 발생하는 원가들을 얼마나 효율적으로 관리했는지를 강조함으로써 각 경영자가 원가관리를 효율적으로 수행할 수 있게 동기를 부여하는 제도이다.

셋째, 전통적인 회계에서는 원가를 기능별 또는 제품별로 집계하는 데 반해 책임회계에서는 책임중심점의 성과를 평가하기 위해 책임중심점별로 원가를 집계한다.

제5절 공헌이익법에 의한 책임회계의 원가배분

1 공헌이익

공헌이익은 매출액에서 변동원가를 차감한 금액으로 고정원가를 회수하고 이익 창출에 공헌하는 금액이다. 공헌이익은 우선 고정원가 회수에 사용되고 고정원가를 초과하는 공헌이익은 이익으로 계상된다.

2 공헌이익법에 의한 성과평가

공헌이익은 사업부문의 경영자의 성과평가 지표로는 타당하지 못하다. 왜냐하면 사업부분의 경영자는 일정부분까지는 해당 부서에서 발생하는 고정원가의 범위를 나름대로 통제할 수 있기 때문이다. 일반적으로 사업부문의 경영자는 사업부문에서 발생하는 변동원가와 고정원가의 비율을 조정할 수도 있으며, 고정원가 성격의 비용을 다음 연도로 이월하거나 차기에 발생할 비용을 당기에 조기 집행할 수 있는 재량권이 있다. 따라서 사업부문의 경영자의 성과평가를 위해서는 변동원가뿐만 아니라 경영자가 통제할 수 있는 고정원가까지 고려한 이익개념을 사용하는 것이 타당하다.

제6절 활동기준원가계산 기출

1 활동기준원가계산(ABC : Activity Based Costing)의 도입배경

(1) 다품종 소량생산체제로 전환

기업들은 경쟁이 치열해짐에 따라 종전의 소품종 대량생산체제에서 소비자의 다양한 욕구를 만족시킬
수 있는 다품종 소량생산체제로 전환하게 되었다.

(2) 직접노무원가의 감소, 제조간접원가의 증가

공장자동화에 따른 원가구성에 변화를 가져왔다. 이는 제조기술의 발달과 공장자동화로 인하여 직접노
무원가가 차지하는 비중은 줄어든 반면, 감가상각비・수선유지비 등 제조간접원가의 비중은 전보다 훨
씬 증가하였다.

(3) 전통적 배부기준에 대한 비판

제품의 종류가 다양해지고 제조간접원가의 비중이 증가함에 따라 전통적으로 사용해 오던 조업도에 근
거한 제조간접원가 배부방법이 제품원가산정에 왜곡을 초래하게 되었다. 그 결과 가격결정이나 제품별
수익성 판단에 잘못된 의사결정을 하게 되었다.

(4) 원가개념의 확대

최근에는 제조원가뿐만 아니라 연구개발, 제품설계, 마케팅, 유통, 고객서비스 등의 원가가 큰 비중을
차지하게 되어 원가개념이 확대되었다. 따라서 종전처럼 제조원가만으로 제품원가를 계산할 경우 제품
과 관련된 원가는 실제보다 과소평가되므로 제품라인의 추가 또는 폐지 등에 대해 잘못된 의사결정을
초래할 수 있다.

2 전통적 원가계산의 문제점

(1) 직접노무원가 비중의 감소

유연생산시스템(FMS : Flexible Manufacturing System), 컴퓨터 종합시스템(CIM : Computer Integrated
Manufacturing), 적시생산시스템(JIT : Just In Time) 등이 도입으로 직접노무원가의 비중은 과거에
비해 상대적으로 줄어들고 있으며, 제조간접원가가 제조과정에서 중요한 부분을 차지하고 있다. 따라
서 제조간접원가를 실제발생원인과의 관련성이 적은 직접노무원가 등을 기준으로 배부한 것은 정확한
제품의 원가계산을 어렵게 만든다.

(2) 생산량 차이로 인한 원가전이

생산량 차이로 원가전이효과가 발생할 수 있다. 기존의 원가계산제도에서는 제조간접원가를 주로 생산량 기준에 따라 배부하므로, 조업도와 상관관계가 높지 않은 제조간접원가가 생산량이 적은 제품에서 생산량이 많은 제품으로 전이된다.

(3) 정확한 원가계산의 어려움

전통적 원가계산에서는 정확한 원가계산이 어렵고, 이에 따라 각 제품에 대한 의사결정에 혼란을 초래하게 된다.

3 기본개념

(1) 활동기준원가계산(ABC : Activity Based Costing)의 정의

활동기준원가계산이란 정확한 원가계산을 위해 기업의 여러 가지 활동들을 원가대상으로 삼아 원가를 집계하고, 원가대상들에 대한 원가계산도 이들이 소비한 활동별로 파악된 원가에 의해 계산하는 원가계산시스템이다.

(2) 활동(Activity) 기출

활동이란 자원을 사용하여 가치를 창출하는 작업으로 ABC의 기본요소이다.

① **단위수준활동(Unit Level Activity)** : 제품생산량에 따라 비례하는 활동으로 직접재료 원가투입활동, 동력소비활동, 직접노무활동, 기계활동 등을 예로 들 수 있다.
② **묶음관련활동(Batch Related Activity)** : 생산수량과 관계없이 일정량에 대한 생산이 이루어질 때마다 수행되는 활동으로 준비작업활동, 금형교환활동 등을 예로 들 수 있다.
③ **제품유지활동(Product Sustaining Activity)** : 제품종류에 따라 특정제품을 회사의 생산 품목으로 유지하는 활동으로 특정제품의 설계와 연구개발 및 A/S활동 등을 예로 들 수 있다.
④ **설비유지활동(Facility Sustaining Activity)** : 다양한 제품생산을 위한 기본적인 설비유지활동으로 공장관리활동, 건물임차활동, 안전유지활동 등을 예로 들 수 있다.

(3) 원가동인(Cost Driver)

원가동인은 활동의 양을 계량적으로 나타내는 측정척도로서, 활동별로 집계된 원가를 제품에 배부할 때의 배부기준으로 ABC에서는 각 활동별로 상이한 원가동인을 고려해야 한다.

제품의 원가계산에 있어서 활동원가의 집합을 많이 인식할수록 원가계산의 정확성은 높아지지만, 원가동인과 각 활동의 원가를 추적하고 파악하는 데 측정원가가 발생하게 된다. 따라서 비용과 효익의 상쇄관계(Trade Off)를 고려하여 원가동인을 파악해야 한다.

〈수준별 활동과 그 원가동인〉

활동의 수준	활동예시	원가동인
단위수준활동	원재료 투입, 직접노무, 기계가동	기계시간, 직접노동시간 등
묶음관련활동	작업준비, 자재이동, 구매주문	작업준비횟수(시간), 재료처리횟수(시간), 구매주문횟수 등
제품유지활동	공장설계, 엔지니어링, 제품개량, 주문제작, 제품설계	제품설계시간, 설계변경횟수 등
설비유지활동	공장관리, 건물관리, 안전 유지 및 조경	기계시간, 점유면적 등

4 ABC의 절차

(1) 활동분석

활동기준원가계산에서는 제조과정을 보다 세분화된 개별 활동으로 나누고, 제조간접원가를 활동별로 집계하기 때문에 가장 먼저 활동분석이 선행되어야 한다. 활동기준원가계산에서는 원가를 발생시키는 가장 기본적 단위를 바로 활동(Activity)으로 보며, 부문이나 제품 등은 활동을 소비하는 상위의 분석단위로 본다. 따라서 활동기준원가계산에서는 활동별로 원가를 집계·배부하므로 활동을 구분하고, 분석하는 것은 매우 중요하다. 이러한 활동분석을 위해 회사는 공정흐름도상의 모든 공정에서 발생하는 활동을 분석하여 각각의 활동을 공정의 흐름도 상에 나타낸다. 그리고 각각의 흐름도 상의 활동들을 분석하여 활동별로 제조간접원가를 집계하기 위한 준비를 하는 단계이다.

활동기준원가계산에서는 활동을 ㉠ 단위수준활동, ㉡ 묶음수준활동, ㉢ 제품유지수준활동, ㉣ 설비유지수준활동으로 나눔으로써 각각의 계층별로 다른 원가동인을 적용하여 정확한 원가계산에 도움이 될 수 있도록 한다.

(2) 활동중심점의 설정 및 활동중심점별 원가 집계

활동중심점이란 관련된 활동의 원가를 분리하고 보고하는 단위를 말하며, 개별 활동을 각각의 활동중심점으로 설정할 수도 있으며, 개별적으로 식별하고 구분하기 힘든 활동들의 집합을 하나의 활동중심점으로 설정할 수도 있다. 여기에서 개별 활동을 활동중심점으로 설정할 경우에는 원가계산에서의 정확성은 높아지지만 비용은 많이 발생하게 된다. 반면에 여러 개의 활동의 집합을 하나의 원가중심점으로 설정할 경우에는 비용은 적게 발생하나 정확성은 조금 떨어질 수밖에 없으므로, 원가-효익 관점에서 적절한 활동중심점의 수를 결정하여야 할 것이다.

(3) 활동중심점별 원가동인 결정

활동기준원가계산에서는 활동별로 집계된 원가를 각 제품에 배부하기 위하여 원가동인을 선정한다. 원가동인은 활동의 양을 계량적으로 나타내는 측정척도로서 활동별로 집계된 원가를 제품에 배부할 때의 배부기준이다. 활동기준원가회계에서는 각 활동별로 상이한 배부기준을 사용하여 제조간접원가를 배부하는데 각 원가동인은 활동별 원가와 상관관계가 많은 비재무적 변수가 많이 이용되기도 한다. 또한 제조간접원가를 발생시키는 것이라면 제품의 생산량뿐만 아니라 생산과 관련하여 발생하는 수많은 상호작용과 같은 것들이 모두 원가동인이 될 수 있다. 이러한 원가동인은 원가대상과 논리적으로 타당한 인과관계를 반영할 수 있어야 하며, 회사가 적용하기에 어렵지 않아야 한다. 또한 이러한 원가동인을 회사가 쉽게 얻을 수 있고, 쉽게 측정할 수 있어야 한다. 만약 이러한 원가동인을 회사가 적용하기 어렵거나 쉽게 얻을 수 없다면, 활동기준원가계산 자체를 적용할 수 없게 될 수도 있다.

(4) 활동중심점별 제조간접원가의 배부율 계산 및 제조간접원가 배부 기출

각 활동별로 원가동인이 선정되면 각 활동중심별로 집계된 제조간접원가를 원가동인(배부기준의 합계) 수로 나누어 각 활동중심점별로 제조간접원가 배부율을 계산한다. 즉, 활동별 제조간접원가 배부율은 다음과 같이 계산될 수 있다.

$$활동별\ 제조간접원가배부율 = \frac{활동별\ 제조간접원가}{활동별\ 배부기준(원가요인)}$$

활동별로 제조간접원가 배부율이 결정되면, 개별 제품별로 활동의 소비량에 따라 제조간접원가를 배부하면 된다. 각 활동중심점별 제조간접원가 배부율과 각 제품에 배부되는 원가는 다음과 같이 계산된다.

$$각\ 제품에\ 배부되는\ 원가 = 각\ 제품별\ 원가동인\ 수 \times 활동중심점별\ 제조간접원가\ 배부율$$

예제 문제

05 다음은 회사가 생산한 제품과 관련된 원가자료이다. 요구사항에 답하시오.

(1) 회사는 당기 두 종류의 제품 A, B를 생산하였다. 이와 관련된 원가자료는 다음과 같다.

구분	제품 A	제품 B
생산량	3,000개	5,000개
직접재료비	₩4,500,000	₩10,000,000
직접노무비	₩6,000,000	₩8,000,000
총 직접노동시간	4,500시간	10,000시간

(2) 회사에서 당기 중 발생한 제조간접비는 총 ₩11,600,000이다.

[요구사항]
1. 전통적인 개별원가계산에 의하여 각 제품별 단위당 원가를 계산하시오(단, 회사는 제조간접원가를 직접노동시간을 기준으로 개별 제품에 배분하고 있다).
2. 회사가 활동기준원가계산을 작용하기 위해 제조간접원가를 다음 자료와 같이 분석하였다. 다음 자료에 의하여 활동기준원가계산제도에 의하여 제품별 단위당 원가를 계산하시오.

활동	활동별 원가	원가동인	제품별 원가동인수	
			제품 A	제품 B
작업준비활동	₩3,400,000	작업준비횟수	16회	18회
절삭작업활동	₩3,500,000	기계시간	4,000시간	3,000시간
부품관리활동	₩2,700,000	부품수	150개	120개
공장관리활동	₩2,000,000	면적	300㎡	200㎡
합계	₩11,600,000			

1. 개별원가계산

구분	제품 A	제품 B
직접재료비	₩4,500,000	₩10,000,000
직접노무비	₩6,000,000	₩8,000,000
제조간접비	₩3,600,000	₩8,000,000
합계	₩14,100,000	₩26,000,000
생산량	÷ 3,000개	÷ 5,000개
단위당 원가	₩4,700	₩5,200

① 제조간접비 배부율: ₩11,600,000 ÷ (₩4,500 + ₩10,000) = ₩800/직접노동시간
② 제품별 제조간접비 배부액
  • A제품: ₩4,500 × ₩800 = ₩3,600,000
  • B제품: ₩10,000 × ₩800 = ₩8,000,000

2. 활동기준원가계산

구분	제품 A	제품 B
직접재료비	₩4,500,000	₩10,000,000
직접노무비	₩6,000,000	₩8,000,000
제조간접비	₩6,300,000	₩5,300,000
합계	₩16,800,000	₩23,300,000
생산량	÷ 3,000개	÷ 5,000개
단위당 원가	₩5,600	₩4,660

① 활동별 제조간접비 배부율

활동	활동별 원가	원가동인수 총계	활동별 제조간접비 배부율
작업준비활동	₩3,400,000	34회	₩100,00원/작업준비횟수
절삭작업활동	₩3,500,000	7,000시간	₩500/절삭작업시간
부품관리활동	₩2,700,000	270개	10,000/부품 갯수
공장관리활동	₩2,000,000	500㎡	4,000㎡
합계	₩11,600,000		

② 제품별 제조간접비 배부액

활동	제품 A	제품 B
작업준비활동	₩1,600,000(16회 × ₩100,000)	₩1,800,000(18회 × ₩100,000)
절삭작업활동	₩2,000,000(4,000시간 × ₩500)	₩1,500,000(3,000시간 × ₩500)
부품관리활동	₩1,500,000(150개 × ₩10,000)	₩1,200,000(120개 × ₩10,000)
공장관리활동	₩1,200,000(300㎡ × ₩4,000)	₩800,000(200㎡ × ₩4,000)
합계	₩6,300,000	₩5,300,000

5 ABC의 효익과 한계

(1) ABC의 효익

① 활동기준원가계산을 사용하는 경우 각 활동별로 집계된 원가를 각 활동별 원가동인을 이용하여 제조간접원가를 배부하기 때문에 전통적인 개별원가계산보다 정확한 원가계산이 가능하다.

② 활동기준원가계산을 이용하여 계산한 정확한 원가를 이용하여 보다 정확하고 올바른 의사결정이 가능하고 제품별 수익성에 대한 올바른 정보를 얻을 수 있다.

③ 활동기준원가계산의 경우 각 활동별로 작업준비시간이나 기계가동시간, 부품의 수 등 다양한 측정치에 의하여 성과평가를 하기 때문에 담당자들도 충분히 이해하고 수용할 수 있는 공정한 성과평가가 가능하다.

④ 활동별로 원가동인을 파악함으로써 낭비적인 활동의 제거를 통한 원가절감을 달성할 수 있다.

(2) ABC의 한계

① 활동분석의 실시와 활동에 대한 정보를 얻는 데 소요되는 시간과 비용이 너무 많아 ABC를 적용함에 따른 비용이 ABC로부터 얻는 효익을 초과할 가능성이 있다.

② 모든 원가가 각각의 원가동인에 비례적으로 변화한다는 가정을 하고 있으나 실제로는 그렇지 않은 경우도 있다.

③ 설비유지원가와 같이 원가동인이 불분명한 경우에는 여전히 자의적인 원가배부가 이루어진다.

④ 기존의 방식에 익숙해져 있는 종업원들의 반발 가능성이 있다.

제7절　결합원가계산

1　결합원가계산의 기본개념 기출

많은 기업들은 둘 이상의 공정을 통해 둘 이상의 제품을 생산하지만 일부 기업들은 하나의 공정에서 동시에 상이한 제품을 생산하기도 한다. 이렇게 **결합공정**에서 생산되는 제품을 **결합제품(Joint Product)** 또는 **연산품**이라 하고, 결합제품을 생산하기 위해 단일 제조공정에 투입된 원가를 **결합원가**(Joint Costs)라 한다.

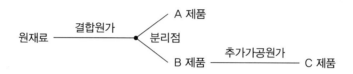

(1) 연산품(결합제품, Joint Products) 기출

동일한 종류의 원재료를 투입하여 동시에 생산되는 서로 다른 두 가지 이상의 제품을 말한다. 각 제품이 개별적으로 식별 가능한 시점에 이를 때까지 발생한 제조원가를 인위적인 기준을 통해 개별제품에 배분한다.

(2) 주산물과 부산물

여러 종류의 결합제품들 중 상대적으로 판매가치가 높은 제품을 주산물이라 하며, 상대적으로 판매가치가 낮은 제품을 부산물이라 한다. 주산물과 부산물 모두 분리점 이전에는 개별적으로 식별이 되지 않고, 분리점 이후에 개별적인 식별이 가능하게 된다. 주산물과 부산물을 구분하는 데는 주관적인 판단이 많이 개입되며, 주산물과 부산물을 명확히 구분하는 것 자체는 상당히 어려운 일이면서도 매우 중요한 일이다.

> **더 알아두기**
>
> **부산물과 작업폐물**
> - **부산물(By-products)** : 연산품에 비해 상대적으로 가치가 낮은 제품
> - **작업폐물(Scrap)** : 제조과정에서 생성되지만 부산물에 비해 상대적으로 가치가 더 낮은 물질
> - 부산물은 생성시점에서 나름의 판매가치를 갖거나 추가 가공하여 판매할 수 있지만, 작업폐물은 판매가치보다 판매비용이 더 커 제조기업의 관점에서 볼 때 가치가 없는 것이다.

(3) 분리점(Split Off Point)

결합원가가 투입되어 여러 종류의 결합제품이 탄생하는 과정에서, 결합제품이 개별적으로 식별되는 점을 말한다. 결합제품은 분리점 이후 시점부터 개별제품으로 식별가능하게 되며, 분리점 이전에는 개별적으로 식별되지 않는 것이다.

(4) 결합원가(Joint Cost)

결합원가란 여러 가지 제품을 동시에 생산하는 단일공정에서 발생한 원가로 결합제품이 분리되어 생산되기 전까지 투입된 원가를 말한다. 즉, 결합제품을 생산하기 위해 투입된 직접재료원가, 직접노무원가, 제조간접원가의 합계가 결합원가가 된다.

2 결합제품의 특징

(1) 일정한 단계(보통은 분리점)에 도달하기 전까지는 개별 제품으로 식별되지 않는다.

(2) 어떤 한 제품을 생산하는 과정에서 다른 제품이 수반된다.

(3) 인위적으로 제품배합을 조절할 수 없는 경우가 대부분이며 제품배합을 조절할 수 있다고 하더라도 한계가 있다.

(4) 결합원가와 인과관계를 반영할 수 없기 때문에 정확한 원가계산을 위한 배부기준을 찾는 것이 쉽지 않다.

3 결합원가 계산방법

① 결합원가계산 → ② 제품별로 결합원가 배부 → ③ 각 제품 제조원가 계산

4 결합원가의 배분

개별원가계산을 할 때, 제조간접원가 배분을 하는 경우 인과관계를 잘 반영할 수 있도록 기계시간이나, 노동시간 등을 기준으로 배분한다. 그러나 결합원가의 경우에는 결합원가와 결합제품 간의 인과관계를 찾기가 쉽지 않다. 따라서 결합원가의 배분과 관련해서는 수혜기준이나 부담능력기준 등을 이용하여 원가배분을 하게 된다. 결합원가를 연산품에 배분하는 방법에는 물량기준법, 분리점에서의 판매가치기준법, 순실현가치기준법 및 균등이익률법이 있다.

(1) 물량기준법 기출

연산품의 결합원가를 분리점에서 개별제품의 물리적인 양(생산수량, 크기, 중량 등)을 기준으로 배분하는 방법이다. 계산이 간단하다는 장점이 있지만, 물량과 판매가격 사이에 합리적인 관계가 성립하지 않을 경우 개별제품의 수익성분석에 왜곡을 초래해 의사결정에 혼란을 줄 수 있다.

예제 문제

06 (주)시대는 원재료 15,000갤런을 가공공정에서 가공하여 솔벤트A 9,000갤런과 솔벤트B 6,000갤런을 생산하고 있으며 결합원가가 ₩300,000이 투입되었다. 생산된 솔벤트A는 갤런 당 ₩30, 솔벤트B는 갤런당 ₩45에 판매된다. 물량기준법에 의하여 각 제품별 단위당 원가를 계산하시오.

제품	생산량	배분율	결합원가 배분	단위당 원가
솔벤트A	9,000갤런	60%	₩180,000	₩20
솔벤트B	6,000갤런	40%	₩120,000	₩20
합계	15,000갤런	100%	₩300,000	

(2) 분리점에서의 판매가치기준법 기출

분리점에서의 개별연산품의 판매가치를 기준으로 결합원가를 배분하는 방법이다. 분리점에서 판매가치 가 결정되어 있는 경우에는 판매가치를 이용하는 것이 가장 합리적이다. 그러나 분리점에서의 제품이 판매 가능하지 않고 추가공정을 반드시 행해야 하는 경우, 순실현가치기준법에 의거해 결합원가를 배분 해야 한다.

예제 문제

07 (주)시대는 수입한 원유를 정제하여 제품 A, B, C를 생산하고 있다. 다음은 20×1년 1월 한 달간 정제공정에 투입된 총 공통원가와 A, B, C의 생산량에 관한 자료이다. 결합원가가 ₩280,000일 경우 상대적 판매가치법에 의하여 각 제품별 단위당 원가를 계산하시오.

- 생산량 : A제품(20,000리터), B제품(16,000리터), C제품(12,000리터)
- 단위당 판매가격 : A제품(₩15), B제품(₩12), C제품(₩9)

제품	분리점에서의 판매가치	결합원가 배분율	결합원가 배분	단위당 원가
A	₩300,000[*1]	50%	₩140,000	₩7
B	₩192,000[*2]	32%	₩89,600	₩5.6
C	₩108,000[*3]	18%	₩50,400	₩4.2
합계	₩600,000	100%	₩280,000	

[*1] 20,000리터 × ₩15 = ₩300,000
[*2] 16,000리터 × ₩12 = ₩192,000
[*3] 12,000리터 × ₩9 = ₩108,000

(3) 순실현가치기준법 [기출]

순실현가치란 각 제품의 최종판매가격에서 추가가공원가와 판매비용 등을 차감한 금액으로, 제조기업이 최종적으로 실현시킬 수 있는 가치를 말한다. 순실현가치기준법은 분리점 이후의 추가가공과 판매까지 고려하기 때문에 제조기업의 전 공정을 고려하며, 분리점에서 판매가치가 없는 경우에도 적용할 수 있는 합리적인 방법이다.

> 순실현가치(NRV) = 최종판매가격 − 추가가공원가 − 판매비용

예제 문제

08 시대유업은 분유, 치즈, 우유를 생산하고 있다. 결합원가가 ₩675,000일 경우 순실현가치기준법에 의하여 각 제품별 원가계산을 하시오. 제품들에 대한 추가가공원가 최종판매가치는 다음과 같다.

제품	생산량	추가가공원가	단위당 최종판매가치
분유	200개	₩100,000	₩3,000
치즈	100개	₩100,000	₩2,000
우유	300개	₩50,000	₩1,500

제품	순실현가치	결합원가 배분율	결합원가 배분	추가가공원가	총원가
분유	₩500,000[*1]	50%	₩337,500	₩100,000	₩437,500
치즈	₩100,000[*2]	10%	₩67,500	₩100,000	₩167,500
우유	₩400,000[*3]	40%	₩270,000	₩50,000	₩320,000
합계	1,000,000	100%	₩675,000	₩250,000	₩925,000

[*1] (200개 × ₩3,000) − ₩100,000 = ₩500,000
[*2] (100개 × ₩2,000) − ₩100,000 = ₩100,000
[*3] (300개 × ₩1,500) − ₩50,000 = ₩400,000

(4) 균등이익률법

균등이익률법은 개별제품들의 최종 판매가치를 기준으로 제품별 매출총이익률이 모두 같아지도록 결합원가를 배분하는 방법으로서 결합원가와 추가가공원가 모두 수익창출에 공헌한다고 볼 수 있게 된다. 균등이익률법은 모든 결합제품이 판매되었을 경우의 매출총이익률을 먼저 계산하여, 각 개별제품들의 매출총이익률이 앞서 계산한 매출총이익률이 되도록 결합원가를 배분하는 방법이다.

예제 문제

09 (주)시대는 원재료 10,000kg을 가공공정에서 가공하여 제품 A 4,000kg과 제품 B 6,000kg을 생산하고 있다. 회사는 생산된 제품 A와 제품 B를 추가 가공하여 판매하고 있는데, 추가 가공된 후 제품 A와 제품 B의 판매가격은 각각 ₩1,450/kg, ₩700/kg이며, 가공공정과 추가가공시 발생하는 원가는 다음과 같을 때, 균등이익률법에 의하여 각 제품별 원가를 계산하시오.

- 가공공정에서 발생하는 원가 : ₩4,000,000
- 제품 A 추가 가공시 발생하는 원가 : ₩1,400,000
- 제품 B 추가 가공시 발생하는 원가 : ₩600,000

i) 회사 전체 매출총이익 계산

매출액 :		₩10,000,000
	제품 A : 4,000kg × ₩1,450 = ₩5,800,000	
	제품 B : 6,000kg × ₩700 = ₩4,200,000	
매출원가 :		₩6,000,000
	결합원가 : ₩4,000,000	
	제품 A : ₩1,400,000	
	제품 B : ₩600,000	
매출총이익 :		₩4,000,000

ii) 회사 전체 매출총이익률 계산 : ₩4,000,000 ÷ ₩10,000,000 = 40%

iii) 결합원가 배분

제품	매출액	매출총이익률	매출총이익	추가가공원가	결합원가
A	₩5,800,000[*1]	40%	₩2,320,000[*3]	₩1,400,000	₩2,080,000[*5]
B	₩4,200,000[*2]	40%	₩1,680,000[*4]	₩ 600,000	₩1,920,000[*6]
합계	₩10,000,000		₩4,000,000	₩2,000,000	₩4,000,000

[*1] 4,000kg × ₩1,450 = ₩5,800,000
[*2] 6,000kg × ₩700 = ₩4,200,000
[*3] 5,800,000 × 40% = ₩2,320,000
[*4] 4,200,000 × 40% = ₩1,680,000
[*5] 5,800,000 − 2,320,000 − 1,400,000 = ₩2,080,000
[*6] 4,200,000 − 1,680,000 − 600,000 = ₩1,920,000

○✕로 점검하자 | 제7장

※ 다음 지문의 내용이 맞으면 ○, 틀리면 ✕를 체크하시오. [1~8]

01 간접원가의 배분방법 중 원가를 발생시킨 원인을 찾아 그 원인과 결과를 연결시키는 방법을 부담능력기준이라 한다. (   )

02 공정성과 공평성기준은 집계된 원가를 원가대상에 배분할 때 공정하고 공평하게 이루어지도록하는 기준으로서 원가배분을 통해 달성해야 하는 목표를 의미한다. (   )

03 단계배분법은 직접배분법과 상호배분법의 절충적인 방법이다. (   )

04 보조부문의 원가를 원가행태에 따라 고정원가와 변동원가로 분류하여 각각 다른 배부기준을 적용하는 방법을 단일배분율법이라 한다. (   )

05 활동기준원가계산은 조업도, 직접노무비, 생산량 등의 단일기준을 적용하여 원가를 배분한다.
(   )

06 동일한 종류의 원재료를 투입하여 동시에 생산되는 서로 다른 두 가지 이상의 제품을 결합제품 또는 연산품이라 한다. (   )

07 순실현가치란 각 제품의 최종판매가격에서 추가가공원가와 판매비용 등을 차감한 금액으로, 제조기업이 최종적으로 실현시킬 수 있는 가치를 말한다. (   )

08 작업폐물은 생성시점에서 나름의 판매가치를 갖거나 추가 가공하여 판매할 수 있지만, 부산물은 판매가치보다 판매비용이 더 커 제조기업의 관점에서 볼 때 가치가 없는 것이다. (   )

정답과 해설   01 ✕   02 ○   03 ○   04 ✕   05 ✕   06 ○   07 ○   08 ✕

01 간접원가의 배분방법 중 원가를 발생시킨 원인을 찾아 그 원인과 결과를 연결시키는 방법을 인과관계기준이라 한다.

04 보조부문의 원가를 원가행태에 따라 고정원가와 변동원가로 분류하여 각각 다른 배부기준을 적용하는 방법을 이중배분율법이라 한다.

05 활동기준원가계산은 다양한 원가동인과 원가발생의 인과관계에 따라 원가를 배분한다.

08 부산물은 생성시점에서 나름의 판매가치를 갖거나 추가 가공하여 판매할 수 있지만, 작업폐물은 판매가치보다 판매비용이 더 커 제조기업의 관점에서 볼 때 가치가 없는 것이다.

01 공장건물의 감가상각비를 각 부문에 배부하는 기준으로 가장 적절한 것은?

① 각 부문의 점유면적
② 각 부문의 작업인원수
③ 각 부문의 작업시간
④ 각 부문의 직접재료비

01 감가상각비의 배부기준은 각 부문의 점유면적비율이 가장 적당하다.

02 다음 중 가장 이상적인 원가배분기준은?

① 부담능력기준
② 수혜기준
③ 인과관계기준
④ 공정성과 공평성 기준

02 인과관계기준은 원가가 발생한 원인을 파악하여 원가배분대상에 원가를 배분하는 가장 이상적인 배분기준이다. 인과관계를 이용하여 원가를 배부하는 것이 가장 좋은 방법이기는 하지만 항상 이용할 수 있는 방법은 아니다.

03 다음 중 보조부문비 배분법의 설명으로 **틀린** 것은?

① 단계배분법은 보조부문 간의 용역제공을 일부만 고려하는 방법이다.
② 직접배분법은 보조부문 상호 간에 주고받는 용역의 정도를 고려하지 않는다.
③ 상호배분법은 보조부문 상호 간의 용역수수를 전부 고려하는 가장 정확한 원가배분 방식이다.
④ 상호배분법은 직접배분법과 단계배분법의 절충적인 중간형태이다.

03 단계배분법은 직접배분법과 상호배분법의 절충적인 중간형태이다.

정답 (01 ① 02 ③ 03 ④)

04 보조부문 상호 간의 용역수수관계가 중요하지 않을 경우에는 보조부문 상호 간의 용역수수관계를 전혀 고려하지 않는 직접배분법이 적절하다.

04 보조부문비를 제조부문에 배분하는 방법 중 보조부문 상호 간의 용역수수관계가 중요하지 않을 경우에 가장 시간과 비용을 절약할 수 있는 원가배분 방법은?

① 직접배분법
② 단계배분법
③ 상호배분법
④ 간접배분법

05 인과관계기준이란 원가를 발생시킨 원인을 찾아 그 원인과 결과(원가대상)를 연결시키는 방식을 말한다. 따라서 전력량(원인)의 사용량에 따라 전력비(결과)를 배분하는 것은 인과관계 기준에 근거하여 원가배분을 수행한 것이다.

05 (주)시대가 원가대상에 사용한 전력량을 기준으로 전력비를 배분하였다면 어떤 기준(근거)에 의하여 원가배분을 수행한 것인가?

① 수혜기준
② 인과관계기준
③ 부담능력기준
④ 공정성과 공평성기준

06 보조부문 상호 간의 용역수수관계의 고려 정도에 따라 정확도가 달라질 수 있다. 보조부문 상호 간의 용역수수관계를 모두 고려한 상호배분법이 가장 이상적이고 정확한 원가계산 방법이고, 보조부문 상호 간의 용역수수관계를 전혀 고려하지 않은 직접배분법이 원가계산의 정확도가 제일 낮다.

06 다음의 보조부문비의 배부법 중 정확도가 높은 방법부터 올바르게 배열한 것은?

① 직접배분법 > 상호배분법 > 단계배분법
② 직접배분법 > 단계배분법 > 상호배분법
③ 상호배분법 > 단계배분법 > 직접배분법
④ 단계배분법 > 상호배분법 > 직접배분법

정답 04 ① 05 ② 06 ③

07 정상개별원가계산의 방법에 의하여 제조간접원가를 예정배부할 경우 예정배부액은 어떤 산식에 의하여 계산하여야 하는가?

① 실제배부율 × 배부기준의 예정발생량
② 실제배부율 × 배부기준의 실제발생량
③ 예정배부율 × 배부기준의 예정발생량
④ 예정배부율 × 배부기준의 실제발생량

07 정상개별원가계산은 직접재료원가와 직접노무원가는 실제발생원가를 사용하고 제조간접원가를 예정배부액을 사용하여 원가를 계산하는 것으로 예정배부액은 예정배부율에 배부기준의 실제발생량을 곱하여 산출한다.

08 (주)시대는 조립, 절단의 제조부문과 수선, 관리의 보조부문이 있다. 각 부문의 용역수수관계와 제조간접원가의 발생원가가 다음과 같다. 직접배분법에 의해 보조부문의 제조간접원가를 배부한다면 절단부문의 총제조간접원가는 얼마인가?

구분		보조부문		제조부문	
		수선부문	관리부문	조립부문	절단부문
제조간접원가		₩250,000	₩350,000	₩300,000	₩200,000
제공한 횟수	수선부문	–	200회	400회	600회
	관리부문	500회	–	500회	1,500회

① ₩262,500
② ₩412,500
③ ₩612,500
④ ₩712,500

08 • 수선부문 배부액
= ₩250,000 × (600회 ÷ 1,000회)
= ₩150,000
• 관리부문 배부액
= ₩350,000 × (1,500회 ÷ 2,000회)
= ₩262,500
• 절단부문 총제조간접비
= ₩200,000 + ₩150,000
+ ₩262,500
= ₩612,500

정답 07 ④ 08 ③

09 • 예정제조간접비 배부율 :

$$\frac{₩1,000,000}{₩500,000} = ₩2/직접노무원가$$

• 제조간접비 배부액 :
  ₩2 × ₩200,000 = ₩400,000

09 현대상사는 직접노무원가를 기준으로 제조간접원가를 배부한다. 다음 자료에 의하여 A제품에 배부되어야 할 제조간접원가를 계산하면 얼마인가?

> • 제조간접원가 총액 : ₩1,000,000
> • 직접노무원가 총액 : ₩500,000
> • A제품 직접노무원가 : ₩200,000
> • B제품 직접노무원가 : ₩300,000

① ₩300,000

② ₩400,000

③ ₩500,000

④ ₩600,000

10 i) 예정제조간접원가 배부율 :

$$\frac{₩160,000}{₩200,000} = 80\%$$

ii) 제조간접원가 배부액 :
   ₩60,000 × 80% = ₩48,000

iii) 당기총제조원가 :
   ₩30,000 + ₩60,000 + ₩48,000
   = ₩138,000

10 합격선박의 작업내용이다. 항공기 제작과 관련하여 8월 중 발생한 원가자료는 다음과 같다. A선박의 당기총제조원가는 얼마인가?

	A선박	B선박	C선박	합계
직접재료원가	₩30,000	₩30,000	₩40,000	₩100,000
직접노무원가	₩60,000	₩40,000	₩100,000	₩200,000

※ 8월 중에 제조간접원가 발생액은 ₩160,000이다. 회사는 직접노무원가를 기준으로 제조간접원가를 배부한다.

① ₩90,000

② ₩108,000

③ ₩138,000

④ ₩250,000

정답 09 ② 10 ③

11 다음 중 활동기준원가계산에 대한 설명으로 올바른 것은?

① 활동기준원가계산은 제품의 생산량비율로 원가가 배분된다.
② 개별원가계산에서는 함께 사용될 수 있으나, 종합원가계산에서는 함께 사용될 수 없다.
③ 활동기준원가계산은 직접원가만을 제품에 배분한다.
④ 활동기준원가계산은 각 제품에 투입된 활동별로 원가가 파악된다.

12 활동기준원가계산과 관련된 설명으로 적절하지 <u>않은</u> 것은?

① 서비스업체에는 부적합한 방법이다.
② 다품종 소량생산의 제조업체가 적용할 경우 원가계산에 도움이 된다.
③ 원가를 활동별로 집계한다.
④ 제조간접원가의 비중이 높은 기업에 적합하다.

13 다음 중 각 제품에 배부될 활동원가 배부율은 얼마인가?

구분	남성용	여성용	활동원가
재단활동	2,100시간	3,900시간	₩60,000

① ₩8
② ₩10
③ ₩20
④ ₩30

11 ①·③ 활동기준원가계산은 여러 가지 원가동인을 사용하여 원가가 배분된다.
② 개별원가계산과 종합원가계산에서도 사용할 수 있다.

12 서비스업체에도 활동기준원가계산을 적용할 수 있다.

13 활동원가 배부율:
$$\frac{₩60,000}{6,000시간} = ₩10$$

정답 11 ④ 12 ① 13 ②

14 연산품과 부산물의 구분은 상대적 판매가치기준으로 판단한다.

14 연산품과 부산물을 구분하는 데 있어서 가장 적절한 기준은?

① 세법상의 규정

② 기업회계기준의 규정

③ 분리점 이후에 추가되는 추가가공비의 상대적 비교

④ 생산 및 판매되는 판매가치의 상대적 비교

15 ① 공손품 : 공산품을 만드는 과정에서 불량 또는 실수로 표준 규격에 이르지 못하게 된 제품
③ 작업폐물 : 제조 작업 진행 중 발생한 사용원재료의 잔설로서 가치가 있는 것
④ 재공품 : 공장에서 생산과정 중에 있는 물품

15 결합공정에서 생산되는 제품을 무엇이라 하는가?

① 공손품

② 연산품

③ 작업폐물

④ 재공품

16 상대적 판매가치법은 분리점에서 개별 제품의 판매가치를 기준으로 결합원가를 배분하는 방법이다.

16 결합원가의 배분방법 중 수익과 비용의 대응 관점에 적절하여 널리 사용되는 배분방법은?

① 상대적 판매가치법

② 물량기준법

③ 순실현가능가액법

④ 균등이익률법

정답 14 ④   15 ②   16 ①

17 결합원가 상황에서 둘 이상의 제품이 개별적으로 구별되는 공정의 한 점을 무엇이라 하는가?

① 결합원가
② 분리점
③ 부산물
④ 주제품

17 결합원가는 각각의 연산품에 배분되어야 하는데, 그 시점은 각 개별제품이 분리되어 구분지을 수 있는 때로 하고, 이렇게 공통원재료가 분리되어 각각 개별적으로 제품이 판매되거나 가공되기 시작하는 시점을 분리점이라 한다.

18 결합원가의 배분기준으로 옳지 <u>않은</u> 것은?

① 후입선출법
② 균등이익률법
③ 판매가치법
④ 순실현가치법

18 결합원가의 배분기준에는 균등이익률법, 판매가치법, 순실현가치법이 있다.

19 다음 자료에 의하여 제조간접비 배부액과 당기총제조원가를 구하면 얼마인가? (단, 제조간접비는 기계작업시간을 기준으로 예정배부한다)

• 제조간접비 총액(예정)	₩3,000,000
• 실제기계작업시간	8,000시간
• 직접노무비	₩4,000,000
• 예정 기계작업시간	10,000시간
• 직접재료비	₩1,500,000

	제조간접비 배부액	당기총제조원가
①	₩2,400,000	₩7,900,000
②	₩2,400,000	₩8,500,000
③	₩3,000,000	₩7,900,000
④	₩3,000,000	₩8,500,000

19 ① 예정제조간접원가 배부율 :
$$\frac{₩3,000,000}{10,000시간} = ₩300/시간당$$
② 제조간접원가 배부액 :
₩300 × 8,000시간
= ₩2,400,000
③ 당기총제조원가 :
₩1,500,000 + ₩4,000,000 + ₩2,400,000 = ₩7,900,000

정답 17 ② 18 ① 19 ①

20 • 배부원가:
₩3,700,000 × ₩1,500,000 ÷
₩7,400,000 = ₩750,000

20 (주)시대는 동일한 원재료를 투입하여 동일한 공정에서 각기 다른 A, B, C, D 제품을 생산하고 있다. (주)시대가 결합원가 ₩3,700,000을 판매가치법에 의하여 배부하는 경우, 다음 자료를 보고 A 제품에 배부될 결합원가를 계산하면?

제품	생산량(개)	판매단가
A	1,500	₩1,000
B	2,000	₩900
C	2,500	₩800
D	3,000	₩700

① ₩550,000

② ₩650,000

③ ₩750,000

④ ₩850,000

정답 20 ③

제 8 장

표준원가계산

이성으로 비관해도 의지로써 낙관하라!

– 안토니오 그람시 –

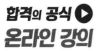

제 8 장 | 표준원가계산

제1절 **표준원가와 표준원가계산** 기출

표준원가란 특정제품을 생산하는 데 발생할 것으로 예상되는 원가를 가격표준과 수량표준을 사용하여 사전에 결정한 것으로, 이러한 표준원가를 기초로 원가계산을 하는 제도를 표준원가계산제도라 한다. 즉, 표준원가계산제도는 모든 원가요소에 대해서 과학적 방법과 통계적 방법에 의하여 표준이 되는 원가를 미리 산정하고, 이를 실제 발생원가와 비교하여 그 차이를 분석함으로써 원가통제에 도움이 되도록 하는 원가계산방법이다. 이와 같이 표준원가와 표준원가계산제도는 서로 다른 개념이다. 즉, 표준원가는 관리적 의사결정을 위한 하나의 기준이라는 측면을 강조하는 개념인데 반하여 표준원가계산제도는 이러한 표준원가를 기업의 회계시스템에 도입하여 사용하는 제도적인 측면을 강조하는 개념이다.

제2절 **표준의 분류와 설정**

표준원가 설정은 과학적인 과정이라기보다 기술적인 과정이라고 볼 수 있다. 표준원가를 설정하려면 투입물의 가격과 수량에 책임을 지고 관리회계 담당자, 구매 담당자, 제품개발 담당자, 생산 감독자, 라인 관리자 등의 결집된 사고와 경험이 요구된다.

표준원가를 설정하려면 과거의 자료와 경험을 세밀히 분석해야 한다. 그러나 미래에 대한 표준은 단순히 과거자료의 반영이어서는 안 된다. 과거자료는 경제 환경의 변화, 수요 공급의 특성, 기술의 진보 등에 따라 적절히 수정·보완되어야 한다. 또한 과거자료에는 비효율적인 관리 때문에 발생된 원가도 포함되어 있을 수 있으므로 이에 대한 수정도 해야 한다. 과거자료는 단지 미래 예측에 도움을 준다는 면에서 가치가 있음을 관리자는 잘 인식해야 한다. 표준은 미래의 효율적인 영업활동을 반영하는 것이어야지 비효율적인 과거를 반영해서는 안 된다.

1 표준의 분류 `기출`

(1) 이상적 표준

이상적 표준은 기업이 최대한 효율적으로 운영되어 모든 자원이 낭비되거나 부족하지 않고 완벽하게 사용된 경우에 달성할 수 있는 표준이다. 이상적 표준은 기계고장이나 작업 중단을 허용하지 않으며 가장 숙련되고 능률적인 종업원이 끊임없이 최고의 노력을 기울여 해낼 수 있는 수준이다.

이상적 표준을 사용하는 기업은 거의 없는데 이는 이상적 표준을 사용할 경우 가장 부지런한 작업자까지 실망시킬 우려가 있고 표준과 실제의 차이에 비정상적인 비능률뿐만 아니라 정상적인 비능률까지 포함되기 때문에 표준과 실제의 차이가 무의미해질 수 있기 때문이다.

(2) 실제적 표준

실제적 표준은 효율적인 작업환경에서 도달 가능한 목표치이다. 실제적 표준은 기계의 고장이나 종업원의 휴식시간 등을 허용하며 작업에 투입된 평균적인 작업자가 합리적인 수준의 능률로써 달성할 수 있는 수준이다. 이 표준에서 생기는 차이는 통상 기대할 수 있는 비능률의 범위를 벗어나 관리자의 주의가 요망되는 사항이기 때문에 관리자에게 유용한 정보가 된다.

2 표준원가의 설정

표준원가를 설정하기 위해서는 과거의 경험을 충분히 검토하여 다양한 자료를 수집해야 하고 경제환경의 변화, 수요공급의 특징, 기술의 진보, 역사적 자료, 유사기업의 표준, 시장예측 등을 함께 고려하여 표준을 설정해야 한다.

표준원가를 설정할 때에는 통상 현실적으로 달성 가능한 표준원가를 많이 사용한다. 이것은 현재의 경영조건에서 매우 효율적으로 경영이 수행될 때 달성할 수 있는 표준원가이다. 제품단위당 표준원가인 원가표준(Cost Standard)은 기본적으로 수량표준과 가격표준으로 이루어진다.

> 원가표준 = 수량표준 × 가격표준

따라서 실제산출량이 파악되면 실제산출량에 허용된 수량표준과 가격표준을 이용하여 제품의 표준원가를 산출하게 되며, 이를 실제발생한 원가와 비교하여 원가차이분석이 이루어지게 된다.

(1) 표준직접재료원가

제품단위당 표준직접재료원가는 표준직접재료수량과 재료단위당 표준가격을 통하여 결정된다.

> 단위당 표준직접재료원가 = 제품단위당 표준직접재료수량 × 재료단위당 표준가격

① **제품단위당 표준직접재료수량**

제품단위당 표준직접재료수량은 제품 한 단위를 생산하기 위하여 필요한 직접재료의 표준수량을 의미하는 것으로서 작업폐물, 공손, 감손, 증발 등을 고려하여 과학적이고 통계적인 방법을 사용하여 설정한다. 표준원가의 설정대상이 되는 단위는 생산공정과 제품의 특성에 따라 달라지며, 일반적으로 제품 1단위가 사용된다. 그리고 동질적인 여러 종류의 재료가 대체적으로 사용되는 경우 제품단위당 재료의 표준배합비율을 결정하고 각각의 재료에 대한 표준직접재료수량을 산출한다.

② **재료단위당 표준가격**

재료단위당 표준가격은 재료 1단위의 표준구입가격을 뜻하는 것으로서 수량표준을 설정할 때에는 생산 공정과 작업을 분석해야 하는 어려움이 있으나, 가격표준은 외부시장이 존재하므로 시장가격을 기준으로 미래의 가격동향, 경제적 주문량 및 거래방법 등을 고려하여 결정한다.

(2) 표준직접노무원가 기출

제품단위당 표준직접노무원가는 제품단위당 표준작업시간과 시간당 표준임률을 통하여 결정된다.

> 단위당 표준직접노무원가 = 제품단위당 표준작업시간 × 시간당 표준임률

① **제품단위당 표준작업시간**

제품단위당 표준작업시간은 제품 한 단위를 생산하기 위하여 필요한 작업시간의 표준을 의미하는 것으로서 불가피한 대기시간, 근로자의 피로, 생리적 욕구 등을 고려하여 설정한다. 일반적으로 작업시간투입량과 산출물 사이의 관계는 상당히 안정적이므로 표준작업시간은 동작연구, 시간연구와 같은 산업공학적 방법으로 구할 수 있다. 그러나 작업시간과 산출물 사이의 관계를 측정하기 어려울 때에는 과거의 경험을 바탕으로 표준을 설정하는 방법을 시도하기도 한다. 또한 이러한 표준작업시간을 성과평가에 이용하기 위해서는 경영자와 근로자 쌍방이 수긍할 수 있는 범위 내에서 표준이 설정되어야 한다.

② **시간당 표준임률**

시간당 표준임률을 설정할 때에는 기본급뿐만 아니라 상여, 수당, 복리후생비 등 인건비 성격을 지니는 다른 원가도 고려해야 한다. 임률은 작업숙련도나 근속연수, 부서에 따라 다르기 때문에 표준설정작업이 어려워 현실적으로는 동일부서 내의 근로자에 대해서 단일표준임률을 사용하는 경우가 많다.

(3) 표준제조간접원가

제조간접원가는 그 구성항목들이 매우 다양하며, 구성항목들의 원가행태도 상이하다는 특징을 지니고 있다. 그러므로 정확한 표준을 설정하기 위해서는 제조간접원가를 변동원가와 고정원가로 분류하는 것이 필수적이다. 변동제조간접원가는 조업도의 변동에 따라 원가총액이 비례적으로 변동하는 제조간접원가를 의미하며, 고정제조간접원가는 조업도의 변동과 관계없이 원가총액이 고정되어 있는 제조간접원가를 의미한다. 여기에서 말하는 조업도란 원가발생을 야기하는 원가동인으로서 조업도를 선정할 때는 다음과 같은 점을 주의해야 한다.

첫째, 기준조업도와 제조간접원가의 발생 간에 인과관계가 존재해야 한다.

둘째, 기준조업도는 될 수 있으면 금액보다 물량기준으로 설정해야 한다. 왜냐하면 금액을 기준조업도로 사용할 경우에는 물가변동의 영향을 받기 때문이다.

셋째, 기준조업도는 단순하고 이해하기 쉬워야 한다.

① **표준변동제조간접원가**

제품단위당 표준변동제조간접원가는 제품단위당 표준조업도와 조업도단위당 표준배부율을 통하여 결정된다.

> • 단위당 표준변동제조간접원가 = 단위당 표준조업도 × 표준배부율
>
> • 표준배부율 = $\dfrac{\text{변동제조간접원가}}{\text{기준조업도}}$

단위당 표준조업도는 제품 한 단위를 생산하기 위해 허용된 표준조업도이고, 표준배부율은 사전에 설정된 변동제조간접원가예산을 기준조업도로 나누어 계산한다.

② **표준고정제조간접원가**

제품단위당 표준고정제조간접원가는 제품단위당 표준조업도와 조업도단위당 예정배부율을 통하여 결정된다.

> • 단위당 표준고정제조간접원가 = 단위당 표준조업도 × 예정배부율
>
> • 예정배부율 = $\dfrac{\text{고정제조간접원가}}{\text{기준조업도}}$

단위당 표준조업도는 제품 한 단위를 생산하기 위해 허용된 표준조업도이고, 예정배부율은 제품에 고정제조간접원가를 배부하기 위해 미리 결정된 고정제조간접원가 예정배부율이다.

더 알아두기

변동제조간접원가 표준과 고정제조간접원가 표준

• 변동제조간접원가 표준 : 총변동제조간접원가를 가장 잘 설명해 줄 수 있는 하나의 조업도 기준을 인과관계, 물량단위, 단순화된 모형에 의해 선택한다. 가장 합리적인 기준은 제품 1단위 생산에 필요한 표준노동시간(또는 표준기계시간)이다. 원가추정방정식을 구한다.

• 고정제조간접원가 표준 : 생산설비규모에 따라 대부분 확정적으로 결정되며, 변동제조간접비표준에 비해 덜 복잡하다.

제3절 | 표준원가계산제도

1 실제원가계산제도의 문제점

실제원가계산에서는 제품의 제조에 따른 원가를 계산할 때 실제 발생한 원가를 사용한다. 따라서 실제원가계산을 적용하면 모든 원가가 확정되는 기말에 가서야 제품원가계산이 완료되기 때문에 적시에 정보를 제공하지 못하는 문제점이 있다.

2 표준원가계산

표준원가란 특정제품을 생산하는 데 발생할 것으로 예상되는 원가를 가격표준과 수량표준을 사용하여 사전에 결정한 것으로, 이러한 표준원가를 기초로 원가계산을 하는 제도를 표준원가계산제도라 한다. 즉, 표준원가계산제도는 모든 원가요소에 대해서 과학적 방법과 통계적 방법에 의하여 표준이 되는 원가를 미리 산정하고, 이를 실제 발생원가와 비교하여 그 차이를 분석함으로써 원가통제에 도움이 되도록 하는 원가계산방법인 것이다.

3 표준원가의 장·단점

장점	• 실제원가 대신 표준원가를 사용함으로써 매출원가나 기말재고자산금액의 계산이 용이하다. • 표준원가계산제도는 종업원의 성과평가에 유용하다.
단점	• 외부 보고 시에 표준원가를 실제원가로 수정해야 하는 번거로움이 있다. • 예외관리 시 어느 정도의 차이가 중요한 차이인지 판단하는 데 어려움이 있다.

4 표준원가계산의 목적 기출

표준원가계산제도의 주요한 목적은 체계적인 원가관리에 있으나, 이외에도 일반적인 표준원가 또는 표준원가계산제도의 목적은 다음과 같다.

(1) 원가관리와 통제

원가관리란 달성하고자 하는 목표로서의 합리적인 원가표준을 설정하고 원가의 실제발생액을 집계하여 이를 표준과 비교하여 차이를 산출하고, 구체적인 원인별로 차이를 분석하여 원가관리를 수행하는 담당자에게 적절한 정보를 제공하여 줌으로써 원가능률의 향상을 도모하는 것이다.

일반적으로 표준은 원가발생의 기대치를 표현하는 것이기 때문에 경영자는 표준원가와 실제원가의 차이 중 중요한 부분에 대해서만 관심을 가지고 개선책을 강구하는 예외에 의한 관리(Management by Exception)를 할 수 있게 된다. 또한 표준원가와 실제원가의 차이를 원가통제의 책임과 관련시켜 효과적인 원가통제를 수행할 수 있다. 이러한 차이분석의 결과는 경영자에게 보고되며 이것은 차기의 표준이나 예산설정에 피드백되어 유용한 정보를 제공해 준다.

(2) 예산편성

기업이 예산을 편성하기 위해서는 매출액예산과 더불어 제조원가예산이 필수적이다. 일반적으로 이러한 제조원가예산수립을 위해서 통계적이고 과학적인 조사에 근거하지 않고 직관적인 예측에 의한 원가를 이용하는 경우가 많다. 그러나 예산관리를 효율적으로 수행하기 위해서는 합리적이고 신뢰성이 높은 표준원가를 이용하는 것이 바람직하다. 또한 사전에 설정된 표준원가를 적용함으로서 예산편성을 위한 원가자료를 수집하는 데 소요되는 시간을 절약할 수 있다.

(3) 재무제표작성

표준원가계산제도를 통해 재무제표상의 재고자산가액과 매출원가를 산출할 때 근거가 되는 원가정보를 제공할 수 있다. 실제원가는 작업상의 비효율과 우발적인 상황에 의해서 영향을 받지만, 표준원가는 과학적이고 통계적인 수치를 이용하기 때문에 보다 진실한 원가정보를 제공할 수 있다는 장점이 있다.

(4) 회계업무의 간소화 및 원가보고의 신속성

표준원가를 기준으로 제품원가계산을 하게 되면 원가흐름의 가정 없이 재고자산의 수량만 파악되면 원가계산을 할 수 있으므로 적시에 유용한 정보를 얻을 수 있고 기장업무가 간소해진다. 예를 들면, 실제개별원가계산에서는 제품완성시점과 각 작업지시서별 작업내역 및 단가기입완료시점 간에 차이가 있을 수 있다. 즉, 제품이 완성되어도 이러한 자료들의 입력이 끝나기 전까지는 제품별 원가계산을 할 수 없다. 그러나 표준원가계산에서는 미리 각 작업지시서별로 표준재료원가, 표준노무원가, 표준간접원가 등이 기입되기 때문에 출고량과 사용량만 파악하면 제품완성과 동시에 원가를 계산할 수 있다.

제4절 원가차이

1 차이분석의 기초

차이분석이란 표준원가와 실제원가를 비교하여 그 차이를 분석하는 것으로서 일종의 투입–산출 분석이다. 여기서 투입은 실제로 투입된 원가이며, 산출은 실제산출량의 생산에 허용된 표준원가이다. 즉, 특정기간 동안에 발생한 실제투입원가와 실제생산량에 허용된 표준원가를 비교하여 차이를 구하며, 이렇게 계산된 차이를 총차이라고 한다.

> 총차이 = 실제발생원가 – 변동예산에 의한 표준원가
> (실제투입원가) (실제산출량에 허용된 표준원가)

> **더 알아두기**
>
> • 차이(Variances) : 표준가격과 실제가격, 표준수량과 실제수량과의 차이
> • 차이분석(Variance Analysis) : 차이를 계산하고 해석하는 행동
> • 총차이(Total Variances) : 발생된 총실제원가와 그 기간 중에 생산된 산출에 적용된 총표준원가와의 차이

(1) 유리한 차이와 불리한 차이

유리 또는 불리한 차이라는 용어는 예산이익과 실제이익의 차이가 영업이익에 미치는 영향을 말한다. 즉, 유리한 차이(Favorable Variance, F)란 영업이익을 증가시키는 차이이고, 불리한 차이(Unfavorable Variance, U)란 영업이익을 감소시키는 차이이다.

> 실제원가 < 표준원가: 유리한 차이(F)
> 실제원가 > 표준원가: 불리한 차이(U)

(2) 가격차이와 능률차이 기출

① **가격차이** : 실제가격에 실제투입량을 곱한 금액과 표준가격에 실제투입량을 곱한 금액의 차이이다. 즉, 가격차이는 실제원가와 실제투입량에 대한 표준원가와의 차이이다.
② **능률차이** : 표준가격에 실제투입량을 곱한 금액과 표준가격에 표준투입량을 곱한 금액의 차이이다. 즉, 능률차이는 실제투입량에 대한 표준원가와 표준투입량에 대한 표준원가와의 차이이다. 여기서 표준투입량이란 실제산출량의 생산에 허용된 투입량을 말한다.

위와 같이 가격차이와 능률차이를 분리하는 이유는 다음과 같다.

첫째, 일반적으로 원가의 구입에 대한 통제와 사용에 대한 통제는 각기 다른 시점에서 이루어져야 한다. 즉, 구입가격에 대한 통제는 구입시점에서 이루어져야 하고 사용에 대한 통제는 사용시점에서 이루어져야 한다. 이것은 정보의 적시성과 관련되는 문제로 원가에 대한 통제 및 관리는 차이가 발생하는 시점에 이루어져야 가장 효율적이기 때문이다.

둘째, 구입가격에 대한 책임을 지는 부서와 사용량에 대한 책임을 지는 부서가 서로 다르기 때문이다. 즉, 관리자는 자신이 통제가능한 범위 내에서만 책임을 져야 하기 때문에 차이의 책임소재에 따라 분리하는 것이 필요하다.

2 직접재료원가 차이 분석 기출

직접재료원가 차이는 실제직접재료원가와 변동예산에서 허용된 표준직접재료원가와의 차이를 말하며, 이것은 직접재료원가 가격차이와 직접재료원가 능률차이로 나누어진다.

(1) 직접재료비 차이

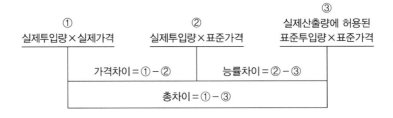

(2) 직접재료원가 차이 원인

① 가격차이

    ㉠ 가격차이는 원재료 시장의 수요와 공급 상황에 따라 발생할 수 있다.

    ㉡ 원재료 구매담당자의 업무능력에 따라 유리하거나 불리한 가격차이가 발생할 수 있다.

    ㉢ 표준을 설정할 때 고려한 품질수준과 상이한 품질의 원재료를 구입함에 따라 가격차이가 발생할 수 있다.

    ㉣ 표준을 설정할 때와 다른 경기 변동에 따라 가격차이가 발생할 수 있다.

② **수량차이(능률차이)**

    ㉠ 생산과정에서 원재료를 효율적으로 사용하지 못함으로써 수량차이(능률차이)가 발생할 수 있다.

    ㉡ 표준을 설정할 때와 다른 품질의 원재료를 사용함으로써 수량차이(능률차이)가 발생할 수 있다.

    ㉢ 점진적인 기술혁신에 의하여 수량차이(능률차이)가 발생할 수 있다.

3 직접노무원가 차이 분석 기출

직접노무원가 차이는 실제직접노무원가와 변동예산에서 허용된 표준직접노무원가와의 차이를 말하며, 이것은 직접노무원가 가격차이와 직접노무원가 능률차이로 나누어진다.

(1) 직접노무비 차이

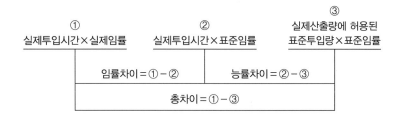

(2) 직접노무원가 차이 원인

① **임률차이**

    ㉠ 임률차이는 생산에 투입되는 노동력의 질에 따라 발생할 수 있다. 예를 들어, 저임률의 비숙련 노동자가 투입되어도 될 작업에 고임률의 숙련노동자를 투입할 경우 가격차이가 발생하게 된다.

    ㉡ 생산부문에서 작업량의 증가에 따라 초과근무수당을 지급할 경우 가격차이가 발생할 수 있다.

    ㉢ 노사협상 등에 의하여 임금이 상승하여 가격차이가 발생할 수 있다.

② **능률차이**

    ㉠ 노동의 비능률적인 사용으로 인하여 능률차이가 발생할 수 있다. 예를 들어, 기술수준이 높은 근로자에 비해 기술수준이 낮은 근로자는 작업수행에 보다 많은 시간을 필요로 할 것이므로 능률차이가 발생하게 된다.

    ㉡ 생산에 투입되는 원재료의 품질정도에 따라 투입되는 노동시간이 영향을 받으므로 이에 의해서도 능률차이가 발생할 수 있다.

    ㉢ 생산부문 책임자의 감독소홀이나 일정계획 등의 차질로 인하여 능률차이가 발생할 수 있다.

4 변동제조간접원가 차이 분석 기출

변동제조간접원가 차이는 실제변동제조간접원가와 변동예산에 허용된 변동제조간접원가의 차이로 계산한다. 이러한 변동제조간접원가 총차이는 변동제조간접원가 예산차이라고도 하며, 이는 변동제조간접원가 소비차이와 변동제조간접원가 능률차이로 나누어진다.

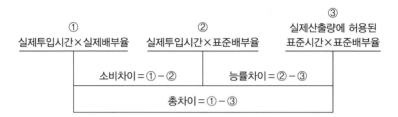

(1) 변동제조간접원가 차이

① 소비차이

소비차이란 변동제조간접원가 실제발생액과 실제조업도(실제투입시간)에 허용된 표준변동제조간접원가와의 차이를 나타내며, 여기서 실제조업도란 생산요소의 실제투입량을 의미하는 것이기 때문에 투입된 요소를 능률적으로 사용하였는가의 여부는 고려하지 않는다. 따라서 실제조업도에 허용된 변동제조간접원가는 실제투입량에 근거한 변동예산이라고도 말할 수 있다.

② 능률차이

능률차이란 실제조업도(실제투입시간)에 허용된 표준변동제조간접원가와 실제 산출량에 허용된 표준변동제조간접원가와의 차이를 나타내며, 여기서 표준조업도란 실제산출량의 생산에 허용된 조업도를 뜻하므로 표준조업도수준에 대한 예산변동제조간접원가(즉, 변동예산)는 실제산출량에 근거한 변동예산이라고도 말할 수 있다. 따라서 능률차이는 실제투입량과 실제산출량을 비교하여 그 투입요소를 능률적으로 사용하였는지의 여부를 나타내준다.

(2) 변동제조간접원가 차이 원인

① 소비차이

㉠ 변동제조간접원가를 구성하는 각 항목들의 가격차이 및 능률차이가 소비차이를 발생하게 할 수 있다. 왜냐하면 변동제조간접원가 배부와 직접 관련되는 직접노동시간의 통제와는 상관없이 변동제조간접원가를 구성하는 각 항목의 통제수준에 의해서도 변동제조간접원가가 영향을 받을 수 있기 때문이다. 이와 같은 이유로 발생한 차이는 성과평가를 할 때 변동제조간접원가 소비차이로 인식되기는 하지만, 변동제조간접원가 각 구성 항목의 능률적인 사용정도가 차이 발생의 직접적인 원인이 된다.

㉡ 변동제조간접원가 표준배부율을 잘못 설정하여 소비차이가 발생할 수 있다.

② 능률차이

㉠ 노동의 비능률적인 사용으로 인하여 직접노무원가는 물론 변동제조간접원가에서도 능률차이가 발생할 수 있다.

ⓛ 생산에 투입되는 원재료의 품질정도에 따라 투입되는 노동시간이 영향을 받으므로 이에 의해서도 변동제조간접원가 능률차이가 발생할 수 있다.

ⓒ 생산부문 책임자의 감독소홀이나 일정계획 등의 차질로 인하여 변동제조간접원가 능률차이가 발생할 수 있다.

5 고정제조간접원가 차이 분석 기출

고정제조간접원가 차이는 고정제조간접원가 실제발생액과 배부액과의 차이이다. 이 경우에 고정제조간접원가 배부액은 실제생산량에 허용된 표준조업도에 고정제조간접원가 예정배부율을 곱한 금액이다.

$$\text{예정제조간접원가 배부율} = \frac{\text{고정제조간접원가 예산 총액}}{\text{기준조업도(배부기준)}}$$

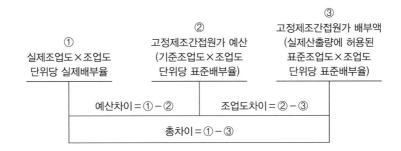

(1) 고정제조간접원가 차이

① 예산차이

예산차이란 고정제조간접원가 실제발생액과 예산과의 차이로서 다른 원가차이와는 달리 가격차이와 능률차이로 분리할 수 없다. 왜냐하면 고정제조간접원가는 조업도와 관계없이 일정하게 발생하므로 투입·산출관계가 존재하지 않기 때문에 능률적 관리에 의해 원가를 감소시킨다는 것이 불가능하기 때문이다. 따라서 원가통제목적상 실제발생액과 예산을 총액으로 비교하여 그 차이 전액을 예산차이로 관리한다.

② 조업도차이

제품원가계산목적으로 기준조업도에 따라 단위당 예정배부율을 사용하는 경우에는 실제산출량이 달라지더라도 단위당 예정배부율은 항상 일정하게 된다. 따라서 단위당 예정배부율에 실제산출량에 허용된 표준조업도를 곱하여 계산하는 고정제조간접원가 총배부액은 실제산출량에 따라 비례적으로 변화하게 된다. 표준원가계산제도에서 제품원가계산목적으로 고정제조간접원가를 예정배부할 경우에는 고정제조간접원가의 예산과 배부액 사이에 차이가 발생하게 되며, 이러한 차이를 조업도차이라 한다.

(2) 고정제조간접원가 차이 원인

고정제조간접원가는 직접원가나 변동제조간접원가와는 달리 투입과 산출 사이에 비례관계가 나타나지 않으며, 조업도와 관계없이 일정하게 발생한다. 결국 이와 같은 특성을 가진 고정제조간접원가는 생산 과정에서의 능률적인 관리를 통하여 그 발생액을 변화시킬 수 없으므로 고정제조간접원가 능률차이는 발생하지 않는다. 따라서 고정제조간접원가 차이는 원가통제 목적상 실제 고정제조간접원가 발생액과 고정제조간접원가 예산을 비교하여 그 차이를 예산차이로 관리하게 된다. 또한, 고정제조간접원가 예정배부율에 의한 고정제조간접원가 배부액과 예산의 차이는 실제생산량에 허용된 표준조업도와 기준조업도의 차이로 인하여 발생하는 것으로 이를 조업도차이로 관리한다.

제5절 원가차이의 처리와 책임

표준원가계산에서는 재공품, 제품, 매출원가 등의 계정이 모두 표준원가로 기록된다. 그러나 외부보고용 재무제표는 실제원가로 작성되어야 하므로 기말에 원가차이를 조정하여 이들 계정을 실제원가 및 그 근사치로 수정하는 절차가 추가로 필요하다. 원가차이의 조정방법에는 매출원가조정법, 영업외손익법, 비례배분법이 있다.

1 매출원가조정법 기출

매출원가조정법이란 모든 원가차이를 매출원가에 가감하는 방법으로서, 유리한 원가차이는 매출원가에서 차감하며 불리한 원가차이는 매출원가에 가산한다. 이 방법에 의할 경우 원가차이는 모두 매출원가에서 조정되므로 재공품과 제품계정은 모두 표준원가로 기록된다.

2 영업외손익법

영업외손익법이란 모든 원가차이를 영업외손익으로 처리하는 방법이다. 즉, 유리한 차이는 영업외수익항목으로, 불리한 차이는 영업외비용항목으로 처리한다. 이 방법의 이론적 근거는 표준원가계산에서 표준은 정상적인 공손이나 비능률을 감안하여 설정한 것이기 때문에 이를 벗어난 차이에 대해서는 원가성이 없다고 보아 별도의 항목인 영업외손익항목으로 표시해야 한다는 것이다.

3 비례배분법

비례배분법이란 실제원가와 표준원가의 차이를 매출원가와 재고자산의 금액에 비례하여 배분하는 방법이다. 비례배분법을 사용하게 되면 매출원가조정법에 비하여 실제원가계산제도의 금액에 근접할 수 있다.

(1) 총원가 비례배분법

총원가 비례배분법이란 매출원가와 재고자산금액에 있는 원가요소를 구별하지 않고 총액을 기준으로 원가차이를 배분하는 방법이다.

(2) 원가요소별 비례배분법

원가요소별 비례배분법이란 원가차이를 각 계정의 총원가가 포함된 원가요소별 금액의 비율로 배분하는 방법이다. 즉, 재료가격차이는 재료능률차이를 포함한 각 계정의 재료원가비율로, 재료능률차이는 각 계정의 재료원가비율로, 노무원가차이와 제조간접원가차이는 각 계정의 노무비와 제조간접원가비율로 배분한다. 한 가지 주의할 점은 재공품, 제품, 매출원가계정은 표준수량으로 기록되며 원재료의 실제사용량과 표준수량의 차이는 직접재료비 능률차이로 기록되기 때문에 재료가격차이를 재료능률차이에도 배분하여야 한다는 것이다.

제6절 | 표준원가계산의 예시

> **예제 문제**
>
> ### 〈예시 1〉 직접재료원가 차이
>
> 당기의 예상생산량은 1,300개이나 실제생산량은 1,200개이다. 당기 중 직접재료 2,500리터를 ₩50,000에 외상으로 구입하여 사용하였다. 직접재료의 기초재고는 없으며, 제품단위당 표준 직접재료원가는 다음과 같다. 직접재료원가의 가격차이와 능률차이를 계산하시오.
>
> > 직접재료원가 : 2리터 × ₩18 = ₩36
>
>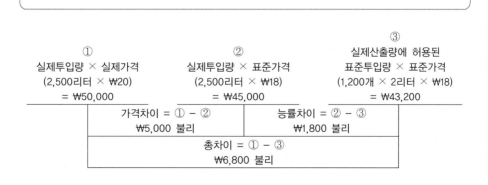

〈예시 2〉 직접노무원가 차이

당기에 제품 2,000개를 생산하였다. 한 개 제품 생산에는 3시간의 직접노동시간이 소요되며 시간당 표준임률은 ₩20이다. 그러나 실제로 제품 2,000개를 생산하는 데 5,800시간이 소요되었으며, 실제 발생한 직접노무원가는 ₩100,000이다. 직접노무원가 임률차이와 능률차이를 계산하시오.

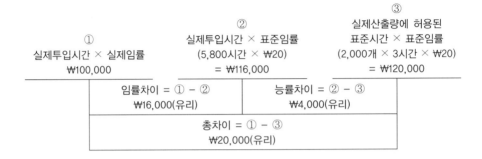

〈예시 3〉 변동제조간접원가 차이

기초에 연간 조업도수준을 8,000시간 직접노동시간으로 정하고 제조간접원가 총예산액을 ₩200,000으로 책정하였다. 그리고 표준변동제조간접원가 배부율은 직접노동시간당 ₩20 또는 제품단위당 ₩60이었으며, 당기 중의 생산활동과 관련하여 실제 발생한 내역은 다음과 같다. 변동제조간접원가 소비차이와 능률차이를 계산하시오.

- 실제 제품생산량 : 2,500단위
- 실제 직접노동시간 : 7,640시간
- 제품단위당 허용된 표준시간 : 3시간
- 변동제조간접원가 실제 발생액 : ₩161,000

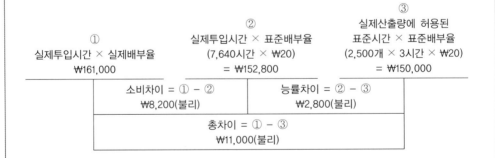

〈예시 4〉 고정제조간접원가 차이

기준조업도의 정상작업시간은 월 500시간으로 한 단위당 표준원가와 5월 중 발생한 자료는 다음과 같다. 고정제조간접원가 예산차이와 조업도차이를 계산하시오.

> - 실제 제품생산량 : 500단위
> - 제품단위당 허용된 표준시간 : 1.2시간
> - 고정제조간접원가 실제 발생액 : ₩580,000
> - 고정제조간접원가 예산액 : ₩500,000

① 실제조업도 × 조업도 단위당 실제배부율 ₩580,000	② 고정제조간접원가 예산 (기준조업도 × 조업도 단위당 표준배부율) ₩500,000	③ 고정제조간접원가 배부액 (실제산출량에 허용된 표준조업도 × 조업도 단위당 표준배부율) (500단위 × 1.2시간 × ₩1,000) = ₩600,000
예산차이 = ① − ② ₩80,000(불리)	조업도차이 = ② − ③ ₩100,000(유리)	
총차이 = ① − ③ ₩20,000(유리)		

* 조업도 단위당 표준배부율 : ₩500,000 ÷ 500시간 = ₩1,000

○X 로 점검하자 | 제8장

※ 다음 지문의 내용이 맞으면 ○, 틀리면 ×를 체크하시오. [1~7]

01 실제적 표준은 기업이 최대한 효율적으로 운영되어 모든 자원이 낭비되거나 부족하지 않고 완벽하게 사용된 경우에 달성할 수 있는 표준이다. (   )

02 관리회계에서 말하는 표준은 제품을 제조하거나 용역 제공에 사용된 투입물의 가격과 수량에 관련되어 있다. (   )

03 표준원가를 적용한 경우 외부 보고 시 실제원가로 수정할 필요가 없다. (   )

04 유리한 차이는 실제원가가 표준원가보다 큰 경우에 발생한다. (   )

05 원재료 구매담당자의 업무능력에 따라 유리하거나 불리한 직접재료원가 가격차이가 발생할 수 있다. (   )

06 표준원가계산은 개별원가계산에만 적용할 수 있다. (   )

07 매출원가조정법이란 모든 원가차이를 매출원가에 가감하는 방법으로 유리한 원가차이는 매출원가에서 차감하며 불리한 원가차이는 매출원가에 가산한다. (   )

정답과 해설 01 × 02 ○ 03 × 04 × 05 ○ 06 × 07 ○

01 이상적 표준은 기업이 최대한 효율적으로 운영되어 모든 자원이 낭비되거나 부족하지 않고 완벽하게 사용된 경우에 달성할 수 있는 표준이다.

03 외부 보고 시에 표준원가를 실제원가로 수정해야 한다.

04 유리한 차이는 실제원가가 표준원가보다 작은 경우 발생하고, 불리한 차이는 실제원가가 표준원가보다 큰 경우에 발생한다.

06 표준원가계산은 개별원가계산과 종합원가계산 모두에 적용할 수 있다.

01 다음 중 표준원가계산제도의 목적으로 옳지 **않은** 것은?

① 원가관리와 통제

② 예산관리의 효율적 수행

③ 원가보고의 신속성

④ 정확한 원가계산

02 효율적인 작업환경에서 도달 가능한 목표치로 기계의 고장이나 종업원의 휴식시간 등을 허용하며 작업에 투입된 평균적인 작업자가 합리적인 수준의 능률로써 달성할 수 있는 수준은 무엇인가?

① 이상적 표준

② 실제적 표준

③ 정상적 표준

④ 달성가능한 표준

03 표준원가계산제도에서 차이분석 시 이용하는 표준허용시간이란?

① 표준산출량을 근거로 한 표준시간

② 표준산출량을 근거로 한 실제시간

③ 실제산출량을 근거로 한 표준시간

④ 실제산출량을 근거로 한 실제시간

04 노동의 비능률적인 사용으로 인하여 능률차이가 발생할 수 있다.

04 다음 중 직접노무원가 임률차이가 발생하는 원인이 <u>아닌</u> 것은?

① 노동의 비능률적인 사용으로 인한 경우

② 생산에 투입되는 노동력의 질의 차이로 인한 경우

③ 생산부분에서 작업량의 증가에 따라 초과근무수당을 지급할 경우

④ 노동협상 등에 의하여 임금이 상승하는 경우

05 직접재료원가 가격차이는 (실제가격 − 표준가격) × 실제소비량으로 산출된다.

05 다음 중 직접재료원가차이의 계산식을 올바르게 나타낸 것은?

① 능률차이 = (실제소비량 − 실제소비량) × 실제가격

② 능률차이 = (표준소비량 − 실제소비량) × 실제가격

③ 가격차이 = (실제가격 − 표준가격) × 표준소비량

④ 가격차이 = (실제가격 − 표준가격) × 실제소비량

06 • 실제 : ₩950,000
• 예정배부 : (₩900,000 ÷ ₩300,000) × 310,000 = ₩930,000
• 과소배부 : ₩20,000

06 (주)시대는 직접노동시간에 비례하여 제조간접원가를 예정배부하고 있다. 당기제조간접원가예산은 ₩900,000이고 예산조업도 직접노동시간은 300,000시간이다. 제조간접원가 실제 발생액은 ₩950,000이고, 실제 발생 직접노동시간은 310,000시간이다. 제조간접원가 배부차이는?

① ₩20,000 과소배부

② ₩20,000 과대배부

③ ₩30,000 과소배부

④ ₩30,000 과대배부

정답 04 ① 05 ④ 06 ①

07 현대상사의 20X1년 2월 중 직접재료원가에 대한 자료는 다음과 같다. 재료원가 가격차이와 능률차이는 얼마인가?

> • 예산생산량 : 5,000단위
> • 실제생산량 : 5,500단위
> • 실제수량 : 160,000kg
> • 실제단가 : 550원/kg
> • 표준수량 : 30kg/단위
> • 표준단가 : 520원/kg

	가격차이	능률차이
①	₩4,800,000(불리)	₩2,600,000(불리)
②	₩4,800,000(유리)	₩2,600,000(유리)
③	₩4,800,000(불리)	₩2,600,000(유리)
④	₩4,800,000(유리)	₩2,600,000(불리)

07 • 가격차이
  = (실제가격 − 표준가격) × 실제수량
  = (₩550 − ₩520) × 160,000kg
  = ₩4,800,000(불리)
• 능률차이
  = (실제수량 − 표준수량) × 표준가격
  = {(₩160,000 − (5,500단위 × 30kg)} × ₩520
  = ₩2,600,000(유리)

08 다음 중 직접노무비 능률차이의 원인으로 볼 수 <u>없는</u> 것은?

① 표준화되지 않은 설비를 사용한 경우
② 작업량의 증가로 인한 초과근무수당을 지급한 경우
③ 숙련되지 않은 노동자를 고용한 경우
④ 표준품질 이하의 재료를 사용한 경우

08 작업량의 증가로 인한 초과근무수당을 지급한 경우 발생하는 가격차이는 임률차이의 원인이 된다.

정답 (07 ③   08 ②)

09 변동제조간접원가 능률차이
= {4,200시간 − (1,300단위 × 3시
간)} × ₩500
= ₩150,000(불리)

09 다음 자료에 의하여 표준원가계산을 적용하는 (주)시대의 변동 제조간접원가 능률차이를 계산하면 얼마인가?

(1) 제품단위당 표준원가자료 : 변동제조간접원가 3시간 × ₩500 = ₩1,500
(2) 당기실제생산량 1,300단위에 대한 실제발생원가자료 : 변동제조간접비 ₩2,080,000(작업시간 4,200시간)

① 능률차이 ₩150,000(불리)
② 능률차이 ₩110,000(유리)
③ 능률차이 ₩130,000(불리)
④ 능률차이 ₩140,000(불리)

제 9 장

변동예산과
표준원가계산

할 수 있다고 믿는 사람은 그렇게 되고, 할 수 없다고 믿는 사람도 역시 그렇게 된다.

-샤를 드골-

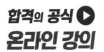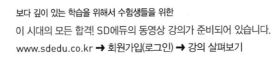

제 9 장 | 변동예산과 표준원가계산

제1절 변동예산

1 변동예산의 의의 기출

고정예산(Static Budget)은 예산기간 중에 결정한 목표조업도(목표판매량)를 기준으로 사전에 편성한 예산으로 실제조업도가 목표조업도와 일치하지 않더라도 바꾸지 않고 고정시킨 정태적 예산이다. 반면, 변동예산(Flexible Budget)은 실제조업도가 목표조업도와 다를 경우에 실제조업도를 기준으로 유연하게 조정하여 작성하는 동태적 예산이다.

2 변동예산의 특징

(1) 고정예산이 단지 하나의 고정된 조업도에 맞추어 편성된 것과 달리, 변동예산은 고정된 조업도가 아닌 일정한 범위의 조업도에서 유연하게 조정된다.

(2) 고정예산은 항상 처음에 설정된 조업도에 근거하여 편성된 예산과 실제 성과를 비교하여 성과를 평가하지만, 변동예산은 실제조업도가 원래 계획했던 조업도 수준과 다른 경우 실제 성과를 실제조업도에서의 결과와 비교하기 위해 새로운 조업도 수준으로 예산을 변화시킬 수 있다.

3 변동예산과 고정예산의 차이 기출

고정예산과 변동예산이 편성되면 실제성과와 비교하여 성과평가를 하는데 실제성과와 변동예산과의 차이를 변동예산차이라 하며, 변동예산과 고정예산과의 차이를 매출조업도차이라고 한다.
매출조업도차이는 실제로 판매된 수량과 목표 판매량의 차이 때문에 영업이익에 미치는 효과를 분석하는 것으로서, 판매량의 차이 때문에 발생하는 영업이익의 차이만을 말한다.

제2절　변동예산과 표준원가계산과의 관계

1 표준변동제조간접원가

노동시간이나 기계시간 등의 조업도가 증가하면 원가총액이 비례적으로 증가하는 제조간접원가를 변동제조간접원가라고 한다. 예를 들어 전력 사용료, 연료비 등을 의미하는데, 제품단위당 표준변동제조간접원가는 제품단위당 표준배부기준(표준조업도)과 배부기준 단위당 표준배부율을 정한 뒤에 이 둘을 곱해 계산한다. 여기서 제품단위당 표준배부기준은 제품 한 단위를 생산하기 위해 허용된 표준조업도이며, 배부기준 단위당 표준배부율은 변동제조간접원가와 조업도의 인과관계에 따라 설정되는 변동제조간접원가 표준배부율을 의미한다. 한편 조업도는 일반적으로 직접노동시간, 기계시간, 생산량 등에 많이 사용된다.

> 제품단위당 표준변동제조간접원가(표준원가)
> = 제품단위당 표준배부기준(표준수량) × 배부기준 단위당 표준배부율(표준가격)

2 표준고정제조간접원가

노동시간이나 기계시간 등의 조업도가 변하더라도 원가총액이 변동하지 않고 일정하게 발생하는 공장건물의 감가상각비, 기계장치의 감가상각비 등의 제조간접원가를 고정제조간접원가라 한다. 제품단위당 표준고정제조간접원가를 설정하려면 조업도 단위당 표준배부율을 계산해야 하는데, 이는 고정제조간접원가를 일정한 기준조업도로 나누어 계산한다.

> 조업도 단위당 표준배부율 = 고정제조간접원가 예산 ÷ 기준조업도

제3절 | 제조간접원가 차이분석

표준원가계산에서 실제원가와 표준원가는 일반적으로 차이가 난다. 이 같은 실제원가와 표준원가의 차이를 원가차이라 하며 원가차이는 불리한 차이와 유리한 차이로 나눌 수 있다.

> **더 알아두기**
>
> • 실제원가 < 표준원가 : 유리한 차이(F)
> • 실제원가 > 표준원가 : 불리한 차이(U)

1 변동제조간접원가 차이 `기출`

변동제조간접원가 총차이는 실제변동제조간접원가와 실제생산량에 허용된 표준변동제조간접원가의 차이이이며, 변동제조간접원가 소비차이와 변동제조간접원가 능률차이로 나눌 수 있다.

변동제조간접원가 소비차이는 실제변동제조간접원가와 실제조업도에 대한 표준변동제조간접원가의 차이를 나타내며, 변동제조간접원가 능률차이는 실제조업도에 대한 표준변동제조간접원가와 실제생산량에 허용된 표준조업도에 대한 표준변동제조간접원가의 차이를 나타낸다. 여기서 실제조업도는 생산요소의 실제투입량(실제직접노동시간, 실제기계시간, 원재료의 실제사용량 등)을 의미하고, 일반적으로 예산을 편성할 때 표준원가를 이용하기 때문에 실제조업도에 대한 표준변동제조간접원가는 실제투입량에 근거한 변동제조간접원가예산이라고도 하며, 실제생산량에 허용된 표준조업도에 대한 표준변동제조간접원가는 실제생산량(실제산출량)에 근거한 변동제조간접원가예산이라고도 한다.

변동제조간접원가 소비차이가 발생하는 원인은 2가지 측면에서 생각할 수 있다.

첫째, 실제변동제조간접원가가 사전에 예상했던 변동제조간접원가보다 크게 나타나는 경우가 있다. 제조작업에서 기계사용에 낭비가 있었거나, 소모품비 등의 과다 지출이 있던 경우 또는 재료의 처리활동이 효율적이지 못한 경우 발생할 수 있다.

둘째, 조업도의 기준으로 사용된 직접노동시간이 제조간접원가의 관계를 완전하게 설명하지 못하는 경우이다. 즉, 변동제조간접원가가 조업도의 기준으로 사용된 직접노동시간뿐만 아니라 기계작업시간이나 제조작업에 투입된 직접재료의 양 등 다른 요소에 따라 발생하는 경우를 말하는데, 이러한 경우에는 소비차이의 원인분석이 큰 의미가 없을 수 있다.

변동제조간접원가 능률차이는 단위당 표준을 설정할 때 사용하였던 조업도기준이 무엇인가에 따라 나타나는 원가차이다. 조업도기준으로 직접노동시간을 사용한 경우에 변동제조간접원가 능률차이는 직접노동시간의 효율성과 직접적인 관련이 있다. 따라서 직접노무비의 원가차이분석에서 유리한 효율차이가 발생했다면 변동제조간접원가의 효율차이도 유리한 차이가 발생하게 된다.

② 고정제조간접원가 차이 기출

고정제조간접원가 총차이는 실제고정제조간접원가와 고정제조간접원가 배부액의 차이를 말하며, 고정제조간접원가는 다른 원가요소와는 달리 투입·산출 사이에 비례관계가 없이 일정하게 발생하므로 능률적 관리로 이를 감소시키는 것은 불가능하다. 따라서 고정제조간접원가에서는 능률차이를 분리할 수 없으며, 원가통제 목적상 실제발생액과 예산을 총액으로 비교한 차액은 고정제조간접원가 소비차이가 된다. 또한 제품원가계산 목적상 고정제조간접원가를 예정배부할 경우에는 고정제조간접원가의 예산과 배부액 사이에 차이가 발생하는데, 이를 고정제조간접원가 조업도차이라 한다. 고정제조간접원가 조업도차이는 기준조업도와 실제생산량에 허용된 표준조업도와의 차이가 있을 경우에 발생한다. 고정제조간접원가 조업도차이는 원가통제 목적상 중요하지는 않지만 외부보고용 재무제표에 포함되는 제품원가계산 목적상 자산평가와 이익결정에는 중요하므로 고정제조간접원가의 차이분석에 포함된다.

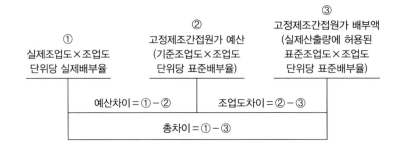

※ 다음 지문의 내용이 맞으면 ○, 틀리면 ✕를 체크하시오. [1~4]

01 고정예산은 예산기간 중에 결정한 목표조업도를 기준으로 사전에 편성한 정태적 예산이다.
( )

02 실제성과와 변동예산과의 차이를 매출조업도차이, 변동예산과 고정예산과의 차이를 변동예산차이라고 한다. ( )

03 변동예산의 목적은 어떤 수준의 조업도에서도 예산과 실제의 결과를 비교 가능하게 하기 위한 것이다. ( )

04 표준원가가 실제원가보다 큰 경우 불리한 차이라 한다. ( )

정답과 해설 01 ○ 02 ✕ 03 ○ 04 ✕

02 실제성과와 변동예산과의 차이를 변동예산차이, 변동예산과 고정예산과의 차이를 매출조업도차이라고 한다.
04 표준원가가 실제원가보다 큰 경우 유리한 차이라 한다.

01 변동예산은 실제조업도를 기준으로 예산을 유연하게 조정하는 동태적 예산이다.

01 다음 중 변동예산에 대한 설명으로 옳지 <u>않은</u> 것은?

① 변동예산은 고정된 조업도가 아닌 일정한 범위의 조업도에서 유연하게 조정된다.

② 변동예산은 목표조업도를 기준으로 사전에 예산을 편성하는 정태적 예산이다.

③ 실제성과와 변동예산과의 차이를 변동예산차이라 한다.

④ 변동예산과 고정예산과의 차이를 매출조업도차이라 한다.

02 제품단위당 표준변동제조간접원가
= 표준배부기준(표준수량) × 표준배부율(표준가격)

02 다음 중 제품단위당 표준변동제조간접원가 계산식을 올바르게 나타낸 것은?

① 제품단위당 표준변동제조간접원가
    = 실제배부기준(실제수량) × 표준배부율(표준가격)

② 제품단위당 표준변동제조간접원가
    = 표준배부기준(표준수량) × 실제배부율(실제가격)

③ 제품단위당 표준변동제조간접원가
    = 실제배부기준(실제수량) × 실제배부율(실제가격)

④ 제품단위당 표준변동제조간접원가
    = 표준배부기준(표준수량) × 표준배부율(표준가격)

정답 01 ② 02 ④

03 (주)현대상사의 20X1년 제조간접원가 자료는 다음과 같다. 고정 제조간접원가의 조업도차이는 얼마인가?

구분	실제금액	예산액	배부액
고정제조간접원가	₩44,000	₩43,000	₩41,000

① ₩1,000(유리)

② ₩1,000(불리)

③ ₩2,000(유리)

④ ₩2,000(불리)

03 고정제조간접원가 조업도차이 :
₩43,000(예산액) − ₩41,000(배부액)
= ₩2,000(불리)

SD에듀와 함께, 합격을 향해 떠나는 여행

제 10 장

전부원가계산과
변동원가계산

비관론자는 어떤 기회가 찾아와도 어려움만을 보고,
낙관론자는 어떤 난관이 찾아와도 기회를 바라본다.

– 윈스턴 처칠 –

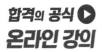
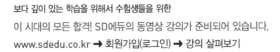

제10장 | 전부원가계산과 변동원가계산

제1절 전부원가계산과 변동원가계산의 개념

1 변동원가계산 [기출]

변동원가계산이란 제조원가를 변동원가와 고정원가로 구분하여 **변동원가만을 제품원가에 포함시키고 고정원가는 조업도와 관계없이 기간원가로 처리하는 방법**이다. 변동원가계산은 이와 같이 직접원가에 해당하는 원가만을 제품원가에 포함시키기 때문에 직접원가계산이라고도 한다.

2 전부원가계산 [기출]

전부원가계산이란 직접재료원가, 직접노무원가, 변동제조간접원가는 물론 고정제조간접원가까지도 제조와 관련되었다면 모든 원가를 제품원가로 보는 방법이다.

> **더 알아두기**
>
> **전부원가계산과 변동원가계산** [기출]
>
> | 구분 | 전부원가계산 | 변동원가계산 | 초변동원가계산 |
> | --- | --- | --- | --- |
> | 제품원가 | • 직접재료원가
• 직접노무원가
• 변동제조간접원가
• 고정제조간접원가 | • 직접재료원가
• 직접노무원가
• 변동제조간접원가 | 직접재료원가 |
> | 기간비용 | 판매비와관리비 | • 고정제조간접원가
• 판매비와관리비 | • 직접노무원가
• 변동제조간접원가
• 고정제조간접원가
• 판매비와관리비 |

제2절 | 전부원가계산과 변동원가계산의 손익계산서

1 변동원가계산의 손익계산서 기출

변동원가계산을 이용하여 작성하는 손익계산서를 공헌이익 손익계산서라고 하며 매출액으로부터 변동원가를 차감하여 공헌이익을 계산하고, 그 공헌이익으로부터 고정원가를 차감하여 영업이익을 계산한다.

변동원가계산에 의한 손익계산서

1. 매출액		×××
2. 매출원가(변동제조원가)		
(1) 기초제품재고액	×××	
(2) 당기제품제조원가계	×××	
	×××	
(3) 기말제품재고액	(×××)	×××
3. 제조 공헌이익		×××
4. 변동판매비와관리비		(×××)
5. 공헌이익		×××
6. 고정원가		
(1) 고정제조간접비	×××	
(2) 고정판매비와관리비	×××	×××
7. 영업이익		×××

변동원가계산제도는 원가회피개념에 근거를 두고 있다. 원가회피개념이란 발생한 원가가 미래에 동일한 원가의 발생을 방지할 수 없다면 그 원가는 자산성을 인정할 수 없다는 것이다. 즉, 고정제조간접원가의 경우 제품의 생산량과 관련이 있다기보다는 설비능력과 밀접한 관련이 있으며, 조업도 변동에 따라 원가가 변동하지 않고 시간이 경과함에 따라 회피할 수 없는 원가이기 때문에 재고자산의 가액에 포함시켜서는 안 되며 기간원가로 처리해야 한다는 것이다.

2 전부원가계산의 손익계산서 기출

전부원가계산을 이용하여 작성하는 손익계산서를 전통적 손익계산서 또는 기능적 손익계산서라고 하며 기업외부의 회계정보이용자를 위하여 공시하는 목적으로 사용된다.

전부원가계산에 의한 손익계산서

1. 매출액		×××
2. 매출원가(전부원가)		
(1) 기초제품재고액	×××	
(2) 당기제품제조원가계	×××	
	×××	
(3) 기말제품재고액	(×××)	×××
3. 매출총이익		×××
4. 판매비와관리비		
(1) 변동판매비와관리비	×××	
(2) 고정판매비와관리비	×××	×××
5. 영업이익		×××

3 전부원가계산과 변동원가계산의 비교 기출

(1) 전부원가계산에서는 직접재료원가, 직접노무원가, 제조간접원가를 제품원가로 하고 판매비와관리비만을 기간원가로 한다.

(2) 변동원가계산에서는 제조간접원가를 변동제조간접원가와 고정제조간접원가로 나누어 직접재료원가, 직접노무원가, 변동제조간접원가만을 제품원가로 하고, 고정제조간접원가와 판매비와관리비를 기간원가로 한다. 이것은 고정제조간접원가를 재고가능원가로 인정하지 않는다는 것이다. 다시 말하면 고정제조간접원가의 자산성을 인정하지 않는 것이다.

(3) 제조원가요소는 직접재료원가, 직접노무원가, 제조간접원가로 구분된다. 이 중 직접재료원가와 직접노무원가는 변동원가이나, 제조간접원가는 변동제조간접원가와 고정제조간접원가로 나뉜다. **전부원가계산과 변동원가계산의 근본적인 차이점은 바로 고정제조간접원가의 자산성에 대한 인정 여부이다.**

(4) 고정제조간접원가의 재고자산 포함 여부 때문에 단기적으로는 생산량과 판매량의 관계에 따라 전부원가계산과 변동원가계산의 순이익에 다음과 같은 차이가 난다.

생산량 > 판매량(기초재고 < 기말재고)	전부원가계산의 순이익 > 변동원가계산의 순이익
생산량 = 판매량(기초재고 = 기말재고)	전부원가계산의 순이익 = 변동원가계산의 순이익
생산량 < 판매량(기초재고 > 기말재고)	전부원가계산의 순이익 < 변동원가계산의 순이익

제3절	변동원가계산의 유용성과 비판

1 변동원가계산의 유용성

일반적으로 인정된 회계원칙에서는 외부보고 목적으로 전부원가계산방법을 사용하고 있다. 그러나 CVP분석이나 가격결정 등 경영자의 관리적 의사결정에는 변동원가계산에 의한 원가정보가 매우 유용하다. 또한 변동원가계산제도를 사용하더라도 외부보고 목적으로 변동원가계산제도에 의한 영업이익을 전부원가계산제도로 전환하는 것이 어렵지 않기 때문에 내부적으로 변동원가계산제도를 유지·관리하는 것이 필요하다.

변동원가계산제도의 유용성을 살펴보면 다음과 같다.

(1) 이익계획과 예산편성에 필요한 원가-조업도-이익에 관련된 자료를 변동원가계산제도에 의한 공헌손익계산서로부터 쉽게 얻을 수 있다.

(2) 특정기간의 이익이 재고자산수량의 변동에 의한 고정제조간접원가 배부액 변화에 의해 영향을 받지 않는다. 즉 제품의 판매가격, 원가, 매출배합 등이 일정하다면 변동원가계산 제도에 의한 이익은 오직 판매량에 의해 결정되기 때문에 매출액의 변동과 동일한 방향으로 변화하게 된다.

(3) 변동원가계산제도에서의 이익은 매출액과 동일한 방향으로 움직이므로 경영자의 입장에서 이해하기 쉽다.

(4) 공통적인 고정원가를 부문이나 제품별로 배분하지 않기 때문에 부문별·제품별 의사결정 문제에 왜곡을 초래하지 않는다.

(5) 특정기간의 고정원가가 손익계산서에 총액으로 표시되기 때문에 고정원가가 이익에 미치는 영향을 쉽게 알 수 있다.

(6) 변동원가계산을 표준원가 및 변동예산과 같이 사용하면 원가통제와 성과평가에 유용하게 활용할 수 있다.

2 변동원가계산의 비판

변동원가계산과 이에 의한 공헌이익 손익계산서가 경영관리에 유용한 수단이기는 하나 다음과 같은 한계점을 지니고 있다.

(1) 변동원가계산만을 의사결정에 사용하면 고정원가의 중요성을 간과하기 쉬워 잘못된 의사결정을 할 수 있다. 즉, 제품의 가격은 고정원가를 회수할 수 있도록 결정되어야 하나 변동원가만을 이용하면 장기적인 가격결정에 왜곡이 생길 수 있다.

(2) 일반적으로 인정된 회계원칙이 아니므로 기업회계측면의 외부보고자료로써 이용될 수 없다.

(3) 변동원가계산의 기초가 되는 원가행태구분이 쉽지 않다. 즉, 전체원가 중에서 변동원가와 고정원가를 구분해내기가 현실적으로 어렵다.

(4) 장기계획에서는 거의 모든 비용들을 변동원가로 간주할 수 있다. 왜냐하면 단기적으로는 고정원가라 하더라도 장기적인 관점에서는 계획생산량에 필요한 수준으로 고정원가를 조정할 수 있기 때문이다.

(5) 결합제품을 생산할 경우에는 개별결합제품별로 변동원가계산을 한다는 것이 사실상 불가능하다.

○✕로 점검하자 | 제10장

※ 다음 지문의 내용이 맞으면 ○, 틀리면 ✕를 체크하시오. [1~8]

01 변동원가계산이란 변동원가와 고정원가 모두를 제품원가에 포함시키는 방법이다. (   )

02 전부원가계산을 이용하여 작성하는 손익계산서를 전통적 손익계산서라 하며 기업외부의 회계정보이용자를 위하여 공시하는 목적으로 사용한다. (   )

03 공헌이익이란 매출액에서 변동원가를 차감한 금액이다. (   )

04 변동원가계산하에서의 공헌이익 손익계산서는 기업외부의 회계정보이용자를 위한 공시목적 재무제표로 사용할 수 있다. (   )

05 변동원가계산에서는 고정제조간접원가를 재고가능원가로 인정하지 않는다. (   )

06 전부원가계산과 변동원가계산의 근본적인 차이점은 바로 변동제조간접원가의 자산성에 대한 인정 여부이다. (   )

07 생산량이 판매량보다 큰 경우 전부원가계산의 순이익이 변동원가계산의 순이익보다 크다.
(   )

08 전부원가계산은 일반적으로 인정된 회계원칙이 아니므로 기업회계측면의 외부보고자료로서 이용될 수 없다. (   )

정답과 해설   01 ✕   02 ○   03 ○   04 ✕   05 ○   06 ✕   07 ○   08 ✕

01 변동원가계산이란 변동원가만을 제품원가에 포함시키고 고정원가는 조업도와 관계없이 기간원가로 처리하는 방법이다.

04 외부의 회계정보이용자를 위한 공시목적으로는 전부원가계산하에서의 손익계산서만 사용 가능하다.

06 전부원가계산과 변동원가계산의 근본적인 차이점은 바로 고정제조간접원가의 자산성에 대한 인정 여부이다.

08 변동원가계산은 일반적으로 인정된 회계원칙이 아니므로 기업회계측면의 외부보고자료로서 이용될 수 없다.

01 다음 중 변동원가계산에 대한 설명으로 옳지 <u>않은</u> 것은?

① 변동원가계산은 변동원가만 제품원가에 포함시키는 방법이다.

② 매출액에서 변동원가와 고정원가를 모두 차감하여 공헌이익을 계산한다.

③ 고정제조간접원가와 판매비와관리비는 기간비용으로 처리한다.

④ 변동원가계산에 의한 재무제표는 외부 공시자료로 이용될 수 없다.

※ 현대기업은 첫 해에 50,000개의 제품을 얻었고 제조원가는 다음과 같다. 단위당 원가를 계산하시오. [2~3]

직접재료원가	₩120,000
직접노무원가	₩85,000
변동제조간접원가	₩70,000
고정제조간접원가	₩60,000

02 변동원가계산하의 제품단위당 원가는 얼마인가?

① ₩5.5 ② ₩5.7

③ ₩6.5 ④ ₩6.7

03 전부원가계산하의 제품단위당 원가는 얼마인가?

① ₩5.0 ② ₩5.7

③ ₩6.7 ④ ₩7.1

01 매출액에서 변동원가를 차감하여 공헌이익을 계산한 후 고정원가를 차감하여 영업이익을 계산한다.

02 변동원가계산하의 제품단위당 원가 :
(₩120,000 + ₩85,000 + ₩70,000) ÷ ₩50,000개 = ₩5.5

03 전부원가계산하의 제품단위당 원가 :
₩335,000 ÷ 50,000개 = ₩6.7

정답 (01② 02① 03③)

04 전부원가계산의 순이익과 변동원가계산의 순이익의 차이는 재고자산에 포함된 고정제조간접원가 때문이다. 두 계산방법의 결과가 같은 것은 생산과 판매가 동일한 경우이다.

04 전부원가계산의 순이익과 변동원가계산의 순이익이 같을 때는 어느 경우인가?

① 생산량이 판매량보다 작은 경우

② 생산량이 판매량보다 큰 경우

③ 판매량과 생산량이 다른 경우

④ 생산량과 판매량이 같은 경우

05 변동원가계산에서 고정제조간접원가와 판매비와관리비는 기간비용으로 처리된다.

05 변동원가계산에서 기간비용으로 처리되는 것은?

① 변동제조간접원가

② 고정제조간접원가

③ 직접노무원가

④ 직접재료원가

※ 다음 물음에 답하시오. [6~9]

(주)시대는 단일 제품을 생산하여 개당 ₩1,000에 판매하며 실제원가시스템으로 원가를 계산한다. 20X1년 12월 31일 80,000단위를 생산하여 전부 판매하였다. 20X1년 제조원가와 기간비용에 관한 자료는 다음과 같다.

	고정원가	변동원가
직접재료원가		단위당 ₩250
직접노무원가		단위당 ₩175
제조간접원가	₩10,000,000	단위당 ₩125
판매비	₩5,000,000	단위당 ₩150

정답 04 ④ 05 ②

06 변동원가계산하의 제품단위당 원가는 얼마인가?

① ₩525

② ₩550

③ ₩575

④ ₩700

07 전부원가계산하의 제품단위당 원가는 얼마인가?

① ₩675

② ₩825

③ ₩900

④ ₩1,025

08 변동원가계산에 따른 공헌이익은 얼마인가?

① ₩9,000,000

② ₩14,000,000

③ ₩20,000,000

④ ₩24,000,000

09 변동원가계산에 따른 영업이익은 얼마인가?

① ₩9,000,000

② ₩14,000,000

③ ₩19,000,000

④ ₩24,000,000

---

06 변동원가계산하의 제품단위당 원가 :
₩250 + ₩175 + ₩125 = ₩550

07 전부원가계산하의 제품단위당 원가 :
₩250 + ₩175 + ₩125 + (₩10,000,000
÷ 80,000단위) = ₩675

08 공헌이익 : ₩80,000,000(매출액) −
{₩700(변동원가) × 80,000단위}
= ₩24,000,000
∵ 변동원가 = 직접재료원가 + 직접
노무원가 + 변동제조간접원가 + 변
동판매비와관리비

09 영업이익 : ₩24,000,000(공헌이익)
₩15,000,000(고정원가)
= ₩9,000,000

정답 06 ② 07 ① 08 ④ 09 ①

10 이익과 매출액이 동일한 방향으로 움직이므로 경영자의 입장에서 이해하기 쉽다.

10 변동원가계산의 유용성에 대한 설명으로 옳지 <u>않은</u> 것은?

① 이익계획과 예산편성에 필요한 원가–조업도–이익에 관련된 자료를 쉽게 얻을 수 있다.

② 고정원가가 이익에 미치는 영향을 쉽게 알 수 있다.

③ 이익과 매출액이 다른 방향으로 움직이므로 경영자의 입장에서 이해하기 쉽다.

④ 부문별·제품별 의사결정문제에 왜곡을 초래하지 않는다.

11 변동원가계산은 고정제조간접원가의 자산성을 인정하지 않는다.

11 전부원가계산과 변동원가계산의 비교로 옳지 <u>않은</u> 것은?

① 전부원가계산에서는 판매비와관리비만을 기간원가로 한다.

② 전부원가계산은 고정제조간접원가의 자산성을 인정하지 않는다.

③ 전부원가계산과 변동원가계산의 근본적인 차이점은 고정제조간접원가의 자산성에 있다.

④ 기초재고와 기말재고가 같은 경우 순이익이 동일하다.

12 전부원가계산의 순이익과 변동원가계산의 순이익의 차이는 재고자산에 포함된 고정제조간접원가 때문이다. 기말재고에 들어 있는 고정제조간접원가는 합산하고, 기초재고에 들어 있는 고정제조간접원가는 차감하는 형식으로 이루어지므로 판매가 생산을 초과할 때에는 전부원가계산에 의한 순이익이 변동원가계산에 따른 순이익보다 작다.

12 전부원가계산에 따른 순이익이 변동원가계산에 따른 순이익보다 작은 경우는?

① 생산량이 판매량을 초과하는 경우

② 생산량과 판매량과 동일한 경우

③ 판매량이 생산량을 초과하는 경우

④ 정답 없음

정답 (10 ③ 11 ② 12 ③)

13 다음 중 변동원가계산의 한계점으로 옳은 것은?

① 결합제품을 생산할 경우에도 변동원가계산의 사용이 가능하다.

② 기업회계 측면의 외부보고 자료로서 이용될 수 있다.

③ 변동원가계산의 기초가 되는 원가행태구분이 쉽지 않다.

④ 단기계획에서는 거의 모든 비용들을 변동원가로 간주할 수 있다.

13 ① 결합제품을 생산할 경우에도 변동원가계산의 사용이 거의 불가능하다.
② 변동원가계산은 기업회계 측면의 외부보고 자료로서 이용될 수 없다.
④ 장기계획에서는 거의 모든 비용들을 변동원가로 간주할 수 있다.

14 당기의 원가요소비용 중 고정비가 클 경우 손익계산서상의 당기 순이익을 가장 작게 하는 원가계산방법은 무엇인가?

① 실제원가계산방법

② 표준원가계산방법

③ 예정원가계산방법

④ 변동원가계산방법

14 변동원가계산은 고정원가를 전액 기간비용으로 처리하므로 순이익을 가장 작게 한다.

정답 (13 ③ 14 ④)

제 11 장

특별의사결정

당신이 저지를 수 있는 가장 큰 실수는 실수를 할까 두려워하는 것이다.

– 앨버트 하버드 –

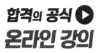

제11장 | 특별의사결정

제1절 특별의사결정의 기본적 개념

1 기본개념

의사결정이란 여러 가지 선택가능한 행동 또는 방법 가운데서 어떤 목적이나 목표를 가장 효과적으로 달성하게 하는 최적의 대안을 선택하는 과정을 말한다. 경영자들은 업무를 수행함에 있어 여러 가지 의사결정문제에 직면하게 되고 최적의 의사결정을 하기 위해 양적·질적 정보를 수집해야 한다.

의사결정에는 미래를 예측하기 위한 정보를 이용하며 과거정보도 의사결정과정에서 이용될 수는 있지만 과거정보 그 자체가 중요한 정보가 되는 것은 아니다.

의사결정과 관련된 기간에 따라 단기의사결정과 장기의사결정으로 나눌 수 있는데 보통 1년을 기준으로 하여 1년 이내 기간에 대한 의사결정을 단기의사결정이라 하며 1년 이상의 장기 계획, 장기간에 걸친 투자와 전략에 관한 의사결정을 장기의사결정이라 한다. 의사결정을 장기와 단기로 구분하는 이유는 단기의사결정문제에 있어서는 화폐의 시간가치를 고려할 필요가 없지만, 장기의사결정문제는 시설능력의 변경을 수반하는 등 긴 기간에 관련되어 있어 화폐의 시간적 가치 분석이 필요하기 때문이다.

2 용어정리

(1) 관련원가(Relevant Costs) 기출

관련원가는 각 대안별로 의사결정을 할 때, 각 대안 간의 차이가 발생하는 원가로서 **의사결정에 영향을** 미치는 원가를 말한다. 일반적으로 현금지출관련원가와 기회비용이 관련원가에 해당된다.

① **현금지출관련원가** : 현금지출관련원가는 현재 또는 미래에 현금이나 기타 자원의 지출을 필요로 하는 원가로서 지출원가라고도 한다. 현금지출관련원가는 대안 선택에 따라 차이가 발생하는 비용으로 실제 현금이나 기타 자원의 지출을 수반하고 회계장부에 기록된다는 점에서 기회비용과 차이가 있다.

② **기회비용** : 기회비용은 현재 사용 중인 재화, 용역, 생산설비가 현재의 용도 이외의 다른 대안 중 최선의 대안에 사용되었을 때의 가치이다. 즉 자원을 지금 용도가 아닌 자선의 용도에 사용했을 경우 얻을 수 있는 최대 수익을 의미한다. 기회비용은 현금지출관련원가와 달리 실제 현금이나 기타 자원의 지출을 필요로 하지 않으며 **회계장부에 기록되지도 않지만 의사결정과정에서 고려해야** 한다.

(2) 비관련원가(Irrelevant Costs) 기출

비관련원가는 각 대안별로 차이가 발생하지 않는 원가로서 의사결정에 아무런 영향을 미치지 못하는 원가이다. 일반적으로 현금지출비관련원가와 매몰원가가 비관련원가에 해당된다.

① **현금지출비관련원가** : 현금지출비관련원가는 두 대안 사이에 차이가 없는 현금지출 비용으로서 미래에 현금지출이 발생하지만 두 대안 모두 발생하므로 의사결정에 차이가 나지 않는 항목이다.

② **매몰원가** 기출 : 매몰원가는 경영자가 통제할 수 없는 과거의 의사결정에서 발생한 역사적 원가로서 현재 또는 미래에 어떤 의사결정을 하더라도 회수할 수 없는 원가이다. 매몰원가는 현재 또는 미래의 의사결정과 관련성이 없으므로 의사결정과정에서 고려해서는 안 된다.

> **예제 문제**
>
> 01 (주)시대는 태풍으로 인한 수해로 보관 중이던 ₩15,000,000의 제품이 파손되었다. 이 제품을 파손된 상태로 처분하면 ₩500,000에 처분이 가능하나 회사는 ₩300,000의 비용으로 파손 부분을 수선하여 ₩1,000,000에 처분하기로 하였다.
>
> [요구사항]
> 1. 수선 후 처분하는 경우 기회비용은 얼마인가?
> 2. 매몰원가는 얼마인가?
>
> > 기회비용이란 여러 가지 선택가능한 대안 중에서 한 가지 대안을 선택한 경우 포기되는 대안의 가치들 중 가장 큰 금액이다.
> > 1. 수선 후 처분하는 경우에는 파손된 상태로 처분할 기회를 포기한 것이다. 따라서 수선 후 처분하는 경우 기회비용은 파손된 상태로 처분하는 경우의 가치 ₩500,000이다.
> > 2. 매몰원가는 과거에 발생한 원가로서 미래의사결정에 영향을 미치지 아니하는 원가를 말하는데, 최초에 제품을 생산하는 데 투입된 원가 ₩15,000,000이 매몰원가에 해당된다.

3 의사결정의 접근방법 기출

의사결정의 접근방법에는 총액접근법과 증분접근법이 있다. 관련원가분석을 할 때는 증분접근법을 이용할 수도 있고 총액접근법을 이용할 수도 있으나, 증분접근법 이용이 일반적이다.

(1) 총액접근법(Total Approach) 기출

모든 대안들의 총수익과 총비용을 각각 계산하여 이익이 가장 큰 대안을 선택하는 방법으로서 각 대안별로 손익계산서를 모두 작성하여야 한다. 따라서 이 방법은 각 대안 간의 차이가 없는 부분도 모두 분석하여야 하므로 계산과정이 번거롭고 시간과 비용이 많이 소요된다는 단점이 있으나, 여러 가지 대안을 한꺼번에 비교분석할 수 있다는 장점도 있다.

(2) 증분접근법(Incremental Approach) 기출

두 가지 대안을 비교분석하는 경우에 차이가 나는 부분만을 가지고 의사결정을 하는 방법으로서, 기존대안에 비하여 새로운 대안을 선택하였을 때, 증가하거나 감소하는 수익 및 비용만을 분석하여 의사결정하는 방법이다. 기존대안과 신규대안 간의 차이가 나는 부분만을 가지고 분석하기 때문에 차액접근법이라고도 하나 일반적으로 증분접근법이라는 용어가 더 많이 사용되고 있다. 이 방법은 계산과정이 간소화되고 시간과 비용이 절감될 수 있는 장점이 있으나, 의사결정 대안이 셋 이상인 경우에는 적용이 곤란하다.

예제 문제

02 (주)시대는 한 종류의 제품을 제조하여 판매하는 회사이다. 회사는 150,000개의 제품을 생산할 수 있는 능력을 보유하고 있으며, 당기에 100,000개의 제품을 생산하여 판매할 수 있을 것으로 예측하고 있다. 단위당 매출가격은 ₩40이며, 제조원가는 다음과 같다.

	단위당 원가	원가총액
직접재료원가	₩10	₩1,000,000
직접노무원가	5	500,000
변동제조간접원가	5	500,000
고정제조간접원가	10	1,000,000
변동판관비	2	200,000
고정판관비	3	300,000
합계	₩35	₩3,500,000

(주)시대의 제품을 단위당 ₩27에 25,000개를 구입하겠다는 특별주문을 하였다. 이 특별주문으로 인한 판매비와관리비는 발생하지 않으며, 특별주문의 수락이 (주)시대의 기존매출에 영향을 미치지 않는다.

[요구사항]
1. 총액접근법으로 분석하고 특별주문을 수락할 것인지의 여부를 결정하시오.
2. 증분접근법으로 분석하고 특별주문을 수락할 것인지의 여부를 결정하시오.

1. 총액접근법

	특별주문 거부 시	특별주문 수락 시
I. 매출액	₩4,000,000	₩4,675,000
II. 변동비		
1. 제조원가	(2,000,000)	(2,500,000)
2. 판관비	(200,000)	(200,000)
III. 공헌이익	₩1,800,000	₩1,975,000
IV. 고정원가		
1. 제조원가	(1,000,000)	(1,000,000)
2. 판관비	(300,000)	(300,000)
V. 영업이익	₩500,000	₩675,000

특별주문을 수락하는 경우 이익이 ₩175,000 증가하므로 특별주문을 수락

2. 증분접근법

증분수익	₩675,000	(25,000개 × ₩27)
증분비용	(500,000)	(25,000개 × ₩20)
증분이익	₩175,000	

특별주문을 수락하는 경우 이익이 ₩175,000 증가하므로 특별주문을 수락

제2절　제조 또는 구입

1　자가제조 또는 외부구입여부 결정 기출

기업이 제품생산에 필요한 부분품 내지는 부품을 외부의 부품 공급업체로부터 구입하여 사용할 수도 있지만, 부품의 안정적인 공급을 위하여 자체 생산할 수도 있다. 이 경우 부품을 자가제조할 것인지, 외부구입할 것인지에 대한 의사결정을 하여야 할 것이다.

부품 외부구입에 따른 구입원가와 자가제조할 경우 제조와 관련하여 발생하는 원가를 비교하여 의사결정을 한다. 이때 자가제조와 관련된 변동원가뿐만 아니라 자가제조를 중단하는 경우 회피 가능한 고정원가도 고려해야 하며, 외부구입가격을 분석할 때는 기존 설비를 다른 용도로 사용함에 따라 발생할 수 있는 기회비용을 함께 고려해야 한다.

의사결정기준	의사결정
외부구입원가 > 회피가능원가 + 기회원가	자가제조
외부구입원가 < 회피가능원가 + 기회원가	외부구입

2 자가제조 또는 외부구입여부 결정 시 고려해야 할 질적 요소

(1) 외부공급업자에 대한 신뢰수준

(2) 외부구입 시 신규공급업자가 안정적인 공급능력이 있고, 품질수준을 계속 유지할 수 있는지 여부

(3) 외부구입으로 인한 종업원의 감원에 따른 노동조합의 반발가능성과 기존 설비의 대체적 용도가 존재하는지 여부

예제 문제

03 (주)시대는 전자제품을 생산하는 기업으로 전자제품을 생산하는 데 필요한 부품도 생산하고 있으며 이와 관련한 제조원가는 다음과 같다.

직접재료원가	₩100,000
직접노무원가	80,000
변동제조간접원가	120,000
고정제조간접원가	50,000
합계	₩350,000
생산량	÷7,000개
단위당 원가	₩50

최근에 외부 생산회사에서 전자제품에 투입되는 부품을 단위당 ₩40에 공급하겠다는 제안을 해왔다. 외부에서 구입할 경우 고정제조간접원가 중 감독자임금 ₩10,000은 회피가능하다.

[요구사항]
1. 외부에서 구입할 경우 기존 설비의 대체적 용도가 없다고 가정하고 자가제조-외부구입 여부를 결정하시오.
2. 외부에서 구입할 경우 기존 설비의 대체적인 용도가 다음 두 가지일 경우 최적의사결정을 하시오.
   [대안 1] 기존 설비를 외부에 임대한다. 임대수익은 ₩100,000이다.
   [대안 2] 기존 설비를 이용하여 다른 제품을 생산한다. 다른 제품의 공헌이익은 ₩50,000이다.

1. i) 증분접근법에 의해 분석하면 다음과 같다.

외부구입원가	₩40 × 7,000개	₩280,000
변동제조원가절감액		(300,000)
회피가능고정원가		(10,000)
원가절감액		(₩30,000)

ii) 총액접근법에 의해 분석하면 다음과 같다.

	자가제조	외부구입
직접재료원가	₩100,000	
직접노무원가	80,000	
변동제조간접원가	120,000	
고정제조간접원가	50,000	₩40,000
외부구입원가		280,000
합계	₩350,000	₩320,000

→ 외부에서 구입할 경우 원가가 ₩30,000만큼 감소하므로 외부구입해야 한다.

2. 자가제조와 [대안 1·2]의 관련수익과 관련원가를 비교하면 다음과 같다.

	자가제조	대안 1(임대)	대안 2(타제품 생산)
임대수익		₩100,000	
타제품 공헌이익			₩50,000
변동원가	₩(300,000)		
고정원가	(50,000)	(40,000)	(40,000)
제조, 취득원가		(280,000)	(280,000)
순관련원가	₩(350,000)	₩(220,000)	₩(270,000)

→ 이를 비교해 볼 때, 부품을 외부에서 구입하고 기존 설비를 외부에 임대하는 [대안 1]이 가장 유리하다.

제3절 제품 및 부문의 폐지 또는 추가

1 제품라인의 유지 또는 폐쇄여부 결정 [기출]

기업이 여러 종류의 제품을 생산·판매하는 경우 어떤 제품은 이익이 발생하지만, 어떤 제품은 손실이 발생하기도 한다. 이익이 발생하는 제품은 상관이 없지만 손실이 발생하는 제품을 계속해서 생산·판매할 것인지를 결정하여야 한다.

손실이 발생하는 제품의 생산을 중단할 것인지 여부를 결정할 때에는 우선 해당 제품의 영업이익이 아닌 공헌이익으로 판단을 해야 한다. 특정 제품의 생산을 중단하더라도 고정비는 계속 발생하는 경우가 일반적이기 때문에 공헌이익을 가지고 판단하여야 하지만, 손실이 나는 제품의 생산을 중단할 경우 절감되는 고정비가 있다면, 그 절감되는 고정비도 함께 고려하여야 한다. 또, 특정 제품의 생산을 중단함으로 인해 다른 제품의 매출액에 영향을 미치는 경우가 있는데, 이때에는 다른 제품의 공헌이익의 변화도 함께 고려하여 의사결정하여야 한다.

의사결정기준	의사결정
제품라인의 공헌이익 > 회피가능고정원가 + 기회원가	제품라인을 유지
제품라인의 공헌이익 < 회피가능고정원가 + 기회원가	제품라인을 폐지

2 제조라인의 폐쇄여부 결정 시 고려해야 할 질적 요소 [기출]

(1) 제품 생산 중단으로 인한 종업원의 감원에 따른 노동조합의 반발가능성 여부

(2) 기존 제품 생산 중단이 다른 제품의 판매에 미치는 영향

(3) 기존 제품의 폐지로 인해 회사 전체에 미칠 수 있는 대외적 이미지

(4) 기존 제품의 제조라인 폐쇄로 인한 유휴생산설비의 활용 방안

예제 문제

04 (주)현대는 현재 제품 갑, 을, 병을 제조하고 있으며 당기 중 그 손익의 내용은 다음과 같다.

	갑	을	병	계
매출	₩500,000	₩600,000	₩400,000	₩1,500,000
변동원가	200,000	200,000	250,000	650,000
공헌이익	300,000	400,000	150,000	850,000
고정원가	250,000	300,000	200,000	750,000
순이익	₩50,000	₩100,000	₩(50,000)	₩100,000

회사는 고정원가를 각 제품에 배분하는 기준으로 매출액을 사용하고 있다. 제품별 분석에 따르면 병라인은 ₩50,000의 손실이 발생하므로 이 제품을 폐지할 것인지 검토하고 있다.

[요구사항]
병라인을 폐지하더라도 고정원가 중 회피가능한 원가는 없다고 할 때 폐지여부를 결정하시오.

병의 증분수익(매출액)	₩400,000
증분비용(변동원가)	(250,000)
증분손실	₩150,000

증분손실이 ₩150,000이므로 병라인을 폐지하게 되면 회사 전체의 이익은 ₩150,000만큼 감소한다. 따라서 폐지되어서는 안 된다.

제4절 특별주문의 수락 또는 거부 기출

기업이 통상적으로 거래가 없었던 국내외의 고객으로부터 대량주문을 받는 경우 이 제의를 수락할 것인지 여부를 결정하여야 하는데, 보통 대량주문은 정상적인 판매가격보다 할인된 가격으로 요구하는 경우가 많다. 이러한 특별주문을 받았을 때, 특별주문으로 인하여 증가되는 수익과 증가되는 비용을 분석하여 주문의 수락 여부를 결정한다.

만약 특별주문으로 인하여 증가되는 수익이 증가되는 비용보다 크다면 주문을 수락하지만, 특별주문으로 인하여 증가되는 수익이 증가되는 비용보다 작다면 주문을 거절하여야 하는데, 이때 다음과 같은 상황별로 의사결정을 한다.

1 유휴생산능력이 충분한 경우

특별주문을 수락하기에 유휴생산능력이 충분한 경우에는 특별주문을 모두 유휴생산설비를 이용하여 생산하기 때문에, 특별주문품을 생산함으로 인해 증가되는 수익과 특별주문품의 생산 및 판매로 인해 증가되는 비용을 비교하여 의사결정을 한다. 단, 유휴생산능력을 다른 용도로 사용가능한 상태라면 특별주문의 수락으로 인해 다른 용도로 사용하는 것을 포기하여야 하기 때문에 다른 용도로 사용했었더라면 발생했을 수익(즉, 기회비용)을 고려하여 의사결정하여야 한다.

2 유휴생산능력이 부족한 경우

특별주문을 수락하기에 유휴생산능력이 부족한 경우에는 특별주문을 받기 위해서는 기존 판매를 줄이고 주문을 수락하거나 생산설비를 임차(또는 구입)하여 생산능력을 확보하여야 특별주문을 받을 수 있을 것이다.

(1) 기존 판매를 줄이는 경우

유휴생산능력이 부족하기 때문에 외부의 대량주문을 수락하기 위해서는 기존 판매를 줄이고 특별주문을 수락하여야 하는데, 이 경우에는 대량주문을 수락함으로 인한 이익의 증가와 기존 판매 감소에 따른 이익의 감소를 비교하여 의사결정을 하여야 한다. 즉 특별주문 수락에 따른 수익 증가와 비용 증가, 그리고 기존 판매 감소에 따른 수익 감소와 비용 감소를 비교하여 증가되는 이익이 클 경우 수락한다.

(2) 생산설비를 임차(또는 구입)하는 경우

유휴생산능력이 부족한 상태에서 기존 판매를 감소시키지 않으면서 특별주문을 수락하기 위해서는 생산능력을 증가시켜야 한다. 이 경우에는 생산능력을 증대시키기 위해 생산설비를 임차하거나 구입하면서 발생하는 비용을 관련원가로서 고려하여야 한다.

따라서 이 경우에는 특별주문의 수락에 따른 수익 증가와 비용의 증가, 그리고 생산능력을 증가시키기 위해 발생하는 생산설비의 임차 및 구입비용을 고려하여 구입하는 경우에는 생산설비를 다른 용도로 사용할 수 없는 경우가 대부분이기 때문에 설비의 감가상각비가 아닌 구입원가가 전액 관련원가가 된다.

(3) 특별주문 수락여부 결정 시 고려해야 할 질적 요소

① 특정 고객에게 할인판매를 함으로써 기존 시장을 교란시키지 않는지의 여부
② 특정 고객에 대한 할인판매로 인하여 기존 거래처의 이탈가능성 여부
③ 특별주문이 기업의 장기적인 가격구조와 미래의 판매량에 미칠 수 있는 잠재적인 영향
④ 특별판매가 장기간 지속될 수 있는지 여부

의사결정기준	의사결정
특별주문가격 > 증분원가 + 기회원가	특별주문을 수락
특별주문가격 < 증분원가 + 기회원가	특별주문을 거부

예제 문제

05 자동차 에어컨에 들어가는 부품을 생산하는 (주)시대는 내년에 정규 판매가격(₩80/개)으로 15,000개의 제품을 판매할 것으로 예상하고 있다. 15,000개 생산을 가정하여 계산된 원가자료는 다음과 같다.

	단위당 원가	원가총액
직접재료원가	₩23	₩345,000
직접노무원가	16	240,000
변동제조간접원가	10	150,000
고정제조간접원가	12	200,000
합계	₩61	₩935,000

이때 외국 수입상으로부터 단위당 ₩56에 4,000개를 구입하겠다는 특별주문을 접수하였다. 이 수출주문을 수락할 경우 부품규격조정으로 인해 고정제조간접원가가 ₩8,000만큼 증가할 것이다.

[요구사항]
1. 연간 최대생산능력이 19,000개일 경우 특별주문을 수락하여야 하는가?
2. 연간 최대생산능력이 18,000개일 경우 특별주문을 수락하여야 하는가?

1. 연간 최대생산능력이 19,000개일 경우: 국내 판매량에 영향 없다.

증분수익: ₩56 × 4,000개 = ₩224,000
증분비용: (₩49 × 4,000개) + ₩8,000 = (204,000)
증분이익: ₩20,000

→ 특별주문을 수락할 경우 이익이 ₩20,000 증가하므로 특별주문을 수락한다.

2. 연간 최대생산능력이 18,000개일 경우: 수출 시 국내판매량이 1,000개 감소한다.

특별주문수락 시 총공헌이익: ₩20,000
정규매출감소로 인한 공헌이익상실액: (₩80 − ₩49) × 1,000개 = (31,000)
증분이익(손실): (₩11,000)

→ 특별주문을 수락할 경우 손실이 ₩11,000 발생하므로 특별주문을 거절한다.

제5절 판매 또는 추가제조

1 결합제품의 추가가공여부 결정

결합제품을 생산하는 경우 결합제품을 분리점에서 판매할 수도 있지만, 추가가공 후에 더 높은 가격으로 판매할 수도 있다. 이때 결합제품을 분리점에서 판매할 것인지 추가가공 후에 판매할 것인지를 결정하여야 한다. 분리점에서 판매할 것인지 혹은 추가가공하여 판매할 것인지 여부는 추가가공으로 인하여 증가되는 수익과 증가되는 비용을 비교하여 결정하게 된다. 여기에서 주의하여야 할 사항은 결합원가나 결합원가의 배분방법이 의사결정에 전혀 영향을 미치지 않는다는 것이다. 결합원가는 분리점 이전에 발생한 원가, 즉 매몰원가이기 때문에 의사결정과 전혀 무관하며, 추가가공으로 인해 증가되는 수익이 증가되는 비용보다 크다면 당연히 추가가공하여야 할 것이다. 반대로 추가가공으로 인해 증가되는 수익이 증가되는 비용보다 작다면 추가가공은 하지 않고 분리점에서 판매되어야 한다.

2 결합제품의 추가가공여부 결정 시 고려해야 할 질적 요소

(1) 추가가공 후에도 제품의 시장수요 및 시장성이 존재하는지 여부

(2) 추가가공을 위한 설비를 구입하기 위해 필요 자금의 조달이 가능한지 여부

(3) 추가가공을 위한 설비의 다른 대체적인 용도가 존재하는지 여부

의사결정기준	의사결정
추가가공 후 판매가격 − 추가가공원가 > 분리점에서의 판매가격	추가가공 부
추가가공 후 판매가격 − 추가가공원가 < 분리점에서의 판매가격	추가가공 여

예제 문제

06 (주)시대는 원재료 종이를 가공하여 3:2의 비율로 결합제품 공책과 연습장을 생산하기 시작하였다. 3월 한 달 동안 원재료 15,000g을 투입하여 공책 300권과 연습장 200권을 가공하는 데 다음과 같은 원가가 발생하였다.

	원가총액
직접재료원가	₩18,000
직접노무원가	21,000
제조간접원가	13,000
합계	₩52,000

분리점에서 결합제품의 단위당 판매가격은 공책 ₩200, 연습장 ₩150이다. 공책은 추가가공원가 ₩10,000을 투입하여 단위당 ₩250에 판매할 수도 있다. 공책의 즉시 판매 또는 추가가공 여부를 결정하시오.

증분수익(추가가공 시 증가되는 수익) : 300권 × (₩250 − ₩200) = ₩15,000
증분비용(추가가공원가) : (10,000)
증분이익(추가가공이익) : ₩5,000

→ 추가가공을 할 경우 ₩5,000의 증분이익을 창출할 수 있으므로 추가가공을 하는 것이 바람직하다.

제6절 제품가격결정

1 가격결정의 의의 기출

제품의 가격결정은 기업활동의 모든 측면에 대한 결정으로서 기업 전체에 영향을 미치기 때문에 경영자가 결정해야 할 단일사안으로는 가장 중요한 의사결정으로 간주되고 있다. 제품의 가격은 고객이 매입하고자 하는 수량을 결정하는 요소이므로 가격결정은 기업의 수익흐름을 지배하게 된다. 수익이 모든 원가를 지속적으로 회수하는 데 실패하면 기업은 장기적으로 살아남을 수 없다. 이와 같이 제품의 가격결정은 경영자가 직면하는 가장 중요하고도 복잡한 의사결정 중 하나로서 특정 재화 또는 용역의 판매가능성은 제품의 가격결정에 의해 직접적으로 영향을 받는다.

2 경제학적 가격결정법

(1) 완전경쟁시장

수요와 공급에 따라 가격이 결정되므로 기업은 시장에서 형성된 가격을 그대로 받아들일 수밖에 없으며, 기업은 가격수용자로 보아야 한다.

(2) 불완전경쟁시장

이익이 극대화되는 최적판매가격은 한계수익과 한계비용이 일치하는 점에서 결정된다.

3 원가가산 가격결정법(Cost-Plus Pricing Method)

원가가산 가격결정법은 원가에 일정한 이익을 가산한 가격을 판매가격으로 결정하는 것이다. 원가가산 가격결정방법은 적용하기 쉽고 간편하다는 장점이 있으나, 다음과 같은 단점도 있다.

(1) 공급업자의 이익이 확실하게 보장되어 있어 원가절감 동기가 없고 오히려 원가를 부풀릴 수도 있다.

(2) 투하된 자본에 일정수익률을 보장하는 방법으로 이익을 결정하는 경우에는 지나치게 많은 자본을 투입할 가능성이 있다.

(3) 전부원가접근법과 총원가접근법은 가격결정의 기초가 되는 원가에 고정원가가 포함되므로 제품별 고정원가의 배부가 왜곡되는 경우에는 잘못된 가격결정을 내릴 가능성이 있다.

(4) 원가가산 가격결정법은 가격결정 때 제품의 수요와 경쟁기업의 반응을 무시한다.

4 목표가격결정(Target Pricing)

목표가격결정은 시장지향적인 가격결정방법으로서 시장에서 경쟁우위를 확보할 목표가격을 판매가격으로 결정하는 것이다. 목표가격결정과 목표원가계산은 고객만족을 통한 경쟁우위의 확보를 목표로 하는 시장지향적 사고를 기초로 하며 일반적 절차는 다음의 네 단계로 나눌 수 있다.

(1) 제품의 구상단계

시장조사 등으로 소비자의 욕구를 파악한 다음 소비자가 원하는 품질과 기능을 가진 제품을 계획하는 단계로서 고객의 욕구를 충족시킬 품질과 성능을 지닌 제품을 구상한다.

(2) 목표가격의 결정단계

목표가격은 제품이나 서비스에 고객이 기꺼이 지불할 수 있는 판매가격을 추정한 것으로 고객의 수요변화, 제품 인지도, 경쟁회사의 가격정책 등을 분석하여 제품의 목표가격을 결정한다.

(3) 목표원가의 결정단계

목표원가는 기업이 적정한 목표이익 달성과 동시에 경쟁우위를 확보할 제품이나 서비스의 장기적인 추정원가로 기업의 중장기 전략목표 달성에 필요한 목표이익을 감안하여 목표원가를 결정한다.

(4) 가치공학 등의 수행단계

가치공학은 연구개발, 제품설계에서부터 제조, 마케팅, 유통, 고객서비스 등에 이르기까지의 모든 기능을 분석하여 고객의 욕구를 충족시키는 동시에 원가절감 방안을 계획하는 방법이며, 기업들은 가치공학 등의 사전적 원가절감 수단을 동원하여 목표원가를 달성하기 위한 노력을 전사적으로 기울이고 있다.

○✕로 점검하자 | 제11장

※ 다음 지문의 내용이 맞으면 ○, 틀리면 ✕를 체크하시오. [1~7]

01 의사결정에 이용되는 과거정보는 그 자체가 중요한 정보이다. (   )

02 관련원가라 함은 의사결정에 영향을 미치는 원가로 현금지출관련원가와 매몰원가가 있다.
(   )

03 증분접근법은 차이가 나는 부분만을 가지고 의사결정을 하는 방법이다. (   )

04 부품의 자가제조 또는 외부구입 여부 결정 시 외부 공급업자에 대한 신뢰수준을 고려해야 한다.
(   )

05 손실이 발생하는 제품생산의 중단여부는 영업이익으로 판단해야 한다. (   )

06 특별주문의 수락 여부는 유휴생산능력에 따라 상황별로 의사결정을 해야 한다. (   )

07 완전경쟁시장에서 최적판매가격은 한계수익과 한계비용이 일치하는 점에서 결정된다. (   )

정답과 해설 01 ✕ 02 ✕ 03 ○ 04 ○ 05 ✕ 06 ○ 07 ✕

01 의사결정에 주로 이용하는 정보는 미래를 예측하기 위한 정보를 이용하며 과거정보도 의사결정과정에서 이용
될 수는 있지만 과거정보 그 자체가 중요한 정보가 되는 것은 아니다.

02 관련원가에는 현금지출관련원가와 기회비용이 있고, 매몰원가는 비관련원가이다.

05 손실이 발생하는 제품생산의 중단여부는 공헌이익으로 판단해야 한다.

07 불완전경쟁시장에서 최적판매가격은 한계수익과 한계비용이 일치하는 점에서 결정된다.

01 기회비용은 회계장부에 기록되지 않는다.

01 관련원가 중 기회비용에 대한 설명으로 옳지 않은 것은?

① 의사결정에 영향을 미치는 관련원가이다.

② 현금지출관련원가와 달리 자원의 지출을 필요로 하지 않는다.

③ 의사결정과정에서 고려해야 하므로 회계장부에 기록해야 한다.

④ 현재의 용도 이외의 다른 대안 중 최선의 대안을 의미한다.

02 이미 발생하여 현재의 의사결정과 관련이 없는 원가를 매몰원가라고 한다. 따라서 기계의 장부가액인 9억 원은 기계의 처분여부와는 관련이 없는 매몰원가이다.

02 (주)시대는 기계장치를 5년 전에 9억 원에 구입하였으나 이 기계를 사용할 수 없게 되었다. 따라서 이 기계장치를 처리하고자 하는데 [대안 1]은 수리비용 1억 원을 들여 6억 원에 판매하는 것이고, [대안 2]는 3억 원에 바로 처분하는 것이다. 이때 매몰원가는 얼마인가?

① 1억 원

② 6억 원

③ 7억 원

④ 9억 원

03 매몰원가는 의사결정 시 고려해서는 안 되는 원가이다.

03 특별의사결정 시 고려해야 하는 원가가 <u>아닌</u> 것은?

① 매몰원가

② 기회원가

③ 회피가능원가

④ 차액원가

정답 (01 ③ 02 ④ 03 ①)

04 (주)시대의 사업부 X의 매출액은 ₩200,000, 변동원가는 ₩120,000 이고 고정원가는 ₩45,000이다. 고정원가 중 ₩15,000은 사업부 X를 폐지한다면 회피가 가능한 원가이다. 만약 회사가 사업부 X를 폐지한다면 회사 전체 순이익은 얼마만큼 감소하는가?

① ₩35,000

② ₩40,000

③ ₩50,000

④ ₩65,000

»»»🔍

증분수익(변동원가, 고정원가절감) :	₩135,000
증분비용(매출액 감소) :	(₩200,000)
증분이익(손실) :	(₩65,000)

05 다음 중 특별주문 수락여부 결정 시 고려해야 할 질적 요소로 옳지 <u>않은</u> 것은?

① 특정 고객에 대한 할인판매로 인하여 기존 거래처의 이탈가능성 여부

② 특별주문이 기업의 단기적인 가격구조와 미래의 판매량에 미칠 수 있는 잠재적인 영향

③ 특정 고객에게 할인판매를 함으로써 기존 시장을 교란시키지는 않는지의 여부

④ 특별판매가 장기간 지속될 수 있는지 여부

06 다음 중 총액접근법에 대한 설명으로 옳지 <u>않은</u> 것은?

① 두 대안의 차이가 나는 부분만을 가지고 의사결정을 하는 방법이다.

② 계산과정이 번거롭고 시간과 비용이 많이 소요된다.

③ 여러 가지 대안을 한꺼번에 비교분석할 수 있다.

④ 각 대안별로 모두 손익계산서를 작성하여야 한다.

---

04 [문제 하단의 표 참고]

05 특별주문이 기업의 장기적인 가격구조와 미래의 판매량에 미칠 수 있는 잠재적인 영향을 고려해야 한다.

06 ①은 차액접근법에 대한 설명이다.

정답 (04④ 05② 06①)

07 기존 제품의 제조라인 폐쇄로 인한 유휴생산설비의 활용 방안을 고려해야 한다.

07 제조라인의 폐쇄여부 결정 시 고려해야 할 질적 요소로 옳지 <u>않은</u> 것은?

① 제품 생산 중단으로 인한 종업원의 감원에 따른 노동조합의 반발가능성 여부
② 기존 제품의 폐지로 인해 회사 전체에 미칠 수 있는 대외적 이미지
③ 기존 제품 생산 중단이 다른 제품의 판매에 미치는 영향
④ 새로운 제품의 제조라인 폐쇄로 인한 유휴생산설비의 활용 방안

08 부품을 자가제조할 경우 향후 급격한 주문의 증가에 대해 별도의 투자 없이는 대처할 수 없는 단점이 있다.

08 (주)시대는 부품의 자가제조 또는 외부구입에 대한 의사결정을 하려고 한다. 이때 고려해야 하는 비재무적 정보에 대한 설명으로 옳지 <u>않은</u> 것은?

① 부품을 자가제조할 경우 제품에 특별한 지식이나 기술이 요구될 때 품질을 유지하기 위한 관리가 별도로 필요하게 되는 단점이 있다.
② 부품을 자가제조할 경우 부품의 공급업자에 대한 의존도를 줄일 수 있는 장점이 있다.
③ 부품을 자가제조할 경우 향후 급격한 주문의 증가에 대해 별도의 투자 없이도 대처할 수 있는 장점이 있다.
④ 부품을 자가제조할 경우 기존 외부공급업자와의 유대관계를 상실하는 단점이 있다.

정답 07 ④ 08 ③

09 (주)시대는 우산과 양산을 판매하는 회사이다. 여름철 특수를 이용한 판매를 위해 최대조업도로 생산하고 있으며, 우산과 양산은 각각 5,000단위씩 만들어 판매하고 있다. 이와 관련된 생산 및 판매 자료는 다음과 같다.

	우산	양산
단위당 판매가격	₩2,000	₩3,000
단위당 변동비	₩1,000	₩1,300

회사에서 발생하는 고정비 총액은 ₩500,000이다. 현재의 수요는 우산과 양산이 동일할 것으로 예상하여 5,000단위씩 생산하고 있으나, 앞으로 날씨가 많이 더워질 것으로 예상하여 우산의 생산량 1,000단위를 양산으로 변환시키고자 한다. 단위당 500원의 비용을 들이면 우산은 양산으로 전환된다. 증분접근법에 따른 의사결정으로 옳은 것은?

① 우산을 양산으로 전환시켜서 판매할 경우 ₩500,000만큼 손실이 증가하므로 양산으로 전환시키지 않는다.

② 우산을 양산으로 전환시켜서 판매할 경우 ₩500,000만큼 이익이 증가하므로 양산으로 전환시켜서 판매하는 것이 좋다.

③ 우산을 양산으로 전환시켜서 판매할 경우 ₩1,000,000만큼 이익이 증가하므로 양산으로 전환시켜서 판매하는 것이 좋다.

④ 우산을 양산으로 전환시켜서 판매할 경우 ₩1,000,000만큼 손실이 증가하므로 양산으로 전환시키지 않는다.

09 • 증분수익:
매출증가 ₩1,000,000
[= (₩3,000 × 1,000단위) − (₩2,000 × 1,000단위)]
• 증분비용:
전환비용 증가 ₩500,000
= ₩500 × 1,000단위
• 증분이익: ₩500,000

정답 09 ②

※ 다음 물음에 답하시오. [10~11]

> 현대상사의 연간 최대생산능력은 5,000단위이며, 매년 통상적으로 4,000단위의 제품을 생산, 판매하고 있다. 4,000단위의 생산 및 판매와 관련된 자료는 다음과 같다.
>
> | | |
> |---|---|
> | 단위당 판매가격 | ₩200 |
> | 단위당 변동비 | ₩150 |
> | 20×1년 고정비 총액 | ₩100,000 |
>
> 회사는 지금까지 국내 판매만 해왔는데, 20X2년에 외국업체로부터 단위당 ₩170에 구입하겠다는 특별주문을 받았다. 특별주문의 경우에는 변동비 중 단위당 ₩5씩의 변동판매비가 절감된다.

10 현재 회사의 최대생산능력이 5,000단위이며, 현재 국내에 4,000단위를 판매하고 있으므로 1,000단위만큼의 유휴생산능력이 존재한다. 따라서 특별주문을 수락하더라도, 기회비용은 발생하지 않을 것이다.
[문제 하단의 표 참고]

10 특별주문량이 1,000단위일 경우 특별주문 수락에 대한 의사결정으로 옳은 것은?

① 변동원가가 ₩145,000 증가하므로 특별주문을 수락한다.

② 매출이 ₩170,000 증가하므로 특별주문을 수락한다.

③ 손실이 ₩25,000 증가하므로 특별주문을 수락하지 않는다.

④ 이익이 ₩25,000 증가하므로 특별주문을 수락한다.

≫≫◯

매출증가 :	1,000단위 × ₩170 =		₩170,000
변동비증가 :	1,000단위 × ₩145 =		145,000
증분이익 :			₩25,000

정답 10 ④

11 만약 특별주문량이 1,500단위일 경우 특별주문 수락에 대한 의사
　　결정으로 옳은 것은?

　　① 손실이 ₩25,000 증가하므로 특별주문을 수락하지 않는다.
　　② 이익이 ₩12,500 증가하므로 특별주문을 수락한다.
　　③ 손실이 ₩12,500 증가하므로 특별주문을 수락하지 않는다.
　　④ 이익이 ₩25,000 증가하므로 특별주문을 수락한다.

11 특별주문량이 1,500단위일 경우에
　　는 유휴생산능력이 충분하지 않기
　　때문에 기존의 국내 판매를 500단위
　　만큼 감소시켜야 하므로 이를 고려
　　하여 의사결정하여야 한다.
　　• 증분수익
　　　(특별주문) 매출증가:
　　　1,500단위 × ₩170 ＝ ₩255,000
　　　(기존) 매출감소:
　　　500단위 × ₩200 ＝ (100,000)
　　　증분수익: ₩155,000
　　• 증분비용
　　　(특별주문) 변동비 증가:
　　　1,500단위 × ₩145 ＝ ₩217,500
　　　(기존) 변동비 감소:
　　　500단위 × ₩150 ＝ (75,000)
　　　증분비용: ₩142,500
　　• 증분이익 : ₩155,000(증분수익) －
　　　₩142,500(증분비용) ＝ ₩12,500

　　특별주문을 수락할 경우 이익이 ₩12,500
　　증가하므로 특별주문을 수락한다.

12 원가가산 가격결정방법의 단점으로 옳지 <u>않은</u> 것은?

　　① 원가절감의 동기가 없다.
　　② 지나치게 많은 자본을 투입할 가능성이 있다.
　　③ 적용하기 쉽고 간편하다.
　　④ 제품의 수요와 경쟁기업의 반응을 무시한다.

12 ③은 원가가산 가격결정방법의 장점
　　이나.

정답 11 ② 12 ③

※ 다음 물음에 답하시오. [13~15]

> (주)시대는 현재 A제품을 ₩200,000에 생산하여 ₩250,000에 판매한다. 회사는 생산과정에서 발생하는 불합격품에 ₩40,000을 들여 재작업하여 ₩100,000에 중고품으로 판매하는 방안과 재작업하지 않고 고물상에 ₩70,000에 처분하는 방안을 고려 중에 있다.

13 재작업해서 판매하는 경우에는 고물상에 처분할 기회를 포기한 것이다. 따라서 재작업해서 판매하는 경우 기회비용은 고물상에 처분하는 경우의 가치 ₩70,000이다.

13 재작업하여 중고품으로 판매하는 경우 기회비용은 얼마인가?

① ₩70,000

② ₩100,000

③ ₩200,000

④ ₩250,000

14 고물상에 처분하는 경우에는 재작업해서 판매하는 것을 포기한 것이다. 따라서 고물상에 처분하는 경우의 기회비용은 재작업해서 판매하는 경우의 판매가치 ₩100,000에서 재작업원가 ₩40,000을 차감한 ₩60,000이 된다.

14 고물상에 처분하는 경우 기회비용은 얼마인가?

① ₩100,000

② ₩70,000

③ ₩60,000

④ ₩30,000

15 매몰원가는 과거에 발생한 원가로서 미래의사결정에 영향을 미치지 아니하는 원가를 말하는데, 최초에 생산하는 데 투입된 원가 ₩200,000이 매몰원가에 해당된다.

15 매몰원가를 계산하면 얼마인가?

① ₩100,000

② ₩200,000

③ ₩250,000

④ ₩300,000

정답 13 ① 14 ③ 15 ②

16 (주)시대는 원재료를 가공하여 3:2의 비율로 결합제품 우유과 치
즈를 생산하기 시작하였다. 5월 한 달 동안 원재료 20,000g을
투입하여 우유 200개와 치즈 300개를 가공하는 데 다음과 같은
원가가 발생하였다.

	원가총액
직접재료원가	₩28,000
직접노무원가	31,000
제조간접원가	23,000
합계	₩82,000

분리점에서 결합제품의 단위당 판매가격은 우유 ₩150, 치즈
₩200이다. 우유 추가가공원가 ₩10,000을 투입하여 단위당
₩300에 판매할 수도 있다. 우유의 추가가공 시 증분이익 또는
증분손실은 얼마인가?

① ₩10,000 증분이익

② ₩30,000 증분이익

③ ₩20,000 증분손실

④ ₩20,000 증분이익

»»Q

증분수익(추가가공 시 증가되는 수익) :

200개 × (₩300 − ₩150) =   ₩30,000

증분비용(추가가공원가) :   (10,000)

증분이익(추가가공이익) :   ₩20,000

16 [문제 하단의 표 참고]

16 ④

SD에듀와 함께, 합격을 향해 떠나는 여행

제 12 장

자본예산

나는 내가 더 노력할수록 운이 더 좋아진다는 걸 발견했다.

- 토마스 제퍼슨 -

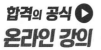

제12장 | 자본예산

제1절 **자본예산의 개념** 기출

자본예산(Capital Budgeting)이란 고정자산에 대한 효율적인 투자 수행을 위해 투자안의 타당성을 평가하고 투자안의 현금흐름이나 이익에 미치는 영향을 평가하는 기법이다. 자본예산은 기업의 장기적 경영계획에 바탕을 둔 장기투자에 관한 의사결정으로서 토지, 건물 또는 생산시설에 대한 투자 등 투자에 의한 영향이 1년 이상에 걸쳐 나타나는 특징이 있다.

1 고정자산에 대한 투자의 특징

(1) 고정자산 투자는 대규모 투자이므로 고정자산 투자를 잘못하면 기업에 큰 영향을 미치며 그 효과도 장기간에 걸쳐 나타나기 때문에 고정자산 투자 의사결정 시 신중한 결정을 해야 한다.

(2) 감가상각비는 비용으로서 수익에서 차감되어 이익을 줄이고 세법상으로도 손금으로 인정되기 때문에 법인세를 감소시키는 효과가 있다. 따라서 고정자산 투자 의사결정 때에는 감가상각비로 인한 절세효과를 고려해야 한다.

(3) 고정자산 투자는 장기간에 걸쳐 이루어지는 경우가 많고, 특히 투자의 효과는 장기간에 걸쳐 나타나는 것이 일반적이므로 자본예산의 분석에서는 관련원가분석과는 달리 화폐의 시간가치를 고려해야 한다. 즉 고정자산 투자안을 분석할 때는 투자안의 현금흐름의 크기뿐만 아니라 현금흐름의 발생시점도 고려해야 한다.

(4) 투자와 투자로 인한 회수가 계속되는 기간에는 생산설비의 진부화, 기술의 진부화, 경제상황의 변화, 소비자의 기호변화 등의 불확실한 상황에 직면한다.

2 비현금지출비용의 절세효과

비현금지출비용은 비용으로 처리되지만 현금지출이 없는 비용으로서 대표적인 예로 감가상각비가 있다. 감가상각비 같은 비현금지출비용은 현금으로 지출되지는 않지만 세법상 손금으로 인정되므로 감가상각비에 세율을 곱한 만큼 세금을 감소시키는 절세효과가 있다.

3 자본비용

(1) 자본비용(Cost of Capital)은 그 투자안 채택에 따르는 기회비용이다.

(2) 자본비용은 투자안에 투자하는 경우 기업이 반드시 획득해야 하는 최저투자수익률이다.

(3) 자본비용은 현금유출액을 현재가치로 환산하기 위한 할인율로 이용되며 내부수익률법에서는 계산된 내부수익률과 비교하기 위한 비교기준이다.

4 현금흐름의 추정 기출

(1) 현금흐름의 개념

투자안의 평가는 현금흐름을 기초로 하여 이루어진다. 따라서 투자로 인한 모든 현금흐름을 파악해야 하는데, 일반적으로 현금흐름은 각 기간별로 현금유입과 현금유출의 차이를 계산하여 측정한다.

(2) 현금흐름의 추정

투자대상으로부터의 현금흐름은 투자자산의 내용연수 중 현금흐름의 발생시점에 따라 달라진다. 일반적으로 자본예산에서 고려하는 현금흐름은 투자시점에서의 현금흐름, 투자기간의 현금흐름, 투자종료시점의 현금흐름으로 분류할 수 있다.

① **투자시점에서의 현금흐름** : 투자시점의 현금흐름은 유형자산의 취득원가와 투자에 따른 운전자본소요액을 의미한다.

> 투자시점에서의 현금유출액 = 유형자산취득액 + 운전자본소요액

② **투자기간의 현금흐름** : 투자는 미래에 실현될 수익을 얻기 위해 현재의 자금을 지출하는 것이므로 유형자산 투자로 인해 내용연수 동안 영업현금흐름은 증가한다.

$$영업현금흐름 = 영업활동 현금유입액 - 영업활동 현금유출액$$
$$= 회계상 영업이익 + 감가상각비$$

영업현금흐름을 추정하는 과정에서 추가로 고려할 사항은 다음과 같다.

첫째, 유형자산에 대한 감가상각비와 같이 현금지출을 수반하지 않는 비용은 현금유출액에 포함시켜서는 안 된다.

둘째, 투자기간의 영업현금흐름은 연간 균등하게 발생하지만 경우에 따라서는 투자안 평가를 용이하게 하기 위해 각 기간의 현금흐름이 해당 기간 말에 전액 발생한다고 가정하기도 한다.

셋째, 자본조달비용은 부채의 이자비용과 주주에게 지급하는 배당금 등을 말한다. 자본조달비용은 명백한 현금유출이지만 영업현금흐름의 현금유출액에 포함시켜서는 안된다.

③ **투자종료시점의 현금흐름** : 투자안의 내용연수가 종료되는 시점의 현금흐름은 유형자산의 처분에 따른 현금유입액과 운전자본 회수액이 포함된다.

$$투자종료시점에서의 현금유입액 = 유형자산처분액 + 운전자본회수액$$

예제 문제

01 (주)시대는 그간 사용하던 컴퓨터를 ₩100,000에 처분하고, 최신컴퓨터를 구입하고자 한다. 최신컴퓨터는 ₩2,000,000에 구입하여 4년간 사용할 수 있으며 잔존가액이 ₩200,000으로 예상된다. 구컴퓨터의 순장부가액은 상각이 완료되어 ₩0이고, 최신컴퓨터는 4년간 사용 후 장부가액으로 판매가 가능하다.

한편 (주)시대는 최신컴퓨터를 구입하게 되면 사무혁신으로 인해 매년 ₩800,000의 인건비가 절약될 것을 기대하고 있으며, 순운전자본은 ₩100,000이 증가할 것으로 예상하고 있다. (주)시대의 투자시점별 현금흐름을 추정하시오.

i) 투자시점에서의 현금흐름		
최신컴퓨터의 취득가액	₩2,000,000	유출
순운전자본 증가액	100,000	유출
구컴퓨터의 처분가액	100,000	유입
ii) 투자기간의 현금흐름 : 인건비 절감액(매년)	₩800,000	유입
iii) 투자종료 시점		
최신컴퓨터의 잔존가액	₩200,000	유입
순운전자본 회수액	100,000	유입

제2절　전통적 자본예산모형

1 회수기간법(Payback Period Method) 기출

(1) 회수기간법의 개요

회수기간법은 회수기간에 의하여 투자안을 평가하는 방법으로, 여기서 회수기간이란 투자액을 영업활동으로 회수하는 데 걸리는 기간을 말한다. 회수기간법의 기본전제는 투자원본이 빨리 회수될수록 더 바람직한 투자라는 것이다.

투자안으로부터의 현금유입액은 매년 일정한 경우에는 회수기간을 다음과 같이 계산할 수 있다.

$$회수기간 = \frac{소요된\ 투자액}{연간현금유입액}$$

독립적 투자안을 평가하는 경우에는 투자안의 회수기간과 기업이 정한 목표 회수기간을 비교하여 투자 여부를 결정한다. 즉, 특정 투자안의 회수기간이 목표회수기간보다 짧다면 투자안이 채택될 것이나, 목표회수기간보다 투자안의 회수기간이 길다면 당해 투자안은 기각된다. 그리고 상호 배타적인 여러 투자안을 평가하는 경우에는 여러 투자안의 회수기간을 계산하여 그 중 회수기간이 가장 짧은 투자안부터 우선적으로 투자한다.

독립적 투자안	특정투자안의 회수기간 < 기준회수기간 → 투자안 채택 특정투자안의 회수기간 > 기준회수기간 → 투자안 기각
상호 배타적 투자안	① 투자안의 회수기간 < 기준회수기간이고, ② ①의 투자안 중에서 회수기간이 가장 짧은 투자안 채택

(2) 회수기간법의 장점

① 계산이 간단하고 쉽기 때문에 이해하기 쉽고 많은 투자안을 평가할 때는 시간과 비용을 절약할 수 있다.

② 투자기간이 길수록 미래의 불확실성이 크므로 기업은 회수기간이 짧은 투자안을 선택함으로써 미래의 불확실성을 어느 정도 제거할 수 있다. 따라서 회수기간은 위험지표로 사용될 수 있다.

③ 회수기간이 짧은 투자안일수록 자금이 빨리 회수되므로, 기업의 유동성을 향상시킬 수 있는 투자안을 선택하게 해 준다.

(3) 회수기간법의 단점

① 회수기간법은 투자액이 회수되는 시점까지의 현금흐름만 고려하고 그 이후의 현금흐름은 무시한다. 따라서 투자안의 전체적인 수익성이 고려되지 않는다.

② 화폐의 시간가치를 고려하지 않는다.

③ 목표회수기간을 설정하는 데 매우 주관적이다.

예제 문제

02 (주)시대에서는 기계를 ₩5,000,000에 구입하고자 한다. 기계를 사용할 때 연간원가절감액은 다음과 같다. 연중 현금흐름이 고르게 발생한다고 가정하고서 회수기간을 구하시오.

연도	연간원가 절감액
1	₩1,500,000
2	₩1,200,000
3	₩1,000,000
4	₩800,000
5	₩600,000

연도	연간원가 절감액	누적액
1	₩1,500,000	₩1,500,000
2	₩1,200,000	₩2,700,000
3	₩1,000,000	₩3,700,000
4	₩800,000	₩4,500,000
5	₩600,000	₩5,100,000

$$회수기간 = 4년 + \frac{₩5,000,000 - ₩4,500,000}{₩5,100,000 - ₩4,500,000} = 4.83년$$

2 회계적이익률법(ARR법 : Accounting Rate of Return Method) 기출

(1) 회계적이익률법의 개요

회계적이익률법이란 투자안의 회계적이익률을 이용하여 투자안을 평가하고 의사결정하는 방법이다. 회계적이익률은 연평균순이익을 투자액으로 나누어 계산하며, 연평균순이익은 현금흐름이 아닌 손익계산서상의 세후 순이익을 의미한다. 또한 투자액은 최초투자액을 이용할 수도 있고 평균투자액을 이용할 수도 있다. 회계적이익률은 다음과 같이 계산한다.

$$회계적이익률(ARR) = \frac{연평균순이익}{최초(또는 평균)투자액}$$

여기서 분모의 투자액은 최초투자액이나 평균투자액을 모두 사용할 수 있는데, 평균투자액은 최초투자액과 잔존자치의 합계를 2로 나눈 금액이다.

$$평균투자액 = (최초투자액 + 잔존가치) \div 2$$

이때 투자로 인한 순이익의 증가분은 투자기간의 순이익을 평균하여 계산하기 때문에 연평균감가상각비는 감가상각방법에 따라 영향을 받지 않음을 주의해야 한다.

(2) 회계적이익률법의 장점

① 계산이 간편하고 이해하기 쉽다.

② 회계상의 순이익을 이용하므로 회계상의 자료를 그대로 이용할 수 있다.

③ 전체적인 수익성이 고려된다.

(3) 회계적이익률법의 단점

① 화폐의 시간적 가치를 고려하지 않는다.

② 현금흐름이 아닌 회계적 이익을 이용한다.

③ 목표이익률의 설정이 주관적이다.

예제 문제

03 (주)시대는 구입가격이 ₩250,000인 기계를 새로 구입하고자 한다. 기계의 내용연수는 5년이며 내용연수말 잔존가치는 ₩50,000이다. 기계구입 시 연간 순현금유입액은 다음과 같다.

연도	연간순현금유입액
1	₩100,000
2	₩50,000
3	₩200,000
4	₩100,000
5	₩50,000

[요구사항]

1. 연평균 순이익을 계산하시오.

2. 최초투자액을 기준으로 회계적이익률을 계산하시오.

3. 평균투자액을 기준으로 회계적이익률을 계산하시오.

1. 연평균 순이익

연도	연간순현금유입액	연간감가상각비	연간세후순이익
1	100,000	40,000	60,000
2	50,000	40,000	10,000
3	200,000	40,000	160,000
4	100,000	40,000	60,000
5	50,000	40,000	10,000
합계	₩500,000	₩200,000	₩300,000

연평균 세후순이익은 ₩300,000(연간세후순이익 총합) ÷ 5 = ₩60,000이다.

2. 최초투자액기준 회계적이익률(연평균 세후순이익 ÷ 최초투자액)

$$회계적이익률 : \frac{₩60,000}{₩250,000} = 24\%$$

3. 평균투자액기준 회계적이익률(연평균 세후순이익 ÷ 평균투자액)

$$회계적이익률 : \frac{60,000}{(250,000 + 50,000) \div 2} = 40\%$$

제3절   현금흐름할인법

1 순현재가치법(NPV법 : Net Present Value Method) 기출

(1) 순현재가치법의 개요

순현재가치법은 투자안으로 인한 순현금흐름의 현재가치, 즉 순현재가치에 의하여 투자안을 평가하는 방법으로서 투자로 인한 총현금유입액의 현재가치에서 투자로 인한 총현금유출액의 현재가치를 차감하여 순현재가치를 구한다. 순현재가치가 '0'보다 크면 수익성이 있다는 것을 의미하며, 순현재가치가 '0'보다 작으면 수익성이 없다는 것을 의미한다.

순현재가치 = 현금유입액의 현재가치 − 현금유출액의 현재가치

(2) 의사결정기준

순현재가치법은 상호 배타적인 투자안에 대한 의사결정의 경우 순현재가치가 가장 큰 투자안을 선택하면 된다. 그러나 독립적인 투자안의 경우에는 투자안의 순현재가치가 0보다 큰 모든 투자안을 투자가치가 있는 것으로 평가한다.

독립적 투자안	투자안의 순현재가치 > 0 → 투자안 채택 투자안의 순현재가치 < 0 → 투자안 기각
상호 배타적 투자안	① 투자안의 순현재가치 > 0이고, ② ①의 투자안 중에서 순현재가치가 가장 큰 투자안 채택

(3) 순현재가치법의 장점과 단점

① 화폐의 시간가치를 고려한다.
② 순이익이 아닌 현금흐름을 기준으로 평가한다.
③ 투자로 인한 현금유입액을 재투자할 때, 자본비용으로 재투자된다는 가정이 내부수익률법에 비해 더 현실적이다.
④ 할인율을 이용하여 위험을 적절히 반영할 수 있다.
⑤ 할인율로 사용되는 자본비용의 결정이 매우 어렵다.

2 내부수익률법(IRR법 : Internal Rate of Return Method) [기출]

(1) 내부수익률법의 개요

내부수익률법은 투자로부터 기대되는 현금유입액의 현재가치와 현금유출액의 현재가치를 일치시키는 할인율, 즉 순현재가치가 '0'이 되도록 만드는 할인율인 내부수익률을 이용하여 투자의사결정을 하는 방법이다.

내부수익률이란 투자로 인한 미래기대현금유입의 현재가치와 현금유출의 현재가치를 동일하게 하는 할인율을 말하며, 이는 투자안의 NPV가 '0'이 되게 하는 할인율이다.

$$0 = \text{투자로 인한 총현금유입액의 현가} - \text{투자로 인한 총현금유출액의 현가}$$

$$0 = \frac{CF_1}{(1+r)} + \frac{CF_2}{(1+r)^2} + \cdots\cdots + \frac{CF_i}{(1+r)^n} - CF_0$$

$CF_i = i$기 말의 순현금흐름
$CF_0 = $ 최초의 투자액
$n = $ 투자안의 내용연수
$r = $ 자본비용

① **현가곡선과 내부수익률** : 내부수익률은 투자안의 순현재가치를 '0'으로 만드는 할인율로서 투자안으로 얻을 수 있는 수익률이다. 현가곡선을 이용해서 내부수익률을 살펴보면, 현가곡선은 요구수익률과 순현재가치의 함수관계를 나타내는 그래프로 요구수익률과 순현재가치 사이에는 음의 상관관계가 존재한다.

② **내부수익률 계산방법** : 내부수익률 계산방법은 대부분 2차 함수 이상의 형태를 띠어 구하기 쉽지 않다. 따라서 컴퓨터나 공학용 계산기를 사용해 내부수익률을 구하는데, 이를 사용할 수 없을 때는 시행착오법을 사용한다. 시행착오법은 여러 가지 할인율을 반복적으로 대입해서 순현재가치가 '0'인 할인율을 찾아가는 방법으로 시간과 노력이 많이 소요된다.

(2) 의사결정기준

내부수익률법을 상호 배타적인 투자안의 의사결정방법으로 사용할 때는 내부수익률이 가장 큰 투자안을 선택하면 된다. 그러나, 독립적인 투자안의 경우에는 투자안의 내부수익률이 자본비용보다 큰 모든 투자안을 투자가치가 있는 것으로 평가한다.

독립적 투자안	투자안의 내부수익률 > 자본비용 → 투자안 채택 투자안의 내부수익률 < 자본비용 → 투자안 기각
상호 배타적 투자안	① 투자안의 내부수익률 > 자본비용 ② ①의 투자안 중에서 내부수익률이 가장 큰 투자안 채택

(3) 내부수익률법의 장점

① 화폐의 시간가치를 고려한다.
② 내부수익률은 자본비용의 손익분기점이라는 의미를 갖는다.

(4) 내부수익률법의 단점

① 내부수익률의 계산이 너무 복잡하고 어렵다.
② 복수의 내부수익률이 존재하거나, 내부수익률이 존재하지 않을 수도 있다.
③ 투자안의 현금유입액이 내부수익률로 재투자 된다는 가정이 지나치게 낙관적이다.
④ 투자규모나 현금흐름양상에 따라 다른 결과가 나올 수 있다.

3 순현재가치법과 내부수익률법의 비교

순현재가치법과 내부수익률법은 화폐의 시간가치와 투자안의 수익성을 모두 고려한 투자의사결정모형으로서 이론적으로 우수한 분석방법이다. 그러나 이 2가지 방법은 다음과 같은 차이점이 있다.

순현재가치법(NPV법)	내부수익률법(IRR법)
계산 간단	계산 복잡
최저요구수익률(자본비용)로 재투자된다고 가정	내부수익률로 재투자된다고 가정
계산결과가 금액으로 산출되며 가치의 합계원칙 적용	계산결과가 비율로 산출되기 때문에 가치의 합계원칙 적용할 수 없음

일반적으로 단일투자안을 평가할 때는 순현재가치법과 내부수익률법의 결과는 동일하다. 즉 내부수익률이 자본비용보다 크다면 순현재가치도 0보다 큰 값이고, 내부수익률이 자본비용보다 작으면 순현재가치도 0보다 작은 값이다. 그러나 둘 이상의 상호 독립적인 투자안의 우선순위를 결정하거나 상호 배타적인 투자안을 평가할 때는 경우에 따라 순현재가치법과 내부수익률법이 서로 다른 평가결과를 나타낼 수도 있다. ㉠ 투자안들의 규모가 서로 다른 경우, ㉡ 투자안들의 규모가 같더라도 내용연수가 현저히 다른 경우, ㉢ 투자규모와 투자안들의 내용연수가 서로 같더라도 현금흐름 양상이 현저히 다른 경우에 두 방법에 따른 평가결과가 서로 다를 수 있다.

이와 같이 순현재가치법과 내부수익률법이 투자안 평가에서 결과가 서로 다르다면 어느 방법을 이용해야 할 것인지 결정해야 하는데, 순현재가치법이 내부수익률법에 비해 다음과 같은 장점이 있기 때문에 투자안은 NPV법에 따라 평가해야 한다.

첫째, NPV법이 암묵적으로 가정하는 재투자수익률이 IRR법보다 합리적이다. 앞에서 설명한대로 IRR법은 투자로 인한 현금유입액이 투자기간 동안 계속하여 IRR법으로 재투자된다고 가정하고, NPV법은 자본비용으로 재투자된다고 가정한다. 그러나 현실적으로 투자기간에 계속하여 내부수익률로 재투자할 만큼 양호한 투자기회가 계속 있는 것은 아니므로 자본비용으로 재투자한다는 NPV법의 가정이 더 합리적이다.

둘째, NPV법은 계산결과가 비율이 아닌 금액이기 때문에 투자가 기업가치에 미치는 영향을 직접적으로 알 수 있게 할 뿐만 아니라 독립적인 투자안들의 NPV를 합산할 수 있고 여러 투자안을 결합한 결과를 예측할 수도 있다. 즉, IRR는 투자에서 얻는 수익률을 의미하는 반면, NPV는 투자에서 발생하는 기업가치의 증가분을 나타내기 때문에 NPV법이 IRR법보다 합리적이다.

셋째, IRR법을 이용하여 투자안을 평가할 때 투자안에 따라서는 복수의 IRR이 존재하므로 투자의사결정이 어렵다.

더 알아두기

자본예산모형의 비교

구분	장점	단점
회수기간법	• 계산이 간단하고 이해하기 쉽다. • 투자안의 위험도를 나타내는 위험지표로 이용되어 기업에 유용한 정보를 제공한다.	• 회수기간 이후의 현금흐름은 무시한다. • 화폐의 시간가치를 고려하지 않는다. • 목표회수기간의 선정이 자의적이다.
회계적 이익률법	• 계산이 간단하고 이해하기 쉽다. • 회수기간법과 달리 수익성을 고려한다. • 회사의 회계자료를 가지고 바로 이용가능하다.	• 현금흐름이 아닌 회계적이익을 이용한다. • 화폐의 시간가치를 고려하지 않는다. • 목표이익률의 선정이 자의적이다.
내부수익률법	• 화폐의 시간가치를 고려한다. • 내부수익률은 자본비용의 손익분기점이라는 의미를 갖는다.	• 내부수익률의 계산이 복잡하다. • 복수의 내부수익률이 존재할 수 있다. • 현금유입액이 투자기간 동안 내부수익률로 재투자된다는 가정이 비현실적이다. • 투자규모나 현금흐름양상에 따라 다른 결과가 나올 수 있다.
순현재가치법	• 화폐의 시간가치를 고려한다. • 순이익이 아닌 현금흐름을 이용한다. • 할인율을 이용하여 위험을 반영할 수 있다. • 자본비용으로 재투자한다는 가정이 내부수익률법에 비해 더 현실적이다. • 내부수익률법에 비해 계산이 쉽다.	• 자본비용의 계산이 어렵다.

제4절   총프로젝트법과 증분법

자본예산의 접근방법에는 총액접근법과 증분접근법이 있다. 자본예산을 할 때는 증분접근법을 이용할 수도 있고 총액접근법을 이용할 수도 있으나 증분접근법 이용이 일반적이다.

1 총액접근법(총프로젝트법)

총액접근법은 각 대안의 총현금유입과 총현금유출을 계산하여 비교하는 방법으로 대안별로 총현금유입과 총현금유출을 모두 파악해야 하므로 관련현금흐름뿐만 아니라 비관련현금흐름까지 모두 분석대상에 포함된다. 총액접근법은 3가지 이상의 대안을 동시에 비교할 수 있으며 총현금유입과 총현금유출을 모두 고려하므로 관련현금흐름과 비관련현금흐름을 구분할 필요가 없다는 장점이 있다.

2 증분접근법

증분접근법은 각 대안 간에 차이가 있는 현금흐름만을 분석하여 의사결정하는 방법으로 차액접근법이라고도 한다. 이 방법은 대안별로 차이가 나는 관련현금흐름만을 분석대상으로 한다. 따라서 두 대안을 비교할 경우 계산절차를 간소화할 수 있고 대안 간에 차이가 나는 현금흐름을 명확하게 인식할 수 있다는 장점이 있으나 대안이 셋 이상이면 비교가 어려워지는 단점이 있다. 총액접근법을 이용하여 분석을 하더라도 동일한 결과를 얻을 수 있으나 다음과 같은 이유로 증분접근법을 이용한다.

첫째, 총액접근법을 이용하려면 모든 현금흐름을 측정해야 하는데 모든 현금흐름을 측정하려면 비용과 노력이 많이 필요하다. 반면 증분접근법은 관련현금흐름만을 분석하면 되므로 훨씬 간편하다.

둘째, 총액접근법은 중간과정이 복잡하기 때문에 정보이용자가 불필요한 정보의 습득에 노력을 기울이게 되어 비효율적인 의사결정을 하거나 잘못된 정보를 습득하여 잘못된 의사결정을 할 수 있다.

OX로 점검하자 | 제12장

※ 다음 지문의 내용이 맞으면 ○, 틀리면 ×를 체크하시오. [1~8]

01 자본예산은 유형자산에 대한 투자를 효율적으로 수행하기 위해 투자안을 탐색하고 평가하여 바람직한 투자안을 선택하는 일련의 체계적인 과정이다. (   )

02 고정자산 투자는 장기간에 걸쳐 이루어지는 경우가 많지만 화폐의 시간가치를 고려할 필요는 없다. (   )

03 자본비용은 그 투자안 채택에 따른 매몰원가이다. (   )

04 투자종료 시점에서의 현금유입액은 유형자산처분액에 운전자본회수액을 더한 금액이다. (   )

05 회수기간법은 투자안의 회수기간을 이용하여 투자안을 평가하고 의사결정하는 방법이다.
(   )

06 상호 배타적인 투자안인 경우 순현재가치가 '0'보다 크면 투자안을 채택한다. (   )

07 순현재가치법과 내부수익률법은 화폐의 시간가치를 고려하지 않는다. (   )

08 내부수익률법에서는 투자기간 동안의 현금흐름을 내부수익률로 재투자한다고 가정하고 있기 때문에 지나치게 낙관적이다. (   )

정답과 해설   01 ○   02 ×   03 ×   04 ○   05 ○   06 ×   07 ×   08 ○

02 화폐의 시간가치를 고려해야 한다.

03 자본비용은 그 투자안 채택에 따른 기회비용이다.

06 순현재가치가 0보다 크고, 투자안 중에서 순현재가치가 가장 큰 투자안을 채택한다.

07 순현재가치법과 내부수익률법은 화폐의 시간가치를 고려한다.

01 내부수익률법은 투자기간 동안의 현금흐름을 내부수익률로 재투자한다고 가정한다.

01 다음 투자평가방법 중 투자로부터 발생하는 현금유입액이 현행 사업에 대한 수익률로 재투자된다고 가정하는 방법은 무엇인가?

① 내부수익률법
② 회수기간법
③ 순현재가치법
④ 회계이익률법

02 내부수익률법과 순현재가치법은 투자대안의 전체 내용연수 동안의 현금흐름을 고려하는 자본예산기법이다.

02 투자대안의 전체 내용연수 동안의 현금흐름을 고려하는 자본예산기법은 무엇인가?

① 내부수익률법, 회수기간법
② 순현재가치법, 회계적이익률법
③ 내부수익률법, 순현재가치법
④ 회수기간법, 회계적이익률법

03 화폐의 시간적 가치를 고려하는 할인모형은 순현재가치법과 내부수익률법이 있다.

03 순현재가치법이나 내부수익률법이 회수기간법보다 우수한 이유는 무엇인가?

① 계산이 간단하다.
② 낙관적인 모형이다.
③ 감가상각비와 세금효과를 반영한다.
④ 화폐의 시간적 가치를 고려한다.

정답 01 ① 02 ③ 03 ④

04 다음 중 회수기간법의 가장 큰 장점은 무엇인가?

① 화폐의 시간가치를 고려한다.
② 계산이 간단하고 쉽기 때문에 이해하기 쉽다.
③ 순이익이 아닌 현금흐름을 기준으로 평가한다.
④ 할인율을 이용하여 위험을 적절히 반영할 수 있다.

05 다음 중 회계적이익률법의 장점으로 옳은 것은?

① 전체적인 수익성이 고려된다.
② 화폐의 시간적 가치를 고려하지 않는다.
③ 현금흐름이 아닌 회계적이익을 이용한다.
④ 목표이익률의 선정이 주관적이다.

06 다음 중 회수기간을 계산하고자 할 때 반드시 알아야 하는 사항은 무엇인가?

① 투자안의 순현재가치
② 회사의 자본비용
③ 투자안으로부터 매년 발생하는 현금흐름
④ 회사의 회계상 순이익

04 ①·③·④는 순현재가치법의 장점이다.

05 ②·③·④는 회계적이익률법의 단점이다.

06 ①·②는 순현재가치법과 내부수익률 계산 시 필요한 사항이고, ④는 회계적이익률법 계산 시 알아야 하는 사항이다.

정답 04② 05① 06③

07 내부수익률이 자본비용과 같은 경우는 투자안으로부터의 추가이익이 없다는 의미이므로 NPV는 '0'이다.

08 투자기간 동안의 현금흐름을 내부수익률로 재투자한다고 가정하는 것은 내부수익률법이다.

09 내부수익률법은 투자기간 동안의 현금흐름을 내부수익률로 재투자한다고 가정한다.

07 내부수익률이 자본비용과 같다면 순현가(NPV)는 얼마인가?

① NPV > 0

② NPV = 0

③ NPV < 0

④ 상황에 따라 다르다.

08 다음 중 순현재가치법에 대한 설명으로 옳지 <u>않은</u> 것은?

① 순현재가치는 현금유입액의 현재가치에서 현금유출액의 현재가치를 차감하여 계산된다.

② 독립된 투자안에 대한 의사결정시 NPV가 0보다 크면 투자안을 채택한다.

③ 화폐의 시간가치를 고려하고 할인율을 이용하여 위험을 적절히 반영할 수 있다.

④ 투자기간 동안의 현금흐름을 내부수익률로 재투자한다고 가정한다.

09 다음 중 투자안으로부터 얻어지는 현금유입액의 현재가치와 투자에 소요되는 현금유출액의 현재가치를 같게 해주는 할인율을 산출하는 자본예산모형은 무엇인가?

① 내부수익률법

② 회수기간법

③ 순현재가치법

④ 회계이익률법

정답 07 ② 08 ④ 09 ①

10 (주)시대는 ₩120,000을 투자할 경우 매년 ₩50,000의 현금흐름을 가져다 주는 투자안을 평가하기 위한 방법으로 회수기간법을 이용하고자 한다. 상기 투자안의 회수기간은 얼마인가?

① 1.4년

② 2년

③ 2.4년

④ 3년

11 (주)시대는 새로운 공장을 매입하려고 한다. 새로운 공장을 매입한다면, 매년 ₩20,000,000의 현금이 유입될 것이라고 판단하고 있다. 새로운 공장의 매입가격은 ₩100,000,000이고, 추정 내용연수는 10년일 때 정액법에 의해 감가상각을 할 경우 회수기간은 얼마인가?

① 4년

② 4.4년

③ 4.5년

④ 5년

10 매년 ₩50,000씩의 현금유입이 예상되므로 2년이 경과하면 ₩100,000이 회수될 것이다. 따라서 나머지 ₩20,0000이 추가로 회수되는데 걸리는 기간을 계산하면 된다. 3년차에 회수되는 ₩50,000 중에서 ₩20,000이 회수되는데 걸리는 기간은 ₩20,000 ÷ ₩50,000 = 0.4년이다. 즉, 회수기간 = 2년 + (₩20,000 ÷ ₩50,000) = 2.4년이 된다.

11 회수기간

$$= \frac{₩100,000,000(소요된\ 투자액)}{₩20,000,000(연간현금유입액)}$$

$$= 5년$$

정답 10 ③ 11 ④

※ 다음 물음에 답하시오. [12~13]

> (주)시대의 경영진은 최근 경기 침체로 인한 이익감소를 극복하기 위하여 신규사업을 검토중이다. 현재 회사는 기존 사업에서 평균투자액 기준으로 12%의 회계적 이익률을 보이고 있으며, 신규사업에서 예상되는 당기순이익은 다음과 같다. 회사는 신규사업을 위해 ₩2,240,000을 투자해야 하며 3년 후의 잔존가치는 ₩260,000으로 예상된다. 회사는 정액법에 의해 감가상각한다.

연도	신규사업으로 인한 당기순이익
1	₩200,000
2	₩300,000
3	₩340,000

12 · 회계적이익률(12.5%)

$$= \frac{₩280,000(연평균순이익)}{₩2,240,000(최초투자액)}$$

· 연평균 순이익 :
(₩200,000 + ₩300,000 + ₩340,000) ÷ 3년 = ₩280,000

12 최초투자액을 기준으로 한 신규사업의 회계적이익률은?

① 12%

② 12.5%

③ 13%

④ 13.5%

13 · 회계적이익률(22.4%)

$$= \frac{₩280,000(연평균순이익)}{₩1,250,000(평균투자액)}$$

· 평균투자액 = (₩2,240,000 + ₩260,000) ÷ 2 = ₩1,250,000

13 평균투자액을 기준으로 한 신규사업의 회계적이익률은?

① 22%

② 22.4%

③ 23%

④ 23.4%

정답 12 ② 13 ②

제 13 장

분권화와 운영의 통제

무언가를 시작하는 방법은 말하는 것을 멈추고 행동을 하는 것이다.

– 월트 디즈니 –

제13장 | 분권화와 운영의 통제

제1절 책임회계와 분권화

1 책임회계제도 [기출]

(1) 책임회계제도의 의의

책임회계제도란 각 책임중심점별로 계획과 실적을 측정하여 통제함으로써 책임중심점 관리자에 대한 성과평가와 조직의 영업성과 향상을 목적으로 하는 회계제도이다. 다시 말하면 관리자 개인을 중심으로 기업의 각 조직단위별로 권한과 책임을 부여하고, 이들 각 책임중심점의 성과평가를 통해 책임이행여부를 묻는 제도로서 수익성회계제도라고도 한다.

(2) 책임회계제도의 전제조건

책임회계제도가 그 기능을 효율적으로 수행하기 위해서는 다음의 조건을 충족해야 한다.

① 특정원가의 발생에 대한 책임소재가 명확해야 한다.
② 각 책임중심점의 경영자가 권한을 위임받은 원가항목들에 대해 통제권을 행사할 수 있어야 한다.
③ 경영자의 성과를 표준과 비교하여 평가할 수 있는 예산자료가 존재해야 한다.

(3) 책임회계제도의 장점

기존의 전통적인 회계제도 대신에 책임회계제도를 채택하면 다음과 같은 장점이 있다.

① 책임회계제도 실시는 곧 권한과 책임의 위임을 의미한다. 따라서 책임회계는 분권화된 조직형태로 이루어지기 쉬운데 이 경우 신속한 의사결정 및 대응, 부문관리자의 동기부여 등 분권화 경영이 갖는 제반 장점도 갖게 된다.
② 책임회계는 각 개인 및 조직단위별로 경영계획과 통제가 이루어지는 관리통제시스템의 최종단계이다. 따라서 책임회계단계에서는 책임회계 이전의 단계에서 적용된 공헌이익접근법, 변동원가계산, 표준원가계산 등의 모든 관리기법이 적용될 수 있다.
③ 전통적 회계에서는 제품원가계산과 재무보고목적을 위해 원가정보를 제공하였으나, 책임회계제도에서는 특정원가나 수익에 대해서 누가 책임져야 할 것인가를 명확히 규명하기 때문에 그 책임자로 하여금 원가와 수익의 관리를 효율적으로 수행할 수 있게 해준다.

④ 책임회계제도는 실제 성과와 예산과의 차이를 쉽게 파악할 수 있게 해줌으로써 경영자가 각 개인 및 조직단위별로 발생한 차이 중 어떤 부분에 더 많은 관심과 노력을 투입해야 하는지를 쉽게 알 수 있어 예외에 의한 관리가 가능하다.

(4) 책임중심점의 종류 [기출]

책임회계제도하에서 성과평가는 해당 관리자가 직접적인 권한과 통제를 행사할 수 있는 책임중심점별로 이루어지며 이러한 책임중심점은 책임의 성격 및 책임범위에 따라 원가중심점, 수익중심점, 이익중심점 및 투자중심점으로 분류된다.

① **원가중심점** : 통제가능한 원가의 발생에 대해서만 책임을 지는 가장 작은 활동단위로서의 책임중심점이다. 가장 대표적인 원가중심점은 제조부문이라고 할 수 있다.

② **수익중심점** : 매출액에 대해서만 통제책임을 지는 책임중심점으로 기업의 최종산출물인 제품 또는 서비스를 외부에 판매함으로써 판매수익을 창출하는 데 일차적인 책임을 지고 있는 판매부서 및 영업소 등이 수익중심점의 예이다. 따라서 수익중심점은 산출물만을 화폐로 측정하여 통제할 뿐 투입물과 산출물 모두에 의해 결정되는 이익에 대해서는 책임을 지지 않는다. 그러나 매출액만으로 성과평가를 하게 되면 기업 전체적으로 잘못된 의사결정을 야기할 수 있다. 매출액이 성과평가의 기준이 된다면 불량채권의 발생, 원가절감의 경시 등 여러 가지 문제점에 노출될 수 있기 때문이다.

③ **이익중심점** : 원가와 수익 모두에 대해서 통제책임을 지는 책임중심점이다. 이러한 이익중심점은 전체 조직이 될 수도 있지만 조직의 한 부분, 즉 판매부서, 각 지역단위, 각 점포단위 등으로 설정될 수도 있는데 보통 이럴 경우 책임중심점이란 이익중심점을 뜻하는 것이 일반적이다. 이러한 이익중심점은 수익중심점에 비해 유용한 성과평가기준이 된다. 성과평가의 기준을 이익으로 할 경우 해당 경영자는 공헌이익 개념에 의해서 관리를 수행할 것이고 이로 인해 회사 전체적 입장에서 최적의 의사결정에 근접할 수 있다.

④ **투자중심점** : 원가 및 수익뿐만 아니라 투자의사결정에 대해서도 책임을 지는 책임중심점으로서 가장 포괄적인 개념이다. 기업이 제품별 또는 지역별로 별도의 독립적인 조직으로 분리될 정도로 규모가 커져 제품별 또는 지역별 사업부로 분권화된 경우, 이 분권화조직이 투자중심점에 해당한다. 수익중심점이나 이익중심점을 성과평가할 때는 매출액이나 공헌이익 등을 고려하나, 투자중심점의 성과평가는 투자수익률이나 잔여이익 등 기타의 성과평가기법에 의해 결정된다. 그 이유는 투자중심점은 이익뿐만 아니라 투자의사결정, 즉 자산의 활용도까지도 책임을 져야 하기 때문이다. 여기서 투자수익률이란 단위투자액에 대한 이익을 나타내는 것으로 투자자산이 얼마나 효율적으로 사용되었는가를 알려주는 평가기법이며, 잔여이익은 투자액에 대해 요구되는 이익을 초과하는 이익의 정도를 나타내는 평가기법이다.

2 분권화

(1) 분권화의 의의

분권화란 의사결정권한이 조직 전반에 걸쳐서 위양되어 있는 상태로서, **분권화의 핵심은 의사결정의 자유 정도에 있다.** 따라서 완전한 분권화란 기업 경영자의 의사결정에 최소한의 제약과 최대한의 자유가 부여됨을 뜻한다.

분권화를 실시하는 단계는 다음과 같다.

① **권한의 부여** : 상위경영자가 하위경영자에게 특정 업무를 수행할 수 있는 권한을 부여한다. 이 위임은 기능적인 책임과 그 결과를 통제할 수 있는 권한도 부여한다.

② **의무의 양도** : 상위경영자는 하위경영자에게 권한을 부여함과 동시에 이 권한과 관련된 의무도 부과한다.

③ **책임의 발생** : 하위경영자는 권한을 상위경영자로부터 부여받음으로써 이 권한에 대한 책임을 지게되면, 성과평가도 받게 된다.

(2) 분권화의 장점

① 하위경영자들이 최고경영자들보다 고객과 공급업체 및 종업원의 요구에 대응하기가 훨씬 더 수월하기 때문에 신속한 대응을 할 수 있다.

② 하위경영자들에게 빠른 의사결정책임을 부여하는 기업이 상위경영자들에게 의사결정책임을 부여하고자 시간을 소비하는 기업보다 경쟁적 우위를 점할 수 있어 보다 신속한 의사결정이 가능하다.

③ 하위경영자들에게 보다 큰 재량권이 주어지면 많은 동기부여가 된다.

④ 분권화를 시행하게 되면 경영자에게 많은 책임이 주어지게 되고, 이에 따라 경영자로서의 능력개발을 촉진시킬 수 있으며 학습효과 측면에서도 유용하다.

⑤ 분권화된 환경에서 소규모 하위단위 경영자들은 대규모 하위단위 경영자들보다 더 융통성 있고 민첩하게 시장 기회에 적응할 수 있다.

⑥ 분권화를 통하여 최고경영자들은 하위단위의 일상적인 의사결정의 부담에서 벗어날 수 있기 때문에 조직 전체의 전략적 계획에 보다 많은 시간과 노력을 집중시킬 수 있다.

(3) 분권화의 단점 기출

① 분권화된 사업부는 기업 전체의 관점에서 최적이 아닌 의사결정을 할 가능성이 있다. 이와 같이 기업 전체의 관점에서 역기능적인 의사결정을 준최적화라고 하며, 준최적화는 기업 전체의 목표와 각 사업부의 목표 및 의사결정자들의 개별적인 목표 간에 조화 또는 일치가 결여된 경우와 개별 사업부의 의사결정이 기업의 다른 사업부에 미치는 영향에 관하여 기업 전체적인 관점에서의 지침이 결여된 경우 등에서 발생한다.

② 각 사업부에서 동일한 활동이 개별적으로 중복 수행될 수 있다. 예를 들어, 고도로 분권화된 각 사업부에서 개별적으로 중복된 스텝활동(회계, 노사관계, 법률 등)이 이루어질 수 있다.

③ 분권화된 각 사업부의 경영자들이 동일한 기업의 다른 사업부를 외부집단으로 간주하여 정보의 공유 등을 꺼려함에 따라 각 사업부 간 협력이 저해될 수 있다.

제2절 조직단위와 분권화

1 조직단위와 책임회계

책임회계에서는 명확히 규정된 권한과 책임관계를 기초로 회계자료의 집계·분석·보고가 이루어지므로 책임회계가 효과적으로 기능을 수행하려면 권한과 책임관계를 명시한 조직구조를 우선적으로 설정해야 한다. 여기서 조직구조는 조직의 부문 및 구성원 사이의 직무, 권한, 책임에 관한 공식적 관계이다.

효과적인 성과보고서는 조직구조에 기초해 작성해야 하며 이러한 조직구조는 조직도에 표시된다. 따라서 성과보고서를 작성하려면 먼저 조직도를 검토해야 한다. 조직구조가 기업에 따라 다르듯 부문조직에 대한 책임중심점의 성격 규정도 기업마다 다르다. 그러나 일반적으로 기업 전체나 분권화된 각 사업부는 투자중심점(또는 이익중심점)이 되며, 제조부문은 원가중심점, 판매부문은 이익중심점(또는 수익중심점)이 된다.

2 효과적인 성과보고서

책임회계의 목적을 성공적으로 달성하려면 좋은 성과평가제도 확립이 필요하다. 영업활동을 수행한 결과 실제성과와 예산이 차이가 나면 어떤 책임중심점에서 어떤 원인으로 차이가 발생했는지를 분석하고 보고함으로써 책임중심점의 관리자의 성과를 평가하며, 이를 위해 성과보고서를 작성한다.

성과보고서는 실제 영업활동을 수행하고 얻은 실제영업이익과 성과평가의 기준인 예산의 영업이익을 비교해 작성한 보고서이다. 성과보고서는 책임중심점의 관리자에 대한 성과평가에 도움을 줄 뿐만 아니라 결과적으로 기업목표의 달성에도 도움을 준다. 효과적인 성과보고서가 되려면 다음의 조건을 갖추어야 한다.

(1) 동기부여

관리자에게 동기를 부여하여 실제 행동할 수 있게 성과보고서가 작성되어야 하므로 예산 또는 표준이 해당 관리자에게 정당한 것으로 인식되어야 하고, 조직의 목표 설정에 조직구성원이 어느 정도 참가해야 하는지 등의 요건이 필요하다.

(2) 목적적합성

관리자의 성과가 자신이 통제할 수 없는 요소에 따라 영향을 받는다면 관리자는 이러한 성과보고서를 불합리하다고 생각하게 된다. 그러므로 성과보고서는 관리자가 통제할 수 있는 요소에 중점을 두어 작성되어야 한다.

(3) 적시성

성과보고서는 경영관리와 조정에 도움이 되게 적시에 작성되어야 한다. 따라서 성과보고서는 가능한 한 빨리 그리고 자주 작성하는 것이 더 유용할 수 있으나, 비용·효익 관점에서 예산과 실제성과의 차이가 중요한 경우에만 보고하여 대응방안을 강구하는 '예외에 의한 관리'를 이용하는 것이 좋다.

(4) 정확성과 경제성

성과보고서의 적시성을 지나치게 강조하면 회계정보의 정확성과 경제성이 떨어진다. 그러나 일반적으로 정확성이 조금 떨어지더라도 적시에 목적적합한 자료 제공이 바람직하다. 따라서 성과보고서를 작성할 때는 적시성이 있으면서도 가능한 한 정확성을 기해야 한다. 성과보고서에서는 실제 영업이익과 고정예산하의 영업이익의 차이를 총차이 또는 고정예산차이라고 한다. 그리고 실제매출수량을 기준으로 변동예산을 수립하고 이를 기준으로 고정예산차이를 변동예산차이와 매출조업도차이로 구분한다. 변동예산차이는 실제판매량을 기준으로 산출한 실제영업이익과 변동예산 영업이익의 차이이고, 매출조업도차이는 실제판매량과 예산판매량의 차이로 발생한 고정예산 영업이익과 변동예산 영업이익의 차이이다.

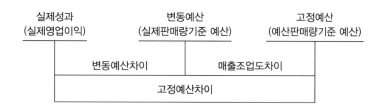

> **더 알아두기**
>
> **고정예산과 변동예산**
> 예산은 예산편성기준에 어떤 조업도를 사용하였는지에 따라 고정예산과 변동예산으로 구분할 수 있다. 고정예산은 예산기간 중에 결정한 목표조업도(목표판매량)를 기준으로 사전에 편성한 예산으로 고정예산을 편성한 후에 실제조업도가 목표조업도와 일치하지 않더라도 바꾸지 않고 고정시킨 정태적인 예산이다.
> 변동예산은 실제조업도가 목표조업도와 다를 경우 실제조업도를 기준으로 유연하게 조정하여 작성하는 동태적 예산이다. 일반적으로 기업이 회계기간 동안 판매한 실제조업도는 고정예산에서 사용한 예산조업도와 다르므로 성과평가를 위해서는 실제조업도를 기준으로 예산을 다시 편성해야 하는데 이를 변동예산이라 한다.

제3절   이익중심점의 평가

1 수익중심점 및 이익중심점으로서의 판매부서

판매부서는 목표매출의 달성에 책임이 있으므로 수익중심점 또는 이익중심점으로 운영될 수 있다. 그러나, 수익중심점으로 판매부서를 운영하는 것보다 이익중심점으로 판매부서를 운영하는 것이 보다 바람직하다고 할 수 있다. 왜냐하면 수익에 대해서만 책임을 지는 수익중심점보다는 매출에 따른 수익뿐만 아니라 수익을 창출하는 데 부수적으로 발생하는 비용에 대하여도 책임을 지게 함으로써 수익과 그에 관련된 비용을 함께 고려하는 이익중심점으로 판매부서를 운영하는 것이 보다 정확한 판매부서의 성과평가가 가능할 것이기 때문이다.

2 판매부서의 성과보고서

판매부서의 성과보고서를 작성할 때 유의사항은 다음과 같다.
첫째, 판매부서의 성과평가는 일반적으로 예산매출액과 실제매출액의 비교를 통해 이루어진다. 여기서 예산매출액은 고정예산으로 편성된 매출목표를 의미하는 것이 보통이다.
둘째, 생산부서의 성과보고서에 표시되는 실제변동원가는 제조과정에서 실제로 발생된 변동원가인 반면, 판매부서의 성과보고서에 포함되는 실제변동원가는 제조부서의 능률 또는 비능률에 의한 원가차이를 배제하기 위해 판매활동과 관련된 것만 실제변동원가이고 제조활동과 관련된 것은 표준변동원가로 기록된다.
셋째, 실제성과와 고정예산과의 비교는 매출액과 변동원가가 모두 포함된 공헌이익의 비교에서부터 출발한다.

3 매출가격차이와 매출조업도차이

매출총차이는 실제매출액과 종합예산의 차이로서, 이 차이는 전적으로 판매가격이나 매출수량의 차이에 의해 발생하는 것으로 보며 실제공헌이익과 예산공헌이익의 차이로서 측정된다. 여기서 주의할 점은 판매부문은 제품 생산과정에서 발생하는 차이에 대해서는 책임이 없으므로 실제 제품단위당 변동원가가 아닌 표준 제품단위당 변동원가를 사용하여 성과를 평가한다는 것이다.

$$\text{매출총차이} = \text{매출가격차이} + \text{매출조업도차이}$$
$$= \text{실제매출수량} \times (\text{실제판매가격} - \text{예산판매가격}) +$$
$$(\text{실제매출수량} - \text{예산매출수량}) \times \text{예산공헌이익}$$
$$= AQ \times (AP - BP) + (AQ - BQ) \times (BP - SV)$$

- AQ = 실제매출수량
- AP = 실제판매가격
- SV = 표준변동원가
- BQ = 예산매출수량
- BP = 예산판매가격

(1) 매출가격차이

매출가격차이는 실제판매가격과 예산판매가격의 차이로 인한 공헌이익의 차이이며, 이는 제품의 수량을 실제판매량으로 일정하게 한 상태에서 단위당 실제공헌이익과 단위당 예산공헌이익의 차이를 말한다. 매출가격차이는 실제판매가격과 예산판매가격이 다르기 때문에 발생하는 공헌이익의 차이를 나타낸 것으로 판매가격차이라고도 한다.

(2) 매출조업도차이

매출조업도차이는 실제매출수량과 예산매출수량의 차이로 인한 공헌이익의 차이인데, 예산판매가격과 예산변동비를 적용하여 단위당 예산공헌이익으로 고정된 상태에서 실제매출수량과 예산매출수량의 차이를 말한다. 이러한 매출조업도차이는 순수한 매출수량에 따른 차이만을 의미한다.

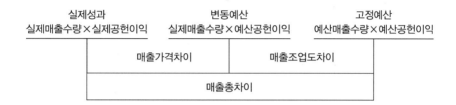

예제 문제

01 (주)시대는 제품 A와 B를 생산하여 판매하고 있다. 원가 및 판매와 관련된 자료는 다음과 같다. (주)시대의 매출총차이를 매출가격차이와 매출조업도차이로 분리하시오.

	종합예산	
	제품 A	제품 B
매출수량	600개	400개
단위당 판매가격	₩500	₩700
단위당 변동원가	₩300	₩400
고정원가	₩100,000	

	실제판매상황	
	제품 A	제품 B
매출수량	480개	720개
단위당 판매가격	₩570	₩650
단위당 변동원가	₩320	₩350
고정원가	₩120,000	

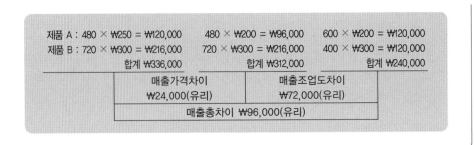

제품 A : 480 × ₩250 = ₩120,000	480 × ₩200 = ₩96,000	600 × ₩200 = ₩120,000
제품 B : 720 × ₩300 = ₩216,000	720 × ₩300 = ₩216,000	400 × ₩300 = ₩120,000
합계 ₩336,000	합계 ₩312,000	합계 ₩240,000
매출가격차이 ₩24,000(유리)	매출조업도차이 ₩72,000(유리)	
매출총차이 ₩96,000(유리)		

제4절 투자중심점의 평가

1 투자중심점 성과평가의 개요

수익 또는 이익중심점으로서 판매부문의 성과를 평가할 때는 매출액이나 공헌이익 등의 지표를 사용하였다. 그러나 일반적으로 이러한 지표들은 단순한 수익의 크기만을 나타내기 때문에 투자중심점의 성과평가 기준으로는 부적절하다. 따라서 투자중심점의 성과를 평가할 때는 각 사업부 경영자에게 배부되는 통제가능한 투자액까지 고려하는 투자수익률과 잔여이익 등을 기준으로 삼는다.

2 투자수익률 기출

(1) 투자수익률의 의의

투자수익률이란 영업이익을 투자액으로 나누어 계산한 수익성 지표이며, 투자된 자본 한 단위가 획득한 영업이익의 비율을 나타내 준다.

(2) 투자수익률의 계산

다음 산식에서 투자중심점의 영업자산은 기초나 기말가액을 사용할 수도 있으나, 기초와 기말의 가중평균가액을 사용하는 것이 기중의 투자액 변동을 반영할 수 있어 보다 바람직하다. 한편, 정확한 가중평균가액을 측정하기 위해서는 매일 잔액의 평균이나 매월 말 잔액의 평균 등을 사용해야 할 것이지만 일반적으로 간편하게 '(기초 + 기말) ÷ 2'로 계산하여 사용한다.

$$투자수익률 = \frac{영업이익}{투자중심점의\ 영업자산}$$

$$= \frac{영업이익}{매출액} \times \frac{매출액}{투자중심점의\ 영업자산}$$

$$= 매출액이익률 \times 자산회전율$$

이와 같은 투자수익률을 이용하여 수익성을 평가하면 투자규모가 서로 다른 투자중심점 간의 성과평가 및 투자중심점의 기간별 비교가 가능하므로 단지 획득한 이익의 크기만으로 수익성을 평가하는 방법보다 바람직하다.

(3) 투자수익률의 장점

① 사업부의 이익뿐만 아니라 투자액도 함께 고려하는 성과평가 기준이기 때문에 사업부의 경영자가 자신의 사업부 투자액에 대한 통제권한이 있는 경우 그 경영자의 성과측정 지표로 더욱 유용하게 사용될 수 있다.

② 사업부 경영자가 최소한 도달해야만 할 목표성과 수준과 유사한 상황에 있는 다른 사업부 또는 동일 산업 내 다른 기업과 성과를 비교하는 데에도 유용하게 사용될 수 있다.

(4) 투자수익률 적용 시 유의사항

① 투자중심점의 투자수익률 극대화 노력이 기업 전체적으로는 이익의 감소를 초래하여 준최적화 현상이 발생하지 않도록 유의해야 한다. 준최적화 현상이란 회사 전체의 최저필수수익률을 상회하는 좋은 투자안이 개별투자중심점의 투자수익률보다 낮기 때문에 투자가 포기되는 현상을 말한다.

② 투자수익률은 현금의 흐름이 아닌 회계이익을 기준으로 성과를 평가하므로 업종에 따라 각 투자중심점에 서로 다른 회계원칙이 적용되는 경우 이로 인한 영향을 고려해야 한다.

③ 투자수익률은 화폐의 시간가치를 고려하지 않기 때문에 자본예산기법(NPV, IRR)에 의한 성과평가에 비하여 단기적인 성과를 강조한다는 점에 유의해야 한다.

3 잔여이익

(1) 잔여이익의 의의

잔여이익이란 투자중심점의 영업자산으로부터 획득해야 할 최소한의 이익을 초과하는 영업이익을 의미하는 것으로 유보이익이라고도 한다.

(2) 잔여이익의 계산 [기출]

> 잔여이익 = (투자중심점의 영업이익) − (투자중심점의 영업자산에 대한 부가이자)
> = (투자중심점의 영업이익) − (투자중심점의 영업자산 × 최저필수수익률)

잔여이익을 계산하기 위해서는 투자중심점의 영업자산에 대한 최저필수수익률을 결정해야 하는데, 일반적으로 기업 전체의 자본비용 또는 암묵적 이자율을 기초로 하고 각 투자중심점에 관련된 위험을 추가로 고려하여 결정한다.

(3) 잔여이익의 장점

① 각 투자중심점과 회사 전체의 목표를 일치시킬 수 있다. 즉, 투자자금에 여유가 있는 한 최저필수수익률을 초과하는 투자안을 투자중심점의 경영자가 모두 채택하게 되므로 투자중심점과 회사 전체의 잔여이익을 동시에 극대화시킬 수 있다.
② 목표일치와 동기부여가 동시에 고려된다.
③ 잔여이익을 기준으로 성과평가를 하는 경우에는 산업 간 위험의 차이에 대해서 쉽게 조정할 수 있다. 위험이 매우 높은 투자를 하는 투자중심점에 대해서는 최저필수수익률을 약간 높이고 비교적 안정적인 투자를 하는 투자중심점에 대해서는 최저필수수익률을 약간 낮추면 된다.

(4) 잔여이익의 단점

각기 다른 투자중심점의 성과를 직접적으로 비교하기가 어렵다. 왜냐하면, 잔여이익에 의해 성과평가를 하고 각 사업부의 투자수익률이 동일할 경우 규모가 큰 투자중심점이 규모가 작은 투자중심점에 비하여 잔여이익이 크게 나와 상대적으로 유리하기 때문이다.

예제 문제

02 (주)시대는 전자제품을 생산하여 판매하는 회사로서 분권화된 세 개의 제품별 사업부로 운영하고 있다. 이들은 모두 투자중심점으로 설계되어 있고 회사의 최저필수수익률은 20%이며, 각 사업부의 영업자산, 영업이익 및 매출액에 관한 정보는 다음과 같다.

	사업부 A	사업부 B	사업부 C
평균영업자산	₩500,000	₩250,000	₩250,000
영업이익	₩160,000	₩150,000	₩105,000
매출액	₩2,000,000	₩1,500,000	₩1,500,000

[요구사항]
1. 투자수익률을 기준으로 우선순위를 결정하시오.
2. 잔여이익을 기준으로 우선순위를 결정하시오.

	사업부 A	사업부 B	사업부 C
1. 투자수익률 기준			
영업이익	₩160,000	₩150,000	₩105,000
평균영업자산	÷500,000	÷250,000	÷250,000
투자수익률	32%	60%	42%
우선순위	3	1	2
2. 잔여이익 기준			
영업이익	₩160,000	₩150,000	₩105,000
평균영업자산×최저필수수익률	(100,000)	(50,000)	(50,000)
잔여이익	₩60,000	₩100,000	₩55,000
우선순위	2	1	3

4 경제적 부가가치 기출

(1) 경제적 부가가치의 개념

전통적으로 기업의 성과평가방법으로 사용되어 온 것은 회계의 발생주의에 따라 산정된 손익계산서의 이익개념이었다. 그러나 손익계산서는 경영성과의 표준화라는 점에서는 우수한 회계방식이나 성과평가 측면에서는 여러 가지 문제점이 발생하였다. 이러한 문제점을 보완하고 기업관리의 효율성을 높이기 위하여 개발된 분석방법이 바로 EVA에 의한 성과평가분석이다.

경제적 부가가치(EVA : Economic Value Added)는 기업의 영업활동 결과 창출한 세전순영업이익(EBIT : Earnings Before Interest expense and Tax)에서 그에 해당하는 법인세부담액을 차감하여 세후순영업이익(NOPLAT : Net Operating Profit Less Adjusted Taxes)을 산출하고 이에서 영업활동을 위해 제공된 투하자본(IC : Invested Capital)에 대한 자본비용을 차감하여 계산한 이익이다.

(2) 경제적 부가가치의 계산

경제적 부가가치
= 세후영업이익 − 가중평균자본비용 × (총자산 − 유동부채)
= 세후영업이익 − 가중평균자본비용 × (고정자산 + 유동자산 − 유동부채)
= 세후영업이익 − 가중평균자본비용 × (고정자산 + 순운전자본)

세후영업이익은 기업 본래의 활동인 영업활동에서 창출한 영업이익에서 법인세 등의 세금을 차감한 이익이고, 가중평균자본비용은 부채의 자본비용과 자기자본의 자본비용을 각각의 자본구성비율에 따라 가중평균한 것이다.

부채의 자본비용은 '이자율 × (1 − 세율)'로 계산되는데 이와 같이 이자율에 (1 − 세율)을 곱하는 이유는 부채에 이자비용이 발생하면 이익이 그만큼 감소되어 법인세 절감효과가 있기 때문이다. 그리고 자기자본의 자본비용은 투자자가 위험이 비슷한 다른 투자안에 투자하지 않음으로써 포기한 기회비용이다. 경제적 부가가치는 기업의 영업이익에서 채권자, 주주 등의 자본제공에 대한 대가와 국가 등의 공공서비스제공에 대한 대가를 차감한 금액으로서 기업고유의 영업활동에서 창출된 순가치의 증가분이다.

(3) 경제적 부가가치의 장점

① 당기순이익이 기업의 영업·투자·재무활동을 모두 반영한 이익개념인 반면 경제적 부가가치는 영업이익을 기초로 하여 계산하므로 기업고유의 경영성과측정에 더욱 유용하다.

② 당기순이익이 주주의 자본제공에 대한 대가, 즉 자기자본비용을 고려하지 않은 이익개념인 반면 경제적 부가가치는 자기자본비용까지 포함하여 기업이 부담해야 할 총자본비용을 차감하고도 영업활동에서 이익을 얼마나 창출했는지를 파악할 수 있게 해주므로 기업의 경영성과를 더욱 정확하게 측정할 수 있다.

(4) 경제적 부가가치의 단점

① 회계적 이익인 영업이익을 기초로 하기 때문에 회계처리방법에 따라 세후영업이익이 달라진다.

② 영업이익과 투하자본을 경제적 의미로 재조정하기 위한 수정사항이 많고 명확하지 않다.

③ 가중평균자본비용 계산이 어렵다.

④ 금액으로 측정되어 규모가 큰 사업부가 상대적으로 유리하므로 사업규모 조정을 고려해야 한다.

○✕로 점검하자 | 제13장

※ 다음 지문의 내용이 맞으면 ○, 틀리면 ✕를 체크하시오. [1~7]

01 원가중심점이란 통제가능한 원가의 발생에 대해서만 책임을 지는 가장 작은 활동단위로서의 책임 중심이다. (   )

02 수익중심점이란 원가와 수익 모두에 대해서 통제책임을 지는 책임중심점이다. (   )

03 분권화를 통해 하위경영자들이 최고경영자들보다 고객과 공급업체 및 종업원의 요구에 대응하기가 훨씬 더 수월하기 때문에 신속한 대응을 할 수 있다. (   )

04 변동예산차이는 실제판매량과 예상판매량의 차이이다. (   )

05 성과보고서의 적시성을 지나치게 강조하면 회계정보의 정확성과 경제성이 떨어진다. (   )

06 판매부서의 성과평가는 일반적으로 예산매출액과 실제매출액의 비교를 통해 이루어지는데 이때 예산매출액은 변동예산으로 편성되는 것이 일반적이다. (   )

07 잔여이익이란 투자중심점의 영업자산으로부터 획득해야 할 최소한의 이익을 초과하는 영업이익을 의미하는 것으로 유보이익이라고도 한다. (   )

정답과 해설   01 ○   02 ✕   03 ○   04 ✕   05 ○   06 ✕   07 ○

02 이익중심점이 원가와 수익 모두에 대해서 통제책임을 지는 책임중심점이다.

04 실제판매량과 예산판매량의 차이는 매출조업도차이이다.

06 판매부서의 성과평가는 일반적으로 예산매출액과 실제매출액의 비교를 통해 이루어지는데 이때 예산매출액은 고정예산으로 편성되는 것이 일반적이다.

01 각 책임중심점의 경영자가 권한을
위임받은 원가항목들에 대한 통제권
을 행사할 수 있어야 한다.

01 다음 중 책임회계제도에 대한 설명으로 옳지 않은 것은?

① 책임중심점 관리자에 대한 성과평가와 조직의 영업성과 향상
을 목적으로 하는 회계제도이다.
② 책임회계제도를 수행하기 위해서는 특정원가의 발생에 대한
책임소재가 명확해야 한다.
③ 경영자의 성과를 표준과 비교하여 평가할 수 있는 예산자료가
존재해야 한다.
④ 각 책임중심점의 경영자가 권한을 위임받은 원가항목들에 대
한 통제권을 행사할 필요는 없다.

02 ① 원가중심점 : 원가의 발생에 대해
서 책임을 지는 책임중심점
② 수익중심점 : 매출액에 대해서 통
제책임을 지는 책임중심점
④ 투자중심점 : 원가 및 수익뿐만
아니라 투자의사결정에 대해서
책임을 지는 책임중심점

02 다음 중 책임중심점에 대한 설명으로 옳은 것은?

① 원가중심점 : 원가와 매출액에 대해서 책임을 지는 책임중심점
② 수익중심점 : 원가의 발생에 대해서만 책임을 지는 책임중심점
③ 이익중심점 : 원가와 수익에 대해서 통제책임을 지는 책임중
심점
④ 투자중심점 : 매출액에 대해서 책임을 지는 책임중심점

03 효과적인 성과보고서의 요건에는 동
기부여, 목적적합성, 적시성, 정확성
과 경제성이 있다.

03 효과적인 성과보고서가 되기 위해 갖추어야 할 속성이 아닌 것은?

① 동기부여
② 신뢰성
③ 적시성
④ 정확성

정답 01 ④ 02 ③ 03 ②

04 통제가능한 수익에 대해서만 성과평가를 하는 책임중심점은?

① 수익중심점
② 원가중심점
③ 투자중심점
④ 이익중심점

05 통제가능한 원가의 발생에 대해서 책임을 지는 책임중심점으로 가장 작은 활동단위인 중심점은?

① 수익중심점
② 원가중심점
③ 투자중심점
④ 이익중심점

06 원가 및 수익뿐만 아니라 투자의사결정에 대해서도 책임을 지는 책임중심점으로서 성과평가시 가장 포괄적인 책임중심점이며, 기업이 제품별 또는 지역별로 별도의 독립적인 조직으로 분리될 정도로 규모가 커져 제품별 또는 지역별 사업부로 분권화된 경우, 이 분권화조직이 해당하는 책임중심점은?

① 수익중심점
② 원가중심점
③ 투자중심점
④ 이익중심점

04 통제가능한 수익에 대해서만 성과평가를 하는 책임중심점은 수익중심점이다.

05 원가중심점은 통제가능한 원가의 발생에 대해서 책임을 지는 가장 작은 활동단위의 중심점이다.

06 ① 수익중심점 : 매출액에 대해서만 통제책임을 지는 책임중심점
② 원가중심점 : 통제가능한 원가의 발생에 대해서만 책임을 지는 가장 작은 활동단위로서의 책임중심점
④ 이익중심점 : 원가와 수익 모두에 대해서 통제책임을 지는 책임중심점

07 투자수익률 = 영업이익 ÷ 투자중심점의 영업자산 = 매출액이익률 × 자산회전률

07 다음 중 투자수익률을 계산하는 공식으로 옳은 것은?

① 매출액 ÷ 자기자본
② 이익 ÷ 매출액
③ 매출액 ÷ 총투자액
④ 이익 ÷ 총투자액

08 투자중심점의 투자수익률 극대화 노력이 기업 전체적으로는 이익의 감소를 초래하여 준최적화현상이 발생하지 않도록 유의해야 한다. 또한 투자수익률은 회계이익을 기준으로 성과를 평가하므로 업종에 따라 각 투자중심점에서 서로 다른 회계원칙이 적용되는 경우 이로 인한 영향을 고려해야 한다.

08 분권화 제도에서 각 사업부의 성과를 투자수익률을 이용하여 평가할 경우의 문제점은?

① 투자중심의 성과비교가 힘들다.
② 각 사업부 경영자의 성과평가기준으로 부적합하다.
③ 현재 달성하고 있는 투자수익률보다 낮은 투자수익률이 기대되는 사업에 대한 투자를 부당하게 기피할 수 있다.
④ 회사가 정한 자본비용보다 높은 이익이 기대되는 사업에 대한 투자를 하게 된다.

※ 다음 물음에 답하시오. [9~10]

> (주)시대의 영업활동자료는 다음과 같다. (주)시대의 평균투자액은 ₩200,000이며, 필수수익률은 10%이다.
>
> | 매출액 | ₩200,000 |
> | 변동원가 | ₩80,000 |
> | 고정원가(직접원가) | ₩40,000 |

09 [문제 하단의 내용 참고]

09 (주)시대의 투자수익률은 얼마인가?

① 30% ② 40%
③ 50% ④ 60%

$$투자수익률(40\%) = \frac{(₩200,000 - ₩80,000 - ₩40,000)(영업이익)}{₩200,000(투자중심점의 영업자산)}$$

10 (주)시대의 잔여이익은 얼마인가?

① ₩40,000

② ₩50,000

③ ₩60,000

④ ₩70,000

11 다음 중 잔여이익의 장점에 대한 설명으로 옳지 <u>않은</u> 것은?

① 다른 사업부 또는 동일 산업 내 다른 기업과 성과를 비교하는 데 유용하다.

② 투자중심점과 회사 전체의 잔여이익을 동시에 극대화시킬 수 있다.

③ 목표일치와 동기부여가 동시에 고려된다.

④ 산업 간 위험의 차이에 대해서 쉽게 조정할 수 있다.

12 다음 중 비영업자산은 무엇인가?

① 투자부동산

② 매출채권

③ 재고자산

④ 집기비품

SD에듀와 함께, 합격을 향해 떠나는 여행

제 14 장

분권화된 운영의 대체가격

미래가 어떻게 전개될지는 모르지만, 누가 그 미래를 결정하는지는 안다.

-오프라 윈프리-

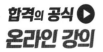
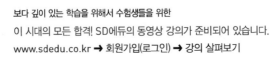

제14장 │ 분권화된 운영의 대체가격

제1절   대체가격의 의의와 본질

1 대체가격의 의의

기업환경이 다양화되고 규모가 커짐에 따라 많은 기업들이 조직을 분권화하여 사업부제로 운영하고 있다. 이러한 분권화된 기업에서는 보통 각 사업부가 하나의 이익중심점을 형성하게 되며, 사업부 간의 재화나 용역의 이전이 빈번하게 이루어지기 마련이다. 이와 같이 사업부 간에 이루어지는 재화나 용역의 이전을 대체거래 또는 이전거래라고 하며, 이때 이전되는 재화나 용역에 부여되는 가격을 대체가격 또는 대체가격이라고 한다. 그리고 재화나 용역을 제공하는 사업부를 공급사업부, 이를 제공받는 사업부를 수요사업부라고 한다.

2 대체가격 결정의 어려움

내부대체가격 결정은 기업 전체의 입장과 기업 내부 각 사업부 간의 이해관계를 얼마나 잘 반영하는가에 따라 성공 여부가 결정된다. 내부대체가격 결정은 매우 어려우며, 내부대체가격을 결정할 때에는 다음과 같은 기준을 신중히 고려해야 한다.

첫째, 각 사업부서의 이익을 극대화하면서 기업 전체의 이익을 극대화할 방향으로 내부대체가격을 결정해야 한다.
둘째, 공급부서는 원가절감 노력을 하고 구매부서는 투입자원을 효율적으로 사용하여 각 사업부의 성과를 공정하게 평가하는 데 유용하도록 내부대체가격을 결정해야 한다.
셋째, 각 사업부서의 경영자는 자기 사업부와 관련된 의사결정을 자율적으로 내릴 권한이 주어져야 한다.

기업의 최고경영자 입장에서는 내부대체가격 책정을 통해 각 사업부서의 경영자들이 지속적으로 열심히 일할 동기부여를 해야 한다. 내부대체가격이 각 사업부의 성과평가에 영향을 미치면 공급부서는 가능한 한 높은 가격을 받으려 하고 구매부서는 가능한 한 낮은 가격을 지불하려 하므로, 동시에 기업 전체의 이익을 극대화하기 위한 내부대체가격 결정은 쉬운 문제가 아니다.

3 대체가격 결정 시 고려할 기준 기출

(1) 목표일치성기준

목표일치성기준은 각 사업부의 목표뿐만 아니라 기업 전체의 목표도 극대화할 수 있는 방향으로 대체가격을 결정해야 한다는 기준이다. 분권화된 각 사업부는 하나의 이익중심점으로 운영되므로 각 사업부의 관리자는 자신들의 성과를 극대화하기 위하여 기업 전체의 이익을 극대화시키지 않는 대체가격을 선택할 수도 있다. 이와 같이 개별사업부 관점에서는 최적이지만 기업 전체의 관점에서는 최적이 되지 않는 상황을 준최적화 현상이라고 한다.

(2) 성과평가기준

성과평가기준은 각 사업부의 성과를 공정하게 평가할 수 있는 방법으로 대체가격이 결정되어야 한다는 이론이다. 대체가격은 공급사업부에게는 수익이 되고 수요사업부에게는 비용이 되므로 대체가격이 얼마로 결정되는가에 따라 각 사업부의 성과가 달라진다. 그러므로 대체가격이 합리적으로 결정되지 않으면 성과평가는 공정성을 상실하고 각 사업부 관리자의 이익창출의욕을 감퇴시킴으로써 분권화의 목적을 달성하지 못할 가능성이 있다. 따라서 대체가격은 각 사업부의 관리자가 그 공정성을 받아들일 수 있도록 결정되어야 한다.

(3) 자율성기준

자율성기준은 각 사업부의 경영자가 자율적으로 의사결정을 하고 대체가격을 결정해야 한다는 기준이다. 분권화의 본질은 자율성에 있으므로 각 사업부의 관리자가 사업부의 목표를 극대화하는 의사결정을 할 수 있도록 자율성을 부여해야 한다. 그러나 때로는 자율성으로 인하여 준최적화 현상이 발생할 수 있으므로 자율성 기준은 다른 기준보다는 중요성이 떨어진다고 할 수 있다.

(4) 공기관에 대한 재정관리기준

공기관에 대한 재정관리기준은 국세청, 물가통제기관, 신용평가기관 등의 공기관이 대체가격자료를 이용함으로써 기업에 끼칠 불리한 영향을 최소화하고 유리한 영향을 최대화할 수 있게 대체가격을 결정해야 한다는 기준이다.

사업부가 여러 나라에 분산된 다국적 기업은 나라마다 적용되는 세율이나 법률규정이 서로 다르므로 대체가격 결정에 따라 회사 전체의 세금이 달라질 수 있다. 또한 어느 나라가 외국기업에 대해 본국으로의 과실송금을 제한하는 경우에도 대체가격 수준에 따라서 본국으로의 송금액이 영향을 받으며, 개별사업부의 신용평가, 수입관계 및 노사관계현상 등에도 대체가격이 영향을 미치므로 이를 고려하여 대체가격을 결정해야 한다.

4 내부대체가격의 책정범위

(1) 수요사업부의 최대대체가격 [기출]

수요사업부는 자신의 이익을 극대화하기 위하여 필요한 부품을 내부에서 대체하든 외부에서 구입하든 가능한 낮은 가격으로 조달하려고 한다. 따라서 수요사업부가 허용할 수 있는 단위당 최대대체가격은 다음과 같다.

> 단위당 최대대체가격 = Min[단위당 지출가능원가, 단위당 외부구입가격]

이때 단위당 지출가능원가는 수요사업부의 최종완제품의 판매가격에서 완제품단위당 추가가공원가 등을 차감한 값으로 수요사업부의 입장에서 보는 내부대체품의 순실현가치가 된다. 즉, 수요사업부는 내부대체품을 추가가공하여 이익을 발생시킬 수 있는 가격범위 내에서 외부에서 구입할 때 지불하는 금액을 상한선으로 내부대체를 요구할 것이다.

(2) 공급사업부의 최소대체가격 [기출]

공급사업부는 자신의 이익을 극대화하기 위하여 생산한 부품을 내부에 대체하든 외부에 판매하든 가능한 높은 가격으로 판매하려고 한다. 따라서 공급사업부가 허용할 수 있는 최소대체가격은 공급사업부가 손해를 보지 않고 허용할 수 있는 대체가격의 하한선으로 다음과 같다.

> 단위당 최소대체가격 = 대체 시 단위당 증분지출원가 + 대체 시 단위당 기회원가

이때 단위당 기회원가는 대체품 1단위를 대체할 때 포기해야 하는 이익으로 외부시장 공헌이익 감소분 또는 유휴생산시설의 타 용도 사용으로 얻을 수 있는 이익의 상실분인데 이는 공급사업부에 유휴생산시설이 존재하는지 여부에 따라 달라진다.

만일 공급사업부에 유휴생산시설이 존재하고 그 시설을 타 용도로 사용할 수 있는 경우 내부대체를 위해 유휴생산시설의 타 용도 사용을 포기해야 하므로 그 포기로 인해서 발생하는 이익감소분이 기회원가가 된다. 반면에 유휴생산시설이 존재하지 않는 경우라면 외부시장 판매를 감소시켜야 하므로 내부 대체분의 외부시장에서 판매했을 때의 공헌이익을 상실하게 되는데 그 공헌이익 감소액이 기회원가가 된다.

(3) 대체가격의 범위

① 공급사업부의 최소대체가격이 수요사업부의 최대대체가격보다 낮은 경우 다음과 같이 두 사업부가 모두 허용가능한 대체가격이 존재하며, 대체가격은 다음의 빗금친 부분에서 결정된다.

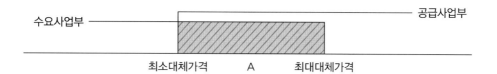

여기서 만약 그림의 A에서 대체가격이 결정된다면 대체거래로 인하여 공급사업부는 대체한 부품 단위당 A와 최소대체가격의 차액만큼 증분이익을 얻게 되고, 수요사업부는 최대대체가격과 A의 차액만큼 증분이익을 얻게 된다. 따라서 기업 전체적으로는 대체거래로 인하여 두 사업부의 증분이익을 합한 금액(최대대체가격 − 최소대체가격)만큼 증분이익을 얻게 되므로, 이러한 경우 기업 전체의 관점에서는 대체가격에 관계없이 대체하는 것이 유리하다.

② 공급사업부의 최소대체가격이 수요사업부의 최대대체가격보다 높은 경우 다음과 같이 두 사업부가 모두 허용가능한 대체가격이 존재하지 않으므로 대체거래는 성립하지 않는다.

그러나 만약 그림의 A에서 대체가격이 결정된다면 이로 인하여 공급사업부는 대체한 부품 단위당 최소대체가격과 A의 차액만큼 증분손실을 얻게 되고, 수요사업부는 A와 최대대체가격의 차액만큼 증분손실을 얻게 된다. 따라서 기업 전체적으로는 대체거래로 인하여 두 사업부의 증분손실을 합한 금액(최소대체가격 − 최대대체가격)만큼 증분손실을 얻게 되므로, 이러한 경우 기업 전체의 관점에서는 대체가격에 관계없이 대체하지 않는 것이 유리하다.

제2절 대체가격의 분류

1 시장가격기준

시장가격기준은 대체되는 재화나 용역의 시장가격을 대체가격으로 결정하는 방법이다. 일반적으로 다음의 조건이 성립할 때 시장가격은 목표일치성, 성과평가, 자율성 등의 대체가격결정기준을 모두 만족시킨다고 본다.

첫째, 재화나 용역이 거래되는 시장이 존재한다.
둘째, 개별기업의 행동이 제품의 시장가격에 영향을 미치지 못한다(완전경쟁시장).
셋째, 각 사업부의 관리자가 충분한 자율성을 갖고 의사결정을 한다.

시장가격은 시장에서 형성되는 가장 객관적인 가격이므로 각 사업부의 성과평가를 공정하게 할 수 있는 수단으로서 유용하게 이용되지만, 재화나 용역이 거래되는 시장이 존재하지 않는 경우에는 사용할 수 없다.

2 원가기준

원가기준은 대체되는 재화나 용역의 원가를 기준으로 대체가격을 결정하는 방법이다. 원가기준의 대체가격결정방법은 이해하기 쉽고 간편하지만 다음과 같은 문제점을 가지고 있다.

첫째, 개별사업부의 관점에서는 최적이지만 기업 전체의 관점에서는 최적이 되지 않는 상황, 즉 준최적화 현상이 나타날 가능성이 항상 존재한다. 공급사업부의 최소대체가격이 수요사업부의 최대대체가격보다 높은 경우 공급사업부가 추가적으로 지출하는 원가와 기회원가의 합계가 수요사업부가 절감하는 원가보다 크기 때문에 기업 전체적인 입장에서는 이익이 감소하게 되는 것이다.

둘째, 각 사업부의 성과평가를 공정하게 할 수 없다. 왜냐하면 원가를 기준으로 대체가격을 결정할 경우 공급사업부에서는 이익이 발생하지 않고 대체로 인한 모든 이익은 수요사업부가 차지하기 때문이다.

셋째, 공급사업부가 원가통제를 수행하도록 동기부여를 하지 못한다. 그 이유는 이 방법에 의하면 공급사업부에서 발생한 원가가 모든 수요사업부로 대체되며 결과적으로 공급사업부의 비능률이 그대로 수요사업부에 전가되기 때문이다. 이러한 문제점을 해결하기 위해서는 실제원가가 아닌 표준원가에 기초하여 대체가격을 설정하는 것이 바람직하다.

3 협상가격기준

협상가격기준은 공급사업부와 수요사업부가 협의를 거쳐 서로 합의한 협상가격으로 대체가격을 결정하는 방법이다. 이 방법은 각 사업부의 관리자가 자신의 상황을 가장 잘 알고 있으므로 최적의사결정을 내릴 수 있다는 가정에 기초하고 있다. 협상은 각 사업부 관리자의 자율성을 향상시켜주고 사업부 간의 갈등을 해소하는 데 도움을 주며 동기부여 측면에서도 바람직한 효과를 가져올 수 있는 장점이 있다. 그러나 협상과정에서 많은 시간이 소요될 가능성이 있고 각 사업부의 이익이 사업부 관리자의 협상능력에 따라 민감하게 영향받을 우려가 있다.

제3절 대체가격 결정의 예시 기출

예제 문제

01 최대대체가격

(주)시대는 A, B사업부로 구성되었다. A사업부는 부품을 생산하고 B사업부는 A사업부에서 생산되는 부품을 가공하여 완제품을 제조한다. B사업부에서 부품 한 단위를 완제품으로 만드는데 소요되는 추가가공원가는 ₩120이며, 제품의 단위당 판매가격은 ₩210이다. 각 사업부의 경영자에게는 판매처와 공급처를 자율적으로 선택할 권한이 부여되어 있다. 다음의 각 상황에서 B사업부가 받아들일 최대대체가격을 구하시오.

[요구사항]
1. A사업부에서 생산되는 부품의 외부시장가격이 단위당 ₩80인 경우
2. A사업부에서 생산되는 부품의 외부시장가격이 단위당 ₩110인 경우

> 1. 단위당 최대대체가격 = Min[₩90(₩210 − ₩120), ₩80] = ₩80
>   i) 단위당 지출가능원가 : ₩210 − ₩120 = ₩90
>   ii) 단위당 외부구입가격 : ₩80
> 2. 단위당 최대대체가격 = Min[₩90, ₩110] = ₩90

02 최소대체가격

(주)시대는 A, B사업부로 구성되었다. A사업부는 부품을 생산하고 B사업부는 A사업부에서 생산되는 부품을 가공하여 완제품을 제조한다. B사업부에서는 A사업부에서 생산되는 부품을 연간 100단위만큼 필요로 한다. A사업부에서 생산되는 부품과 관련한 자료는 다음과 같다.

연간 최대생산능력	1,000단위
단위당 외부시장가격	₩500
단위당 변동원가(변동판매비 포함)	₩350
단위당 고정원가(연간 1,000단위 기준)	₩100

다음 각 상황에서 A사업부가 받아들일 수 있는 최소대체가격을 구하시오.
1. 부품의 외부시장수요가 연간 900단위인 경우
2. 부품의 외부시장수요가 연간 1,000단위 이상인 경우
3. 부품의 외부시장 수요가 연간 1,000단위 이상이며, 내부대체 시에는 단위당 ₩50의 변동판매비를 절감할 수 있는 경우

1. 부품의 외부시장수요가 연간 900단위인 경우 = ₩350

> 단위당 최소대체가격 = ₩350 + ₩0

2. 부품의 외부시장수요가 연간 1,000단위 이상인 경우 = ₩500

> 단위당 최소대체가격 = ₩350 + ₩150

3. 부품의 외부시장 수요가 연간 1,000단위 이상이며, 내부 대체 시에는 단위당 ₩50의 변동판매비를 절감할 수 있는 경우 = ₩450

> 단위당 최소대체가격 = ₩300 + ₩150

제4절 　회계시스템의 선택과 대체가격의 결정

대체가격을 결정할 때에는 기업이 이익을 극대화하기 위한 최적 대체가격의 선택이나 동기부여의 목적에서 다음 3가지 요건이 중시된다. 동기부여와 관련된 요건은 경영통제를 설계하는 데 추가적 기준이 되며 동기부여기준이라 한다. 동기부여기준은 목표일치, 유인, 자주성이다.

1 목표일치

목표일치는 부문의 의사결정 때 부문 최적을 합한 것이 전체 최적을 달성함을 의미한다. 이는 최고경영자의 목표를 각 개인이나 집단이 함께 추구할 때 달성할 수 있다. 이에 반해 최고경영자의 목적과 일치하지 않는 행동을 역기능적 행동이라 한다. 기업 전체의 관점에서는 부문 간의 제품 이전이 바람직하나 각 관리자 관점에서 그러한 이전이 자기 부문에 손실을 가져오거나 바람직하지 못하다고 판단하는 경우를 의미한다. 이러한 역기능적 행동을 목표불일치라고 할 수 있고 이는 부문 간의 최적과 전체 최적의 의사결정 기준을 조정함으로써 상당 부분 해결될 수 있다.

2 유인

유인은 구성원들이 기업의 목표를 달성하기 위해 노력하게 만드는 것을 의미한다. 물론 유인이 꼭 필요한 것은 아니기 때문에 유인이 없더라도 목표일치는 달성시킬 수 있다. 하지만 목표일치의 달성을 위해서는 적절한 유인이 필요하다. 유인을 향상시키는 수단으로 성과평가를 이용하는데, 대부분의 사람들이 피드백을 예상하는 경우에는 더 좋은 행동을 취하여 더 좋은 성과를 얻고자 하기 때문이다. 이러한 성과평가는 부문경영자의 유인을 이끌어낼 수 있게 보상체계와 연계되는 한편, 성과평가기준이 목표일치성에 모순되지 않도록 설계되어야 한다.

3 자주성

자주성은 책임회계의 기초요건이며 각 부문관리자가 자유롭게 의사결정함을 의미한다. 의사결정을 자유롭게 할 수 있게 하는 동시에 각 부문관리자에게 책임을 부여해서 성과를 평가한다. 부문관리자에게 자주성이 없으면 권한과 책임이 중앙에 집중되어 분권화될 수 없고 책임회계도 회계시스템으로 정착되기 어렵다.

4 원가-효익

위의 동기부여기준을 모두 충족한 바람직한 회계시스템을 도입하더라도 그 회계시스템 정착에 드는 비용이 회계시스템에서 얻는 효익보다 크면 바람직하지 못하다. 이 문제는 원가-효익분석 관점에서 분석할 수 있는데 원가는 예상되는 현금지출 부분으로 측정이 비교적 용이하지만 효익은 쉽게 예측하기 어렵다는 한계점이 있다.

제5절 | 대체가격과 관련한 회계처리

대체가격과 관련한 회계처리는 단순히 외부보고를 위한 회계처리라기보다는 경영의 계획과 통제에 도움이 되게 회계시스템을 설계하는 관점에서 고안된 것으로 볼 수 있다. 결국 기업 전체 입장에서 기업 부문 간에 재화와 용역을 거래하는 과정에서 발생했지만 아직 외부에 판매되지 않은 재화나 용역에 대해서도 원가로 계상해야 한다고 보는 것이다.

내부이전거래는 경영목표를 달성하는 방향으로 회계처리 할 수 있지만, 내부이익은 통합된 재무제표를 작성할 때 정기적으로 제거해야 한다. 예를 들어 (주)시대는 A, B부문이 있다고 하자. A부문에서 생산된 재화의 제조원가 ₩10,000이 B부문에 ₩15,000으로 이전될 경우에는 다음과 같이 회계처리된다.

A부문(공급부문) :
(차) 외상매출금(B부문)	15,000	(대) 매출(B부문)	15,000
(차) 매출원가(이전분)	10,000	(대) 재고자산(A부문)	10,000

B부문(구매부문) :
(차) 재고자산(B부문)	15,000	(대) 외상매입금(A부문)	15,000

위의 회계처리는 두 부문이 각각 다른 회사인 것처럼 처리했다. (주)시대가 기업 전체로서의 재무제표를 작성할 경우에는 다음과 같은 제거분개가 필요하다.

내부 채권·채무를 제거하기 위한 분개 :
(차) 외상매입금(A부문)	15,000	(대) 외상매출금(B부문)	15,000

A부문의 내부 매출총이익을 계상하기 위한 마감분개 :
(차) 매출(B부문)	15,000	(대) 매출원가(이전분)	10,000
		내부 매출총이익(A부문)	5,000

내부 매출총이익을 제거하기 위한 분개 :
(차) 내부 매출총이익(A부문)	5,000	(대) 재고자산(B부문)	5,000

이상의 제거분개로 결국 (주)시대의 장부에는 내부거래의 외상매출금, 매출액, 재고자산 등을 계상하지 않는 결과가 된다.

○✕로 점검하자 | 제14장

※ 다음 지문의 내용이 맞으면 O, 틀리면 ✕를 체크하시오. [1~7]

01 목표일치성기준은 각 사업부의 목표뿐만 아니라 기업 전체의 목표도 극대화할 수 있는 방향으로 대체가격을 결정해야 한다는 기준이다. (   )

02 수요사업부의 최대대체가격은 대체 시 단위당 증분지출원가에 대체 시 단위당 기회원가를 더해서 결정한다. (   )

03 공급사업부의 최소대체가격이 수요사업부의 최대대체가격보다 낮은 경우 두 사업부가 모두 허용 가능한 대체가격이 존재한다. (   )

04 시장가격기준은 대체되는 재화나 용역의 원가를 기준으로 대체가격을 결정하는 방법이다.
(   )

05 협상가격기준은 공급사업부와 수요사업부가 협의를 거쳐 서로 합의한 협상가격으로 대체가격을 결정하는 방법이다. (   )

06 유인은 책임회계의 기초요건이며 각 부문관리자가 자유롭게 의사결정함을 의미하지만 책임회계의 기초요건은 아니다. (   )

07 회계시스템 정착에 드는 비용이 회계시스템에서 얻는 효익보다 크면 바람직하지 못하기 때문에 원가–효익을 충족시키는 대체가격을 결정해야 한다. (   )

정답과 해설   01 O   02 ✕   03 O   04 ✕   05 O   06 ✕   07 O

02 수요사업부의 최대대체가격은 단위당 지출가능원가와 단위당 외부구입가격 중 작은 금액으로 결정한다.
04 시장가격기준은 대체되는 재화나 용역의 시장가격을 대체가격으로 결정하는 방법이다.
06 유인은 구성원들이 기업의 목표를 달성하기 위해 노력하게 만드는 것을 의미하며, 책임회계의 기초요건이다. 각 부문관리자가 자유롭게 의사결정하는 것은 자주성이다.

01 다음 중 대체가격 결정 시 고려해야 할 사항으로 옳지 <u>않은</u> 것은?

① 각 사업부의 이익과 기업 전체의 이익을 극대화할 방향으로 결정해야 한다.
② 각 사업부의 성과를 공정하게 평가하는 데 유용하도록 결정해야 한다.
③ 각 사업부서의 경영자는 자기 사업부와 관련된 의사결정 시 자율적인 권한이 주어져야 한다.
④ 공급부서와 구매부서 모두 원가절감 노력에 최선을 다해야 한다.

02 다음 중 대체가격 결정 시 고려해야 할 기준이 <u>아닌</u> 것은?

① 목표일치성기준
② 통제성기준
③ 공기관에 대한 재정관리기준
④ 성과평가기준

03 다음 중 수요사업부의 최대대체가격으로 옳은 것은?

① 단위당 최대대체가격 = Min[단위당 지출가능원가, 단위당 외부구입가격]
② 단위당 최대대체가격 = Max[단위당 지출가능원가, 단위당 기회원가]
③ 단위당 최대대체가격 = Min[단위당 증분지출원가, 단위당 외부구입가격]
④ 단위당 최대대체가격 = Max[단위당 증분지출원가, 단위당 기회원가]

01 공급부서는 원가절감 노력을 해야 하며 구매부서는 투입자원을 효율적으로 사용해야 한다.

02 대체가격 결정 시 고려해야 할 기준에는 목표일치성기준, 성과평가기준, 자율성기준, 공기관에 대한 재정관리기준이 있다.

03 단위당 최대대체가격 = Min[단위당 지출가능원가, 단위당 외부구입가격]

정답 (01 ④ 02 ② 03 ①)

04 협상가격기준은 사업부 간 합의한 가격으로 대체가격을 결정하는 방법이다.

04 다음 중 대체가격의 분류에 대한 설명으로 옳지 않은 것은?

① 시장가격기준 – 시장가격을 대체가격으로 결정하는 방법
② 원가기준 – 원가를 기준으로 대체가격을 결정하는 방법
③ 협상가격기준 – 제3자와 거래가액을 대체가격으로 결정하는 방법
④ 협상가격기준 – 사업부 간 합의한 가격으로 대체가격을 결정하는 방법

05 ①·③·④는 원가기준에 대한 설명이다.

05 시장가격에 대한 설명으로 옳은 것은?

① 기업 전체의 관점에서는 최적이 되지 않는 상황이 나타날 가능성이 존재한다.
② 각 사업부의 관리자가 충분한 자율성을 갖고 의사결정을 한다.
③ 각 사업부의 성과평가를 공정하게 할 수 없다.
④ 공급사업부가 원가통제를 수행하도록 동기부여를 하지 못한다.

06 원가는 예상되는 현금지출 부분으로 측정이 용이하지만 효익은 쉽게 예측하기 어렵다.

06 다음 중 동기부여기준에 대한 설명으로 옳지 않은 것은?

① 원가와 효익은 측정이 비교적 용이하다.
② 목표일치는 부문의 의사결정 시 부문최적을 합한 것이 전체최적을 달성함을 의미한다.
③ 유인이 없더라도 목표일치는 달성시킬 수 있다.
④ 부문관리자가 자주성이 없으면 분권화될 수 없다.

정답 04 ③ 05 ② 06 ①

독학사 경영학과 2단계_원가관리회계

07 (주)시대의 사업부 X의 매출액은 ₩300,000, 변동원가는 ₩220,000, 고정원가는 ₩45,000이다. 고정원가 중 ₩15,000은 사업부 X를 폐지한다면 회피가 가능한 원가이다. 만약 회사가 사업부 X를 폐지한다면 회사의 전체 순이익은 얼마만큼 감소하는가?

① ₩25,000 ② ₩35,000

③ ₩55,000 ④ ₩65,000

08 (주)시대는 최근에 제품단위당 ₩10,000에 100단위를 구입하겠다는 제안을 받았다. 제품과 관련된 자료는 다음과 같으며 주문을 수락하더라도 시설이나 고정원가에는 아무런 영향을 초래하지 않는다. 주문의 수락여부와 회사의 이익에 미치는 영향은 어떠한가?

	제품단위당 원가
직접재료원가	₩4,000
직접노무원가	2,000
변동제조간접원가	1,500
고정제조간접원가	2,000
변동판매비와관리비	500
고정판매비와관리비	1,000
	₩11,000

① 수락, ₩200,000의 이익 증가
② 수락, ₩250,000의 이익 증가
③ 수락, ₩50,000의 이익 증가
④ 거절, ₩100,000의 손실 발생

≫Q

제품단위당 판매가격	₩10,000
직접재료원가	4,000
직접노무원가	2,000
변동제조간접원가	1,500
변동판매비와관리비	500
제품단위당 공헌이익	₩2,000
제품판매량	100단위
영업이익 증가액	₩200,000

07 ₩300,000 − ₩220,000(변동원가) − ₩15,000(회피가능고정원가) = ₩65,000

08 주문 수락 시 영업이익이 ₩200,000 증가하므로 제안을 수락한다. [문제 하단의 표 참고]

정답 07 ④ 08 ①

제14장 실전예상문제 **245**

09 수요사업부 최대대체가격 = Min
[₩7,000(지출가능원가), ₩6,500(외부구입가격)]

09 (주)시대는 A사업부와 B사업부로 구성되어 있다. B사업부는 A사업부에서 생산되는 부품을 가공하여 완제품을 제조한다. B사업부에서 부품 한 단위를 완제품으로 만드는 데 소요되는 추가가공원가는 ₩4,000이며, 완제품의 단위당 판매가격은 ₩11,000이다. B사업부는 완제품에 소요되는 부품을 외부에서 단위당 ₩6,500에 구입할 수 있다. B사업부의 최대대체가격은 얼마인가?

① ₩4,000
② ₩7,000
③ ₩6,500
④ ₩11,000

부록

최종모의고사

당신이 할 수 있다고 생각하든, 할 수 없다고 생각하든 그렇게 될 것이다.

- 헨리 포드 -

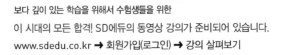

제한시간: 50분 | 시작 ___시 ___분 - 종료 ___시 ___분

⮑ 정답 및 해설 264p

01 전부원가계산에서는 제조원가에 포함되지만, 변동원가계산에서는 제조원가에 포함되지 않고 기간원가로 처리되는 것은?

① 직접재료원가
② 직접노무원가
③ 고정제조간접원가
④ 변동제조원가

02 다음 중 내부이해관계자가 경제적 의사결정을 하는데 유용한 정보를 제공하기 위한 회계는 무엇인가?

① 관리회계
② 재무회계
③ 정부회계
④ 세무회계

03 다음 중 제조원가에 포함되지 <u>않는</u> 것은?

① 공장 건물에 대한 전력비
② 공장 차량에 대한 유류대
③ 본사 건물 감가상각비
④ 재료매입운임

04 다음 중 의사결정과 관련된 원가의 분류에 대한 설명으로 옳지 <u>않은</u> 것은?

① 기회원가란 선택된 대안 이외의 다른 대안 중 최대이익으로 의사결정 시 고려해야 하는 원가이다.
② 회피가능원가는 특정의사결정을 하지 않으면 발생되지 않을 수 있는 원가이다.
③ 매몰원가는 과거 의사결정으로 인하여 이미 발생한 원가로 미래 의사결정 시 고려해야 하는 원가이다.
④ 회피불능원가는 특정대안을 선택하지 않아도 계속 발생되는 원가이다.

05 다음 중 추적가능성에 따른 원가분류로 가장 옳은 것은?

① 실제원가, 표준원가
② 변동원가, 고정원가
③ 재료원가, 노무원가
④ 직접원가, 간접원가

06 다음 ㉠, ㉡에 들어갈 말을 바르게 연결한 것은?

> 직접재료원가, 직접노무원가, 제조간접원가의 세 가지 제조원가 중 직접재료원가와 직접노무원가를 포함하여 (㉠)라 하고 직접노무원가와 제조간접원가를 포함하여 (㉡)라고 한다.

	㉠	㉡
①	기초원가	가공원가
②	가공원가	기초원가
③	기초원가	직접원가
④	가공원가	간접원가

07 다음에서 설명하고 있는 원가행태는 무엇인가?

> 공장 임차료 또는 기계장치의 감가상각비의 원가행태는 조업도 또는 생산량이 변화해도 관련범위 내에서 총원가가 변하지 않고 발생하는 원가이다.

① 준고정원가
② 준변동원가
③ 변동원가
④ 고정원가

08 다음 중 변동원가계산의 제품원가와 전부원가계산의 제품원가에 공통으로 포함되는 원가로 구성된 것은?

> ㉠ 직접재료원가
> ㉡ 직접노무원가
> ㉢ 변동제조간접원가
> ㉣ 고정제조간접원가
> ㉤ 변동판매관리비
> ㉥ 고정판매관리비

① ㉠, ㉡, ㉢
② ㉠, ㉡, ㉢, ㉤
③ ㉠, ㉡, ㉢, ㉣
④ ㉠, ㉡, ㉢, ㉣, ㉤

09 다음 원가자료를 이용하여 가공원가를 계산하면?

> • 직접재료원가　　　₩100,000
> • 제조간접원가　　　₩32,000
> • 직접노무원가　　　₩70,000

① ₩70,000　　② ₩100,000
③ ₩102,000　　④ ₩152,000

10 생산량이 증가함에 따라 고정원가의 단위당 원가는 어떻게 변화하는가?

① 감소한다.
② 증가한다.
③ 일정하다.
④ 알 수 없다.

11 다음의 자료에서 재료의 소비액은 얼마인가?

> • 월초재료재고액 　　₩20,000
> • 월말재료재고액 　　₩45,000
> • 당월재료매입액 　　₩420,000

① ₩365,000
② ₩375,000
③ ₩385,000
④ ₩395,000

12 다음은 제품제조원 관련된 원가자료이다. 직접노무원가는 얼마인가?

> • 직접재료원가 　₩600,000
> • 제조간접원가 　₩300,000
> • 판매가격 　　₩1,875,000
> • 판매가격은 원가에 20%의 이익을 가산한다.
> • 판매비와 관리비는 제조원가의 25%이다.

① ₩280,000
② ₩320,000
③ ₩345,000
④ ₩350,000

13 다음 자료를 이용하여 보조부문의 원가를 제조부문에 배부할 경우 절단부문에 배부될 보조부문의 원가는 얼마인가? (단, 직접배부법을 적용하여 계산할 것)

구분		제조간접원가	부분별 배부율	
			동력	수선
제조부문	절단부문	₩400,000	500kw	40회
	조립부문	₩300,000	250kw	40회
보조부문	동력부문	₩110,000	–	30회
	수선부문	₩50,000	300kw	–

① ₩73,333
② ₩83,333
③ ₩98,333
④ ₩108,333

14 (주)시대는 기초에 다음과 같은 원가자료를 추정하였다. (주)시대는 정상원가계산제도를 운영하며, 제조간접원가는 직접노무원가 기준으로 배부한다. 직접노무원가는 임률과 직접노동시간의 곱으로 산출된다. 연초에 계획된 예정배부율을 구하면?

> ㉠ 제조간접원가 　₩442,000
> ㉡ 직접노무원가 　₩520,000

① 70%
② 75%
③ 80%
④ 85%

15 다음 중 원가행동의 추정방법이 <u>아닌</u> 것은?

① 단계배분법
② 고저점법
③ 계정분석법
④ 최소제곱법

16 보조부문원가를 다른 보조부문에는 전혀 배분하지 않고 직접제조부분에만 배부하는 방법으로 보조부문 상호 간의 용역수수관계를 전혀 고려하지 않는 원가배분방법은?

① 직접배분법
② 단계배분법
③ 상호배분법
④ 간접배분법

17 단위당 판매가격이 ₩200이고, 단위당 변동비가 ₩80인 제품을 생산·판매하고 있다. 연간 고정비는 ₩75,000일 때, 손익분기점 판매량은?

① 300개   ② 375개
③ 600개   ④ 625개

18 다음 중 매출배합에 대한 설명으로 옳은 것은?

① 매출배합은 제품들의 총판매량 중에서 각 제품의 판매량이 차지하는 상대적 비율을 의미한다.
② 공헌이익이 큰 제품이 총매출에서 차지하는 비중이 낮을수록 기업의 이익은 커진다.
③ CVP분석은 매출배합이 불규칙적이라고 가정한다.
④ 일반적으로 매출배합을 산출하는 것은 CVP분석의 일부분이라고 볼 수 없다.

19 다음 중 표준원가계산에 대한 설명으로 옳지 <u>않은</u> 것은?

① 표준원가계산은 가격결정 및 기타 경영계획수립에 필요한 기초자료를 제공한다.
② 표준원가계산은 전부원가계산제도뿐만 아니라 변동원가계산제도에서도 적용할 수 있다.
③ 종합원가계산과 결합하여 표준종합원가계산을 적용할 수 있다.
④ 표준원가계산을 적용하여 제품원가를 계산하면 외부보고 시에도 표준원가계산으로 보고하여야 한다.

20 다음 중 개별원가계산에 대한 설명으로 옳지 <u>않은</u> 것은?

① 주로 소품종 대량생산 형태에 적합한 원가계산방법이다.
② 원가보고서는 각 작업별로 작성한다.
③ 원가는 추정가능성에 따라 직접원가와 간접원가로 구분한다.
④ 조선·항공·건설업 등에서 주로 적용한다.

21 다음 중 종합원가계산의 특징이 <u>아닌</u> 것은?

① 표준규격제품을 연속적으로 대량 생산하는 형태에 적합
② 원가보고서는 각 공정별로 작성
③ 재료원가와 가공원가로 원가를 구분
④ 직접원가와 간접원가로 원가를 구분

22 (주)시대는 평균법을 이용하여 종합원가계산을 한다. 원재료는 공정초기에 전량투입되며, 가공비는 공정기간 동안 균등하게 투입될 경우에 완성품환산량을 구하면 얼마인가?

- 기초재공품수량 : 500개(30%)
- 착수수량 : 2,500개
- 완성품수량 : 2,400개
- 기말재공품수량 : 600개(40%)

	재료원가	가공원가
①	2,400개	2,400개
②	2,400개	2,640개
③	3,000개	2,400개
④	3,000개	2,640개

23 다음 중 결합원가계산을 설명한 것으로 옳지 않은 것은?

① 분리원가는 결합원가 가운데 분리할 수 있는 원가를 말한다.

② 결합원가를 배분하는 방법에는 물량기준법과 순실현가치법 등이 있다.

③ 결합원가는 분리점 이전에 발생한 원가이다.

④ 생산량이 전부 판매되면 매출원가는 배분방법에 관계없이 동일하다.

24 특별의사결정 시 사용되는 원가가 아닌 것은?

① 기회원가

② 매몰원가

③ 회피가능원가

④ 차액원가

※ (주)시대는 연산품 A, B, C를 생산하고 있는데, 10월 중 결합원가가 ₩1,000,000이었다. 모든 제품은 분리점에서 판매되며 관련 자료는 다음과 같은 경우 물음에 답하시오. [25~26]

제품	생산량	단위당 판매가격
A	5,000개	₩500
B	3,000개	₩500
C	2,000개	₩500
합계	10,000개	

25 물량기준법에 따라 산출된 연산품 A의 결합원가배부액은 얼마인가?

① ₩200,000 ② ₩300,000

③ ₩500,000 ④ ₩600,000

26 상대적 판매가치법에 따라 산출된 연산품 A의 결합원가배부액은 얼마인가?

① ₩400,000 ② ₩500,000

③ ₩600,000 ④ ₩700,000

27 다음 중 증분접근법에 대한 설명으로 옳지 않은 것은?

① 두 대안의 차이가 나는 부분만을 가지고 의사결정을 하는 방법으로 차액접근법이라고도 한다.

② 계산과정이 번거롭고 시간과 비용이 많이 소요된다.

③ 의사결정 대안이 셋 이상인 경우에는 적용이 곤란하다.

④ 증가하거나 감소하는 수익 및 비용만을 분석하여 의사결정을 하는 방법이다.

28 변동제조간접원가 단위당 표준을 설정할 때 사용하였던 조업도기준이 무엇인가에 따라 나타나는 원가차이는 무엇인가?

① 가격차이

② 조업도차이

③ 능률차이

④ 총차이

29 다음 중 변동원가계산에서 제품원가에 포함되지 <u>않은</u> 것은?

① 직접재료원가

② 직접노무원가

③ 변동제조간접원가

④ 고정제조간접원가

30 다음 중 순현재가치법의 장점이 <u>아닌</u> 것은 무엇인가?

① 화폐의 시간적 가치를 고려한다.

② 순이익이 아닌 현금흐름을 기준으로 평가한다.

③ 할인율을 이용하여 위험을 적절히 반영할 수 있다.

④ 계산이 간편하고 이해하기 쉽다.

31 다음은 대체가격의 분류에 대한 설명이다. 원가기준에 대한 설명이 <u>아닌</u> 것은?

① 기업 전체의 관점에서는 최적이 되지 않는 상황이 나타날 가능성이 존재한다.

② 각 사업부의 관리자가 충분한 자율성을 갖고 의사결정을 한다.

③ 각 사업부의 성과평가를 공정하게 할 수 없다.

④ 공급사업부가 원가통제를 수행하도록 동기부여를 하지 못한다.

32 다음 자료에서 (주)시대의 7월 중 실제직접노무원가는 ₩200,000이다. 직접노무원가의 임률차이는 얼마인가? (단, (주)시대는 표준원가계산제도에 의해 직접노무원가를 계산하고 있다)

- 실제작업시간 : 100시간
- 제품단위당 표준작업시간 : 12시간
- 표준임률 : ₩1,800
- 7월 중 실제생산량 : 10단위

① ₩20,000(유리)

② ₩20,000(불리)

③ ₩36,000(유리)

④ ₩36,000(불리)

※ (주)시대의 영업활동자료는 다음과 같다. (주)시대의 평균투자액은 ₩200,000이며, 필수수익률은 10%이다. [33~34]

• 매출액	₩500,000
• 변동원가	₩160,000
• 고정원가(직접원가)	₩2,000,000

33 (주)시대의 투자수익률은 얼마인가?

① 30%　　② 40%

③ 50%　　④ 60%

34 (주)시대의 잔여이익은 얼마인가?

① ₩40,000　　② ₩50,000

③ ₩60,000　　④ ₩70,000

※ 다음 자료를 이용하여 물음에 답하시오. [35~36]

- 단위당 판매가격　　　₩2,000
- 단위당 변동원가　　　₩1,000
- 월간 총고정원가　　₩800,000

35 손익분기점의 매출액은?

① ₩800,000

② ₩1,600,000

③ ₩2,400,000

④ ₩3,420,000

36 목표이익 ₩400,000을 달성하기 위한 매출량은?

① 400단위　　② 600단위

③ 800단위　　④ 1,200단위

37 책임중심점에 대한 설명으로 옳은 것은?

① 원가중심점 : 원가와 매출액에 대해서 책임을 지는 책임중심점

② 수익중심점 : 원가의 발생에 대해서만 책임을 지는 책임중심점

③ 이익중심점 : 원가와 수익에 대해서 통제책임을 지는 책임중심점

④ 투자중심점 : 매출액에 대해서 책임을 지는 책임중심점

38 판매부서 및 영업소 등의 매출액에 대해서만 성과평가를 하는 책임중심점은?

① 수익중심점

② 원가중심점

③ 투자중심점

④ 이익중심점

39 다음 중 내부수익률법의 한계점으로 옳지 <u>않은</u> 것은?

① 내부수익률의 계산이 너무 복잡하고 어렵다.

② 복수의 내부수익률이 존재하거나, 내부수익률이 존재하지 않을 수도 있다.

③ 화폐의 시간가치를 고려한다.

④ 투자안의 현금유입액이 내부수익률로 재투자 된다는 가정이 지나치게 낙관적이다.

40 다음은 A 사업부의 매출 및 원가자료이다. 이를 바탕으로 A 사업부 폐지 시 회사 전체 순이익의 변화를 계산하면 얼마인가?

매출액	₩400,000
변동원가	₩250,000
고정원가	₩25,000(이 중 ₩10,000은 사업부 A를 폐지한다면 회피가 가능한 원가)

① ₩125,000

② ₩140,000

③ ₩275,000

④ ₩400,000

제한시간: 50분 | 시작 ___시 ___분 - 종료 ___시 ___분

정답 및 해설 268p

01 다음 중 가공원가에 해당하지 <u>않는</u> 원가는 무엇인가?

① 직접재료원가
② 직접노무원가
③ 고정제조간접원가
④ 변동제조간접원가

02 본사에 설치하여 사용하던 에어컨이 고장이 나서 처분하려고 한다. 취득원가는 ₩2,000,000이며 고장시점까지의 감가상각누계액은 ₩1,000,000 이다. 동 에어컨을 바로 처분하는 경우에는 ₩850,000을 받을 수 있다고 하고, ₩200,000 의 수리비를 들여 수리하는 경우에는 ₩1,050,000 을 받을 수 있다면 매몰원가는 얼마인가?

① ₩850,000
② ₩1,000,000
③ ₩1,050,000
④ ₩2,000,000

03 (주)시대의 20X2년 초 재고자산에 포함된 고정제조간접원가는 ₩16,000이며, 20X1년 말 재고자산에 포함된 고정제조간접원가는 ₩18,000이다. (주)시대의 전부원가계산에서 순이익이 ₩20,000일 경우 변동원가계산에서의 순이익은 얼마인가?

① ₩16,000
② ₩18,000
③ ₩20,000
④ ₩22,000

04 원가를 변동원가와 고정원가로 나누고 제품원가에 변동원가만을 포함시키는 원가계산 방법을 무엇이라 하는가?

① 전부원가계산
② 표준원가계산
③ 변동원가계산
④ 실제원가계산

05 자본예산분석방법에 대한 설명으로 옳지 <u>않은</u> 것은?

① 회수기간법은 투자액 회수시점 이후의 현금유입을 고려하지 못한다.
② 회계적이익률법은 화폐의 시간적 가치를 고려한다.
③ 순현재가치법에서는 투자안의 순현가가 0보다 작은 경우에 투자안을 기각한다.
④ 내부수익률은 투자액과 투자의 현금 유입액의 현가를 동일하게 하는 할인율이다.

06 다음 원가자료를 이용하여 기초원가를 계산하면?

㉠ 직접재료원가		₩40,000
㉡ 직접노무원가		₩50,000
㉢ 간접경비		₩14,000
㉣ 직접경비		₩30,000

① ₩44,000 ② ₩84,000
③ ₩90,000 ④ ₩94,000

07 다음 중 변동원가와 고정원가에 대한 설명으로 옳은 것은?

① 조업도가 증가하면 단위당 변동원가는 증가한다.
② 조업도가 증가하면 단위당 고정원가는 증가한다.
③ 조업도가 증가하여도 총변동원가는 일정하다.
④ 조업도가 증가하여도 총고정원가는 일정하다.

08 다음 중 종합원가계산을 사용해야 하는 경우는?

① 주문을 받고 그 주문내역에 따라 생산하는 경우
② 동종의 유사제품을 대량 생산하는 경우
③ 다양한 품질의 제품이 한 개씩 생산되는 경우
④ 제조지시서별로 원가를 구분, 집계하여 계산하려고 하는 경우

09 다음 중 과거의 원가자료를 이용할 수 없는 경우에 사용할 수 있는 원가추정방법은?

① 공학적 접근방법
② 회귀분석법
③ 고저점법
④ 산포도법

10 다음 중 각 제품에 배부될 활동원가 배부율은 얼마인가?

구분	국내용	수출용	활동원가
포장활동	6,000시간	9,000시간	₩900,000

① ₩30
② ₩60
③ ₩100
④ ₩150

11 선입선출법에 의하여 8월의 재료소비액을 계산하면 얼마인가?

8월 1일	전월이월	200개	@₩200	₩40,000
8월 14일	입고	300개	@₩210	₩63,000
8월 17일	출고	400개	–	–
8월 19일	입고	300개	@₩220	₩66,000
8월 25일	출고	300개	–	–

① ₩140,000

② ₩154,000

③ ₩147,000

④ ₩150,000

12 다음 자료를 통해 기초원가를 계산하면 얼마인가?

• 전기이월원재료	₩1,200
• 전기미지급노무원가	₩800
• 당기매입원재료	₩1,800
• 당기지급노무원가	₩1,300
• 기말재고원재료	₩700
• 당기미지급노무원가	₩600
• 당기제조간접원가	₩1,100
• 당기총제조원가	₩4,500

① ₩2,200

② ₩2,300

③ ₩3,400

④ ₩4,500

13 다음 자료에서 보조부문원가를 단계배부법을 이용하여 제조부문에 배부하는 경우 제조부문에 배부할 동력부문의 제조간접원가 총액은 얼마인가? (단, 보조부문원가 중 수선부문비를 먼저 배부한다)

구분		제조부문		보조부문	
		절단부문	조립부문	동력부문	수선부문
제조간접원가		30,000	90,000	5,000	9,000
부분별 배부율	동력	600kW	600kW	–	300kW
	수선	70회	60회	20회	–

① ₩6,600   ② ₩6,200

③ ₩6,800   ④ ₩6,900

14 연구개발비를 각 부문에 배부하는 기준으로 가장 적절한 것은?

① 각 부문의 점유면적

③ 각 부문의 작업인원수

③ 각 부문의 출고액

④ 각 부문의 직접작업시간

15 다음 중 결합원가는 무엇으로 구성되는가?

① 기본원가

② 전환원가

③ 제조원가

④ 판매비와관리비

16 다음 자료에 의하여 종합원가계산에 의한 가공비의 완성품환산량을 계산하면 각각 몇 개인가?

> - 기초재공품 : 200개(완성도 : 30%)
> - 기말재공품 : 100개(완성도 : 40%)
> - 착수량 : 300개
> - 완성품수량 : 400개
> - 원재료는 공정 초에 전량 투입되고, 가공비는 공정 전반에 걸쳐 균등하게 발생한다.

	평균법	선입선출법
①	400개	380개
②	400개	440개
③	440개	380개
④	440개	400개

※ 현대기업은 첫 해에 50,000개의 제품을 얻고 제조원가는 다음과 같다. 물음에 답하시오. [17~18]

> - 직접재료원가   ₩150,000
> - 직접노무원가   ₩105,000
> - 변동제조간접원가   ₩90,000
> - 고정제조간접원가   ₩50,000

17 변동원가계산하의 제품단위당 원가는 얼마인가?

① ₩5.1   ② ₩5.9
③ ₩6.9   ④ ₩7.9

18 변동원가계산하의 제품단위당 원가는 얼마인가?

① ₩5.1   ② ₩5.9
③ ₩6.9   ④ ₩7.9

19 (주)시대는 향수 원료를 ₩500에 구입한 다음 향수A와 향수B를 제조하여 판매하고 있다. 향수A는 분리시점에서 ₩400의 가격으로 즉시 판매가 가능하며, 향수B는 추가 가공하여 ₩800에 판매된다. 추가가공원가는 ₩200이다. 순실현가치법을 사용하여 결합원가를 배분할 경우 향수A에 배분될 원가는 얼마인가?

① ₩500   ② ₩400
③ ₩300   ④ ₩200

20 (주)시대는 순실현가치법에 의해 연산품의 결합원가를 배분하고 있다. 만약 연산품 A와 B 중 연산품 A의 판매가격이 하락하였을 때 나타나는 영향으로 옳은 것은?

① 품목 A의 판매수량이 증가한다.
② 품목 B의 판매수량이 증가한다.
③ 품목 A의 결합원가 배분액이 증가한다.
④ 품목 B의 결합원가 배분액이 증가한다.

21 직접노무원가법으로 계산한 제조지시서 #101의 제조간접원가 예정배부액은 얼마인가?

> - 연간 예정제조간접비총액 : ₩2,000,000
> - 연간 예정직접노무원가 : ₩500,000
> - 실제 직접노무원가 : #101 = ₩300,000, #201 = ₩200,000

① ₩1,200,000
② ₩1,500,000
③ ₩1,800,000
④ ₩2,000,000

22 다음 중 정상개별원가 계산 시 제조간접비예정액 배부계산식으로 옳은 것은?

① 제조간접비예정액 = 예정배부율 × 예정배부기준
② 제조간접비예정액 = 예정배부율 × 실제배부기준
③ 제조간접비예정액 = 실제배부율 × 예정배부기준
④ 제조간접비예정액 = 예정배부율 × 실제배부기준

23 재공품 계정의 당기총제조원가가 당기제품제조원가보다 큰 경우에 대한 설명으로 옳은 것은?

① 기말재공품액이 기초재공품액보다 크다.
② 기말재공품액이 기초재공품액보다 작다.
③ 기말제품재고액이 기초제품재고액보다 크다.
④ 기말제품재고액이 기초제품재고액보다 작다.

24 다음 중 제조간접원가에 대한 설명으로 옳지 <u>않은</u> 것은?

① 제조간접원가는 제품에 배부되는 원가를 직접 추적할 수 없는 원가이다.
② 인과관계에 따라 제조간접원가를 배부하는 것이 쉽지는 않다.
③ 제조간접원가의 배분방법에는 실제배부법과 예정배부법이 있다.
④ 제조간접원가의 실제발생액과 예정배부액의 차이를 배부차이라고 한다.

25 (주)시대의 사업부 X의 매출액은 ₩300,000, 변동원가는 ₩220,0000이고 고정원가는 ₩145,000이다. 고정원가 중 ₩100,000은 사업부 X를 폐지한다면 회피가 가능한 원가이다. 만약 회사가 사업부 X를 폐지한다면 회사 전체 순이익의 변화는 어떠한가?

① ₩20,000 감소
② ₩20,000 증가
③ ₩30,000 감소
④ ₩35,000 증가

26 다음 중 의사결정과 관련한 내용으로 옳지 <u>않은</u> 것은?

① 특정한 대안을 선택함으로써 절약되거나 발생하지 않는 원가를 회피가능원가라고 한다.
② 회피가능원가가 공헌이익보다 작으면, 그 제품라인의 폐지는 순이익을 감소시키므로 계속 유지하는 것이 바람직하다.
③ 부문의 자가제조에 사용할 수 있는 유휴설비가 없는 경우에는 부품의 자가제조에 필요한 설비를 임차하거나 구입해야 하는데, 이때 설비의 임차료나 취득원가는 자가제조에 따른 관련원가가 된다.
④ 일반적으로 단기의사결정에서는 화폐의 시간가치를 고려한 현금흐름정보가 의사결정에 더 유용하다.

27 다음 자료를 이용하여 전부원가계산에서의 순이익을 계산하면 얼마인가?

당기생산량	10,000단위
당기판매량	9,000단위
고정제조간접원가	₩20,000
변동제조간접원가	단위당 ₩3

① 변동원가계산보다 ₩2,000 적다.

② 변동원가계산보다 ₩2,000 많다.

③ 변동원가계산보다 ₩5,000 적다.

④ 변동원가계산보다 ₩5,000 많다.

28 (주)시대는 전자제품을 생산하여 판매하는 회사로서 분권화된 세 개의 제품별 사업부를 운영하고 있다. 이들은 모두 투자중심점으로 설계되어 있으며 각 사업부의 영업자산, 영업이익 및 매출액에 관한 정보는 다음과 같다. 사업부 A의 투자수익률로 옳은 것은?

	사업부 A	사업부 B
평균영업자산	₩1,000,000	₩2,500,000
영업이익	350,000	1,000,000
매출액	3,100,000	2,700,000

① 25% ② 30%

③ 35% ④ 40%

29 다음 중 제조원가에 대한 설명으로 옳지 않은 것은?

① 총고정원가는 조업도에 관계없이 일정하다.

② 총변동원가는 조업도에 따라 변화한다.

③ 단위당 고정원가는 생산량이 증가하면 감소한다.

④ 단위당 변동원가는 생산량이 증가하면 감소한다.

30 (주)시대는 ₩360,000을 투자할 경우 매년 ₩100,000의 현금흐름을 가져다 주는 투자안을 평가하기 위한 방법으로 회수기간법을 이용하고자 한다. 상기 투자안의 회수기간은 얼마인가?

① 2.6년 ② 3년

③ 3.6년 ④ 4년

31 단위당 판매가격이 ₩100이고, 단위당 변동비가 ₩80인 제품을 생산·판매하고 있다. 연간 고정비는 ₩60,000일 때, 연간 손익분기점 매출액은 얼마인가?

① ₩300,000

② ₩350,000

③ ₩400,000

④ ₩450,000

32 다음 중 분권화된 조직에서의 책임회계제도, 대체가격, 성과평가 등에 관련된 설명으로 옳지 않은 것은?

① 책임회계제도는 조직의 자원이 어느 기능을 위하여 사용되었는가보다는 누가 사용하였는가에 관심을 둔다.

② 잔여이익이란 투자중심점이 사용하는 영업자산으로부터 해당 투자중심점이 획득해야 하는 최소한의 이익을 초과하는 영업이익을 말한다.

③ 투자중심점이란 수익과 비용 모두에 대하여 책임이 부여된 조직의 하위단위 또는 부문을 말한다.

④ 투자수익률이란 수익성 지표의 일종으로서 이는 투하된 자본 금액에 대한 이익의 비율을 말한다.

33 (주)시대는 고저점법을 이용하여 원가를 추정하고 있다. 다음 자료를 이용하여 시간당 변동비를 계산하면 얼마인가?

조업도 (시간)	200	300	500	800	1,000
원가(₩)	20,000	40,000	50,000	70,000	80,000

① ₩60   ② ₩65

③ ₩75   ④ ₩80

※ (주)시대는 A와 B사업부로 구성되어 있다. A사업부는 부품을 생산하고, B사업부는 A사업부에서 생산되는 부품을 가공하여 완제품을 제조한다. B사업부에서는 A사업부에서 생산되는 부품을 연간 100단위만큼 필요로 한다. A사업부에서 생산되는 부품과 관련한 자료는 다음과 같다. [34~36]

- 연간 최대생산능력   1,000단위
- 단위당 외부시장가격   ₩500
- 단위당 변동원가(변동판매비   ₩350
  포함)
- 단위당 고정원가(연간 1,000   ₩100
  단위 기준)

34 부품의 외부시장수요가 연간 900단위인 경우는?

① ₩300   ② ₩350

③ ₩400   ④ ₩450

35 부품의 외부시장수요가 연간 1,000단위 이상인 경우는?

① ₩400   ② ₩450

③ ₩500   ④ ₩550

36 부품의 외부시장 수요가 연간 1,000단위 이상이며, 내부대체 시에는 단위당 ₩50의 변동판매비를 절감할 수 있는 경우는?

① ₩350

② ₩400

③ ₩450

④ ₩500

37 다음 자료를 토대로 작업#102의 제조원가를 구하면 얼마인가? (단, 제조간접비는 직접노무비를 기준으로 배분한다)

구분	직접 재료비(₩)	직접 노무비(₩)	제조 간접비(₩)
작업 #101	5,000	8,000	?
작업 #102	4,000	6,000	?
합계	9,000	14,000	8,400

① ₩13,600

② ₩17,800

③ ₩22,000

④ ₩26,200

38 다음 중 활동기준원가계산과 관련된 설명으로 옳지 않은 것은?

① 제품별 또는 부문별 성과평가를 신뢰성 있게 할 수 있다.

② 표준원가계산과 같이 일종의 사전원가계산 제도이다.

③ 배부기준의 수가 전통적인 원가계산에 비해 많다.

④ 다양한 원가유발요인을 인식하여 적정한 가격 결정에 이용한다.

39 순현재가치법이나 내부수익률법이 회수기
간법보다 우월한 자본예산기법이라고 하는
이유로 가장 옳은 것은?

① 계산이 쉽고 간단하다.

② 분석에 필요한 자료의 양이 적다.

③ 감가상각비와 법인세를 고려한다.

④ 화폐의 시간적 가치를 고려한다.

40 책임회계제도 하에서 작성되는 내부책임중심
점에 대한 성과보고서에 관한 설명으로 옳지
않은 것은?

① 통제가능원가와 통제불능원가로 구분해
야 한다.

② 조직도와 일관성을 유지해야 한다.

③ 통제가능원가의 실제와 표준 간의 차이를
포함해야 한다.

④ 해당 책임중심점에 배분된 모든 고정제조
간접원가를 포함해야 한다.

01	02	03	04	05	06	07	08	09	10	11	12	13	14	15
③	①	③	③	④	①	④	①	③	①	④	④	③	④	①
16	17	18	19	20	21	22	23	24	25	26	27	28	29	30
①	④	①	④	①	④	④	①	②	③	②	②	③	④	④
31	32	33	34	35	36	37	38	39	40					
②	②	②	③	②	③	③	①	③	②					

01 **정답** ③
변동원가계산에서는 고정제조간접원가를 제조원가에 포함시키지 않고 기간원가로 처리한다.

02 **정답** ①
내부이해관계자가 경제적 의사결정을 하는 데 유용한 정보를 제공하기 위한 회계는 관리회계이다.

03 **정답** ③
본사 건물 감가상각비는 제조원가가 아닌 판매비와관리비에 포함된다.

04 **정답** ③
매몰원가는 현재와 미래의 의사결정에 아무런 영향을 미치지 못하는 원가이다.

05 **정답** ④
원가는 추적가능성에 따라 직접원가와 간접원가로 분류된다.

06 **정답** ①
㉠ 기초원가, ㉡ 가공원가
• 기초원가 = 직접재료원가 + 직접노무원가
• 가공원가 = 직접노무원가 + 제조간접원가

07 **정답** ④
조업도(생산량)가 변화해도 관련범위 내에서 총원가가 변하지 않고 발생하는 원가는 고정원가이다.

08 **정답** ①
변동원가계산에서는 고정제조간접원가를 제품원가가 아닌 기간원가로 보고, 변동 및 고정판매관리비는 변동원가계산, 전부원가계산 모두 기간원가로 처리한다.

09 **정답** ③
가공원가 : ₩70,000(직접노무원가) + ₩32,000(제조간접원가) = ₩102,000

10 **정답** ①
생산량이 증가함에 따라 총고정원가는 일정하고 단위당 원가는 감소한다.

11 **정답** ④

재료소비액 : ₩20,000(월초재고) + ₩420,000
(당월매입) − ₩45,000(월말재고)
= ₩395,000

12 **정답** ④

- 총원가 : ₩1,875,000 ÷ (1 + 20%)
  = ₩1,562,500
- 제조가 : ₩1,562,500 ÷ (1 + 25%)
  = ₩1,250,000
- 직접노무원가
  = ₩1,250,000 − ₩600,000(직접재료원가)
  − ₩300,000(제조간접원가)
  = ₩350,000

13 **정답** ③

동력 → 절단 ₩110,000 × $\frac{500kW}{750kW}$ = ₩73,333

수선 → 절단 ₩50,000 × $\frac{40회}{80회}$ = ₩25,000

14 **정답** ④

예정배부율 : ₩442,000 ÷ ₩520,000 = 85%

15 **정답** ①

단계배분법은 보조부문원가를 제조부문에 배부
하는 방법이다.

16 **정답** ①

보조부문 상호 간의 용역수수관계가 중요하지 않
을 경우에는 보조부문 상호 간의 용역수수관계를
전혀 고려하지 않는 직접배분법이 적절하다.

17 **정답** ④

$$\text{손익분기점의 판매량} = \frac{\text{총 고정원가}}{\text{단위당 공헌이익}}$$

$$= \frac{₩75,000}{200 - 80} = 625개$$

18 **정답** ①

② 공헌이익이 큰 제품이 총매출에서 차지하는
비중이 높을수록 기업의 이익은 커진다.
③ CVP분석은 매출배합이 항상 일정하다고 가
정한다.
④ 소비자의 기호, 시장점유율과 같은 요인들이
변화함에 따라 매출배합이 변하는 것이 일반
적이므로 매출배합을 산출하는 것도 CVP분
석의 일부분이라고 할 수 있다.

19 **정답** ④

표준원가계산을 적용하여 제품원가를 계산한 경
우라도 외부보고 시에는 실제원가계산으로 수정
해서 보고해야 한다.

20 **정답** ①

소품종 대량생산 형태에 적합한 원가계산방법은
종합원가계산이다. 따라서 ①은 종합원가계산
에 대한 설명이다.

21 **정답** ④

직접원가와 간접원가로 원가를 구분하는 것은
개별원가계산의 특징이다.

22 **정답** ④

구분	물량(완성도)	재료원가	가공원가
완성품	2,400개	2,400개	2,400개
기말재공품	600개(40%)	600개	240개
완성품환산량		3,000개	2,640개

23 정답 ①

분리원가는 추가가공과정에서 발생하는 원가를 말하며 추가가공원가라고도 한다.

24 정답 ②

매몰원가는 의사결정 시 고려되서는 안 되는 원가이다.

25 정답 ③

A배부액 : ₩1,000,000 × (5,000/10,000개) = ₩500,000

26 정답 ②

A배부액 : ₩1,000,000×(2,500,000/5,000,000) = ₩500,000

제품	상대적 판매가치
A	5,000개 × ₩500 = ₩2,500,000
B	3,000개 × ₩500 = ₩1,500,000
C	2,000개 × ₩500 = ₩1,000,000
합계	= ₩5,000,000

27 정답 ②

총액접근법에 대한 설명으로 증분접근법은 시간과 비용이 절감되는 것이 장점이다.

28 정답 ③

변동제조간접원가 단위당 표준을 설정할 때 사용하였던 조업도기준이 무엇인가에 따라 나타나는 원가차이는 능률차이이다.

29 정답 ④

변동원가계산에서는 고정제조간접원가와 판매비와관리비를 기간비용으로 처리한다.

30 정답 ④

회수기간법 또는 회계적이익률법의 장점에 속한다.

31 정답 ②

각 사업부의 관리자가 충분한 자율성을 갖고 의사결정을 하는 것은 시장가격기준이다.

32 정답 ②

- 임률차이 = (실제임률 − 표준임률) × 실제시간
- 실제임률 = 실제직접노무원가/실제작업시간
- 임률차이 : (2,000 − 1,800) × 100시간
  = ₩20,000(불리)

33 정답 ②

투자수익률(40%)

$$= \frac{(₩200,000 − ₩80,000 − ₩40,000)(영업이익)}{₩200,000(투자중심점의 \ 영업자산)}$$

34 정답 ③

잔여이익 : ₩80,000 − (₩200,000 × 10%)
= ₩60,000

35 정답 ②

손익분기점매출액 : 고정원가 ÷ (1 − 변동원가 ÷ 매출액)
= ₩800,000 ÷ {1 − (₩1,000 ÷ ₩2,000)}
= ₩1,600,000

36 정답 ③

- 손익분기점매출액 : 고정원가 + 목표이익 ÷ {1 − (변동원가 ÷ 매출액)}

  = ₩800,000 + ₩400,000 ÷ {1 − (₩1,000 ÷ ₩2,000)}

  = ₩1,600,000
- 매출량 : 1,600,000 ÷ 2,000 = 800단위

37 정답 ③

① 원가중심점 : 원가의 발생에 대해서 책임을 지는 책임중심점

② 수익중심점 : 매출액에 대해서 통제책임을 지는 책임중심점

④ 투자중심점 : 원가 및 수익뿐만 아니라 투자의 사결정에 대해서는 책임을 지는 책임중심점

38 정답 ①

매출액에 대해서만 성과평가를 하는 책임중심점은 수익중심점이다.

39 정답 ③

화폐의 시간가치를 고려하는 것은 내부수익률의 한계점이 아니라 내부수익률법의 장점에 해당한다.

40 정답 ④

증분수익(변동원가, 고정원가절감)	₩260,000
증분비용(매출액 감소)	(₩400,000)
증분이익	₩140,000

01	02	03	04	05	06	07	08	09	10	11	12	13	14	15
①	②	②	③	②	③	④	②	①	②	③	③	②	④	③
16	17	18	19	20	21	22	23	24	25	26	27	28	29	30
③	③	④	④	④	①	②	①	②	②	④	②	③	④	③
31	32	33	34	35	36	37	38	39	40
①	③	③	②	③	③	①	②	④	④

01 정답 ①

가공원가는 직접재료원가를 제외한 모든 제조원가를 의미한다.

02 정답 ②

매몰원가는 과거에 이미 발생된 원가로 현재와 미래의 의사결정에는 아무런 영향을 미치지 못하는 원가이다. 따라서 비품의 장부가액 = ₩2,000,000(취득원가) − ₩1,000,000(감가상각누계액)이다.

03 정답 ②

변동원가계산 순이익 = 전부원가계산 순이익 + 기초재고자산 고정제조간접원가 − 기말재고자산 고정제조간접원가
∴ ₩20,000 + ₩16,000 − ₩18,000 = ₩18,000

04 정답 ③

제품원가에 변동원가만을 포함시키는 원가계산 방법을 변동원가계산이라 한다.

05 정답 ②

회계적이익률법은 화폐의 시간적 가치를 고려하지 못한다.

06 정답 ③

기초원가 : ₩40,000(직접재료원가) + ₩50,000(직접노무원가) = ₩90,000

07 정답 ④

조업도가 증가하면 총변동(고정)원가는 증가(일정)하고, 단위당 변동(고정)원가는 감소(일정)하다.

08 정답 ②

동종의 유사제품을 대량 생산하는 경우 종합원가계산을 적용해야 한다.

09 정답 ①

공학적 접근방법(산업공학적방법)은 조업도와 원가의 관계에 관한 과거 자료가 없는 상황에서 사용될 때가 많다.

10 정답 ②

활동원가 배부율 : ₩900,000 ÷ 15,000시간
= ₩60

11 정답 ③

소비액 : ₩82,000 + ₩65,000 = ₩147,000

- 8월 17일(400개) :
  8/1(₩40,000) + 8/14(200개 × @₩210)
  = ₩82,000
- 8월 25일(300개) :
  8/14(100개 × @₩210) + 8/25(200개 ×
  @₩220) = ₩65,000

12 정답 ③

- 당기재료소비액 = ₩1,200(전기이월) + ₩1,800
  (당기매입) − ₩700(기말재고원재료)
  = ₩2,300
- 당기직접노무원가 = ₩600(당기미지급노무원
  가) + ₩1,300(당기지급노무원가) − ₩800(전
  기미지급노무원가) = ₩1,100
- 기초원가 = ₩2,300(당기재료소비액) + ₩1,100
  (직접노무원가) = ₩3,400

13 정답 ②

- 수선 → 동력 ₩9,000 × $\frac{20회}{150회}$ = ₩1,200
- 동력부문 제조간접원가 총액 :
  ₩5,000 + ₩1,200 = ₩6,200

14 정답 ④

연구개발비는 각 부문의 직접작업시간을 배분
기준으로 한다.

15 정답 ③

일반적으로 결합원가는 제조원가로 구성된다.

16 정답 ③

- 평균법 : 400개 + (100개 × 40%) = 440개
- 선입선출법 : (200개 × 70%) + 200개 + (100
  개 × 40%) = 380개

17 정답 ③

단위당 원가 : ₩345,000 ÷ 50,000개 = ₩6.9

18 정답 ④

단위당 원가 : ₩395,000 ÷ 50,000개 = ₩7.9

19 정답 ④

제품	순실현가치	배분율	결합원가
향수A	₩400	40%	₩200
향수B	₩800 − ₩200 = ₩600	60%	₩300
합계	₩1,000		

20 정답 ④

연산품 A의 판매가치가 상대적으로 하락한다면
연산품 B의 판매가치가 상대적으로 높아지게 된
다. 따라서 배분되는 결합원가도 연산품 B가 증
가하게 된다.

21 정답 ①

① 예정제조간접비 배부율 :

$$\frac{₩2,000,000}{₩500,000} = ₩4$$

② 제조간접비 배부액 : ₩4 × ₩300,000
  = ₩1,200,000

22 정답 ②

제조간접비예정액은 예정배부율에 실제배부기준을 곱하여 배부하게 된다.

23 정답 ①

'당기총제조원가 〉 당기제품제조원가 = 기말재공품액 〉 기초재공품액' 이다.

24 정답 ②

인과관계기준은 원가가 발생한 원인을 파악하여 원가배분대상에 원가를 배분하는 가장 이상적인 배분기준이다.

25 정답 ②

증분수익(변동원가, 고정원가절감) :	₩320,000
증분비용(매출액 감소) :	(300,000)
증분이익 :	₩20,000

26 정답 ④

일반적으로 장기의사결정에서는 화폐의 시간가치를 고려한 현금흐름정보가 의사결정에 더 유용하다. 단기의사결정 시 화폐의 시간가치를 고려할 필요 없이 현금흐름의 크기 자체가 더 중요하게 작용한다.

27 정답 ②

변동원가계산 하에서는 고정제조원가는 모두 당기의 기간비용으로 처리되므로 기말재공품에 포함되지 않는다.
단위당 고정제조간접원가 : ₩20,000 ÷ 10,000 단위 = ₩2
따라서 기말재고액 1,000단위 × ₩2 = ₩2,000 만큼 변동원가계산제도보다 순이익이 많다.

28 정답 ③

	사업부 A	사업부 B
영업이익	₩350,000	₩1,000,000
평균영업자산	÷ 1,000,000	÷ 2,500,000
잔여이익	35%	40%

29 정답 ④

제품의 단위당 변동원가는 조업도에 관계없이 일정하다.

30 정답 ③

회수기간 = 3년 + (₩60,000 ÷ ₩100,000)
= 3.6년

31 정답 ①

- 손익분기점의 매출액 $= \dfrac{\text{고정원가}}{\text{공헌이익률}}$

$= \dfrac{₩60,000}{20\%} = ₩300,000$

- 공헌이익률 $= \dfrac{\text{단위당 공헌이익}}{\text{단위당 판매가격}}$

$= \dfrac{₩100 - ₩80}{₩100} = 20\%$

32 정답 ③

투자중심점은 원가 및 수익뿐만 아니라 투자의 사결정에 대해서도 책임을 지는 책임중심점으로서 성과평가 시 가장 포괄적인 책임중심점이다. 수익과 비용 모두에 대하여 책임이 부여된 조직의 하위단위 또는 부문은 이익중심점이다.

33 **정답** ③

고저점법을 이용한 시간당변동비 = (₩80,000 − ₩20,000) ÷ (1,000시간 − 200시간) = ₩75이다.

34 **정답** ②

단위당 최소대체가격 = ₩350 + ₩0

35 **정답** ③

단위당 최소대체가격 = ₩350 + ₩150

36 **정답** ③

단위당 최소대체가격 = ₩300 + ₩150

37 **정답** ①

작업#102의 제조간접비배부액 :
₩8,400 × ₩6,000 ÷ ₩14,000 = ₩3,600
작업#102의 제조원가 : ₩4,000(직접재료비) + ₩6,000(직접노무비) + ₩3,600(제조간접비) = ₩13,600이다.

38 **정답** ②

일반적으로 사후에 발생한 소비된 원가를 이용한다.

39 **정답** ④

순현재가치법이나 내부수익률법은 화폐의 시간적 가치를 고려한다.

40 **정답** ④

통제가능한 고정제조간접원가만을 책임중심점의 성과보고서에 포함해야 한다.

SD에듀와 함께, 합격을 향해 떠나는 여행

빨리보는 간단한 키워드

시/험/전/에/ 보/ 는/ 핵/심/요/약/ 키/워/드/

실패하는 게 두려운 게 아니라, 노력하지 않는 게 두렵다.

– 마이클 조던 –

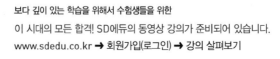

부록 | 빨리보는 간단한 키워드

| 제1장 | 원가관리회계의 개념 |

[Keyword]
- '원가관리회계'의 목적
- '원가관리회계'와 '재무회계'의 구분
- '원가회계'와 '관리회계'의 범위

제1절 원가관리회계의 의의와 목적

1 원가관리회계의 의의

제품의 제조에 투입된 원가를 기록, 계산 그리고 집계하여 제품생산에 소요된 총원가를 계산하는 회계처리

〈재무회계와 원가관리회계〉

구분	재무회계	원가관리회계
목적	외부정보이용자의 경제적 의사결정에 유용한 정보의 제공	경영자의 경제적 의사결정에 유용한 정보의 제공
정보이용자	외부정보이용자(주주, 채권자 등)	내부정보이용자(경영자, 관리자 등)
보고수단	기업회계기준에 따른 재무제표	일정한 기준이 없는 특정보고서
정보의 질적 속성	객관적이며 검증 가능한 정보	주관적이며 목적 적합한 정보
시간적 관점	과거지향적 정보	미래지향적 정보
범위	넓고 전체적인 범위	좁고 구체적인 범위

2 원가관리회계의 목적

(1) 재무제표의 작성에 유용한 원가정보를 제공

(2) 원가통제에 대한 유용한 원가정보를 제공

(3) 경영자에게 경영의사결정에 유용한 원가정보를 제공

제2절 원가관리회계의 체계와 범위

1 원가관리회계의 체계와 범위

〈원가관리회계의 범위〉

원가회계의 영역	관리회계의 영역		
제품원가계산	전략적 계획	경영통제	업무통제

2 의사결정의 범주에 따른 관리회계 분류

(1) 전략적 계획

① **계획** : 목표를 설정하고 달성하기 위하여 대안을 탐색하고 더 나은 결과를 얻을 수 있는 방안에 대해 의사결정을 하는 것

② **전략적 계획** : 물건을 생산하여 판매하고자 할 때 세우는 생산전략이나 판매전략 등

(2) 경영통제와 업무통제

① **경영통제** : 조직의 목표달성에 필요한 자원을 통제하는 부분

② **업무통제** : 특정과업 또는 거래들이 원활하게 수행되게 통제하는 부분

(3) 원가관리회계의 범위

제품원가계산 측면	원가의 흐름과 배분, 개별원가계산, 활동기준원가계산, 종합원가계산 등
관리적 측면	표준원가계산, 변동원가계산 등
경영자의 의사결정에 필요한 자료를 제공하는 측면	원가의 분류와 추정, 원가·조업도·이익분석, 관련원가와 의사결정, 자본예산, 종합예산, 책임회계와 성과평가, 대체가격 등

제3절 경영통제시스템의 의의와 발전

1 경영통제시스템의 의의

경영자가 기업목표를 달성하는 데 자원이 효과적·효율적으로 획득·사용되었는지 확인하는 것

2 경영통제시스템의 요소

경영자	상급자와 하급자로 구성되는데, 상급자는 하급자의 업무를 감독·지시하는 역할
경영과정	하급자가 운영과정을 감독·지시하는데, 주로 예산을 계획·집행하는 과정이다.
환경	통제불가능요소로 정치적 변동, 경제적 변화, 경쟁기업의 반응 등이 있음
성과	경영과정의 결과를 평가하는 과정으로서 예산과 결과를 비교·분석하는 과정이며, 원가차이분석, 책임회계 등의 수단으로 성과를 평가함
피드백	미래의 계획을 수정하는 역할

3 경영통제의 발전과정

(1) 1단계 : 물리적 관찰

(2) 2단계 : 역사적 기록

(3) 3단계 : 종합예산

(4) 4단계 : 변동예산

(5) 5단계 : 책임회계

제2장 원가의 개념과 분류

[Keyword]
- '원가'의 개념
- '자산'과 '비용' 구분하여 인식
- '원가'의 구분
- '원가요소'에 따른 구분
- '추적가능성'에 따른 구분
- '의사결정'과 관련된 구분
- '원가' 구성

제1절 원가의 개념

1 원가의 개념

원가란 재화나 서비스의 생산을 달성하기 위해 희생되었거나 희생되었으리라고 예상되는 재화 등의 경제적 자원을 화폐적 단위로 측정한 것

원가(Cost) ─┬─ 미소멸원가 : 자산(Assets)
          └─ 소멸원가 : 비용(Expense)

제2절 원가의 분류

1 원가요소에 따른 분류

(1) **재료비** : 제품 생산을 위해 소비된 원가

(2) **노무비** : 제품 생산을 위해 소비된 공장 종업원의 임금, 제수당 등

(3) **제조경비** : 재료비와 노무비를 제외한 기타 제조원가

2 추적가능성에 따른 분류

(1) **직접원가(직접비)** : 원가 소비액을 개별 제품별로 직접 추적이 가능한 원가
　　① 직접재료비
　　② 직접노무비
　　③ 직접경비

(2) **간접원가(제조간접비)** : 원가가 여러 제품에 공통적으로 발생되어 원가소비액을 개별 제품별로 추적할 수 없는 원가
　　① 간접재료비
　　② 간접노무비
　　③ 간접경비

3 원가행태에 따른 분류

(1) 변동원가(변동비) : 조업도 또는 생산량의 변화에 따라 관련범위 내에서 총원가가 비례적으로 변동하는 원가(예 직접재료비, 직접노무비 등)

※ 조업도 증가 → 단위당 원가 일정
　조업도 감소 → 단위당 원가 일정

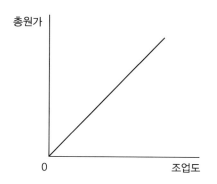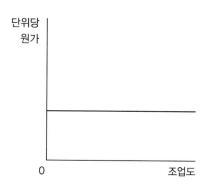

(2) 고정원가(고정비) : 조업도 또는 생산량이 변화해도 관련범위 내에서 총원가가 변하지 않고 고정되어 있는 원가(예 임차료, 보험료, 재산세, 감가상각비 등)

※ 조업도 증가 → 단위당 원가 감소
　조업도 감소 → 단위당 원가 증가

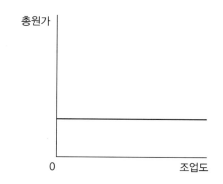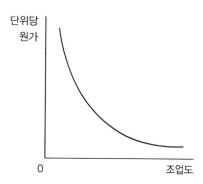

〈고정원가와 변동원가〉

구분	고정원가	변동원가
총원가	일정	정비례
단위당 원가	체감	일정

(3) 준변동원가(준변동비, 혼합원가) : 고정원가와 변동원가 두 가지 요소를 모두 포함(예 전화요금, 전력비 등)

(4) 준고정원가(준고정비, 계단원가) : 고정원가가 원가동인의 다양한 범위별로 일정하지만 원가동인이 한 범위에서 다음 범위로 움직이면 계단식으로 증가하는 원가

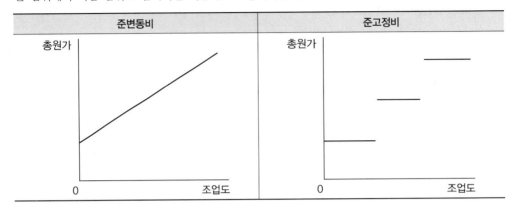

4 의사결정과 관련된 분류

(1) 관련원가

① **기회원가** : 선택 가능한 여러 대안 중 최선의 대안을 선택했더라면 얻을 수 있었던 최대이익 또는 최소비용으로 의사결정 시 반드시 고려해야 하는 원가

② **회피가능원가** : 특정의사결정을 하지 않으면 발생되지 않을 수 있는 원가

(2) 비관련원가

① **매몰원가** : 현재와 미래의 의사결정에는 아무런 영향을 미치지 못하는 원가

② **회피불가능원가** : 경영자의 의사결정에 의해서도 절약할 수 없는 원가

5 자산성에 따른 분류

(1) 제품원가 : 재고자산의 형태로 존재하다가 판매되는 시점에 매출원가라는 형태로 비용화

(2) 기간원가 : 발생한 시점에 모두 당기 비용화

6 통제가능성에 따른 분류

(1) 통제가능원가 : 일정기간 내에 경영자의 의사결정과정에 영향력을 미칠 수 있는 원가이며, 경영자의 성과평가 과정에서 고려되어야 함

(2) 통제불능원가 : 일정기간 내에 경영자의 의사결정과정에 영향력을 미칠 수 없는 원가

7 시점에 따른 분류

(1) 역사적 원가 : 취득원가

(2) 예정원가 : 앞으로 발생될 것으로 기대되는 미래원가를 추정과 분석을 통해 예측한 원가

제3절 원가의 구성

1 직접재료원가(직접재료비)

제품과의 연관성에 따라 특정제품을 위해 소비되어 그 제품의 원가로 직접 추적할 수 있는 재료비

$$직접재료원가 = 기초재료재고액 + 당기재료매입액 - 기말재료재고액$$

2 직접노무원가(직접노무비)

제조현장에서 직접 제조활동에 참여하는 종업원에 대한 노무비

3 제조간접원가(제조간접비)

추적이 불가능한 모든 제조원가

$$제조간접원가 = 간접재료비 + 간접노무비 + 간접경비$$

4 기초(기본)원가와 가공(전환)원가

(1) 기초원가 = 직접재료원가 + 직접노무원가 + 직접경비

(2) 가공원가 = 직접노무원가 + 직접경비 + 제조간접원가

			판매이익	
		판매비와관리비		판매가격
	제조간접원가			
직접재료원가	직접원가 (기초원가)	제조원가	총원가	
직접경비 직접노무원가				

〈원가구성도〉

5 당기총제조원가(당기총제조비용)

당기총제조원가 = 직접재료비 + 직접노무비 + 직접경비 + 제조간접비

제3장 원가계산제도

[Keyword]
- '원가계산제도' 유형 구분
- '전부원가계산'과 '변동원가계산'의 이해
- '실제원가계산'과 '표준원가계산'의 이해
- '실제원가계산'과 '정상원가계산'의 이해
- '개별원가계산'과 '종합원가계산'의 이해
- '종합원가계산' 계산방법

제1절 원가계산제도의 의의와 유형

1 원가계산제도의 의의

재무상태표상의 재고자산을 평가하고 손익계산서상의 매출원가 결정

2 원가계산제도의 유형

(1) **원가집계방법** : 개별원가계산, 종합원가계산

(2) **원가측정방법** : 실제원가계산, 정상원가계산, 표준원가계산

(3) **제품원가계산방법** : 전부원가계산, 변동원가계산, 초변동원가계산

제2절 전부원가계산과 변동원가계산

1 변동원가계산

제품원가 계산 시 변동제조원가(직접재료비, 직접노무비, 변동제조간접비)만을 포함

2 전부원가계산

제품원가 계산 시 고정제조간접비를 포함한 모든 원가를 포함

3 초변동원가계산

제품원가 계산 시 직접재료비만 포함하고 나머지는 기간원가로 처리

제3절 실제원가계산과 표준원가계산

1 실제원가계산

모든 원가를 실제 발생한 원가를 이용하여 제품원가를 계산

2 정상원가계산(예정원가예산)

직접재료원가와 직접노무원가는 실제발생한 원가를 이용하나, 제조간접원가는 예정배부율을 이용하여 제품원가를 계산

3 표준원가계산

모든 원가를 표준배부율(표준원가)를 이용하여 제품 원가를 계산

제4절 개별원가계산과 종합원가계산

1 개별원가계산

주문이나 특별수요에 따라 종류와 규격이 상이한 제품을 개별적으로 생산하는 기업에 적합한 원가계산방법 (예 조선업, 건축업, 항공기 제조업 등)

2 종합원가계산

(1) 종합원가계산의 의의

동종제품을 계속적으로 반복하여 대량생산하는 기업에 적합한 원가계산방법(예 자동차, 전자제품 등)

(2) 종합원가계산의 종류

① **평균법** : 기초재공품원가와 당기발생원가를 합한 총원가를 평균하여 완성품과 기말재공품에 배분하는 방법
② **선입선출법** : 당기완성품의 구성내역에 대해 기초재공품으로 가지고 있던 것이 먼저 완성된 것으로 보는 방법

(3) 종합원가계산의 절차

> ① 물량흐름의 파악 → ② 완성품환산량 계산 → ③ 배분대상 원가의 원가요소별 파악 →
> ④ 완성품환산량 단위당 원가의 계산 → ⑤ 원가배분(완성품과 기말재공품)

① **물량흐름의 파악**

> 기초재공품수량 + 당기착수량 = 당기완성량 + 기말재공품수량

② **완성품환산량 계산**

재료기초투입	평균법	
	재료비	가공비
완성품	100%	100%
기말재공품	–	가공비 완성도

재료기초투입		선입선출법	
		재료비	가공비
완성품	기초재공품	–	(1 – 기초재공품 완성도)
	당기투입	100%	100%
기말재공품		–	가공비 완성도

평균법	① 완성품 완성품환산량 : 완성품수량
	② 기말재공품 완성품환산량 : 기말재공품수량 × 기말재공품 완성도
선입선출법	① 기초재공품 완성품환산량 : 기초재공품수량 × (1 − 기초재공품 완성도)
	② 당기착수완성 완성품환산량 : 당기착수완성수량
	③ 기말재공품 완성품환산량 : 기말재공품수량 × 기말재공품 완성품

③ 원가요소파악

평균법	총원가 = 기초재공품원가 + 당기발생원가
선입선출법	총원가 = 당기발생원가

④ 완성품환산량 단위당 원가의 계산

평균법	원가요소별 단위당 원가 = $\dfrac{(\text{원가요소별 기초재공품원가} + \text{원가요소별 당기발생원가})}{\text{원가요소별 완성품환산량}}$
선입선출법	원가요소별 단위당 원가 = $\dfrac{\text{원가요소별 당기발생원가}}{\text{원가요소별 완성품환산량}}$

⑤ 원가배분(완성품과 기말재공품)

평균법	① 완성품 총원가 = 완성품환산량 단위당 원가 × 완성된 제품의 수량
	② 기말재공품 원가 = 완성품환산량 단위당 원가 × 기말재공품의 완성품환산량
선입선출법	① 완성품 총원가 = 기초재공품의 원가 + (완성품환산량 단위당 원가 × 당기완성품 중 당기 투입된 수량)
	② 기말재공품 원가 = 완성품환산량 단위당 원가 × 기말재공품의 완성품환산량

(4) 공손품 회계

① **공손품** : 품질 및 규격이 표준에 미달하여 품질검사에서 불합격한 제품
② **정상공손** : '매출원가'에 가산
③ **비정상공손** : '재고자산감모손실(영업외비용)' 처리

〈개별원가계산과 종합원가계산의 비교〉

구분	개별원가계산	종합원가계산
적용생산형태	고객의 주문에 따라 제품을 생산하는 주문생산 형태	표준규격제품을 연속적으로 대량생산하는 형태
	주로 다품종 소량생산 형태	주로 소품종 대량생산 형태
	조선, 항공, 건설업 등	식품, 화학, 제부, 섬유업 등
원가계산방법	주문을 받은 개별제품별로 작성된 작업원가표 에 집계함	발생한 원가는 공정별로 재공품 계정에 집계함
	제품단위당 원가는 작업원가표에 집계된 제조 원가를 작업한 수량으로 나누어 계산	제품의 제조원가는 일정기간에 발생한 총원가 를 총생산량으로 나누어 단위당 평균제조원가 를 계산

원가계산방법	재고자산의 평가에 있어서 작업이 완성된 것은 제품계정으로 대체되고 미완성의 제품은 재공품이 됨	재고자산의 평가에 있어서 제품은 완성수량에, 재공품은 기말재공품 환산량에 단위당 평균제조원가를 곱하여 계산
원가보고서의 작성	각 작업별로 작성	각 공정별로 작성
원가구분	직접원가와 간접원가 : 직접원가와 간접원가의 구분이 반드시 필요	재료원가와 가공원가 : 직접원가와 간접원가의 구분은 원칙적으로 불필요

제4장 원가행동의 유형과 추정

[Keyword]
- '원가행동의 유형' 이해
- '변동비'와 '고정비'의 구분
- '혼합원가'의 구분
- '원가함수' 추정

제1절 원가행동의 유형

1 변동원가(변동비)

(1) 조업도에 비례하여 총액이 증감

(2) 단위당 변동원가는 불변

(3) 직접재료비나 직접노무원가와 같이 작업량에 직접 비례해 인과관계를 갖고 움직이는 것

(4) 직접재료비, 직접노무비, 간접재료비, 소모품비, 수도광열비 등이 있음

(5) 순수변동원가와 계단식 변동원가

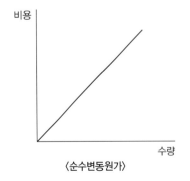

〈순수변동원가〉

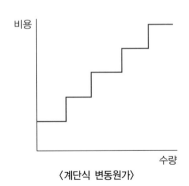

〈계단식 변동원가〉

2 고정원가(고정비)

(1) 조업도가 증감해도 총액이 변동하지 않은 원가

(2) 단위당 고정원가는 조업도 증감에 따라 변동

(3) 감가상각비, 재산세, 보험료 등이 있음

3 혼합원가(준변동원가)

(1) 변동원가와 고정원가의 요소를 둘 다 포함하는 원가

(2) 기본요금이 존재하고 사용량이 증가함에 따라 원가가 증가

(3) 전력비, 전화요금 등이 있음

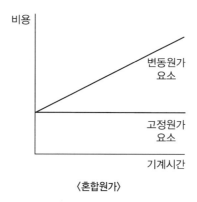

〈혼합원가〉

제2절 원가행동의 추정

1 원가추정의 의의

(1) 조업도(독립변수)와 원가(종속변수) 사이의 관계를 규명하는 것

(2) 회계자료나 작업측정으로 미래원가를 추정하여 경영활동의 계획과 통제 및 특수한 의사결정에 유용한 정보를 제공하는 것이 목적

2 원가추정의 가정

(1) 총원가 변화는 단 하나의 원가동인(생산량, 직접노무비 등) 변화로 설명

(2) 원가행태는 일정한 관련범위에서 원가동인의 선형원가함수로 표시

3 원가함수

$$TC = a + bx$$
- TC : 추정총원가
- a : 추정고정원가
- b : 추정단위당 변동원가
- x : 원가동인

제3절 원가추정방법의 선택

1 고저점법(High-Low Method)

관련범위에서 최대조업도와 최저조업도에 관한 원가자료를 이용하여 원가함수를 추정

2 산포도법(Scattergraph Method)

① **산포도** : 조업도와 비용의 관계를 나타내는 여러 점을 그래프에 그린 것
② **회귀선** : 산포도의 점들을 대표할 수 있게 도출한 선
③ 회귀선의 기울기는 조업도 변화에 다른 비용의 평균화율(단위당 변동비)을 나타냄
④ 회귀선이 Y축과 만나는 점은 총고정비를 뜻함

3 최소제곱법(Least Squares Method)

자료를 대표하는 회귀선을 눈대중으로 도출하는 산포도법과 달리 최소제곱법은 통계적 분석으로 가장 알맞은 회귀선을 도출

4 공학적 접근방법(Engineering Approach Method)

생산방식, 원재료명세, 필요노동력, 필요한 기계장치, 생산능률, 소비전력 등에 대한 평가를 근거로 원가행태가 어떠해야 하는지를 산업공학전문가들이 계량적으로 분석

제5장 원가-조업도-이익분석

[Keyword]
- 'CVP분석'의 의의 및 목적 이해
- 'CVP분석의 가정' 이해
- '공헌이익' 이해
- '영업레버리지' 이해
- '손익분기점' 계산
- '안전한계' 이해
- 'CVP분석의 한계' 이해

제1절 원가-조업도-이익분석(CVP분석)의 기초

1 CVP분석의 기초

(1) CVP(Cost-Volume-Profit analysis)분석의 의의

조업도의 변동이 기업의 원가, 수익, 이익에 미치는 영향을 분석하는 기법

(2) CVP분석의 목적

① 경영계획(특히 이익계획의 설정 및 예산편성)에 기여하는 자료를 얻기 위함
② 개별계획 설정(Project Planning)에 유용
③ 기업 전체 또는 일부의 업적을 평가하고 의사결정하는 데 유용

(3) CVP분석의 가정

① 모든 원가는 변동원가와 고정원가로 분류할 수 있다고 가정
② 수익과 원가의 행태는 관련범위 내에서 선형이라고 가정
③ 생산량과 판매량은 일정하다고 가정
④ 단일제품을 생산하는 것으로 가정
⑤ 화폐의 시간가치를 고려하지 않는다고 가정

2 CVP분석의 기본개념

공헌이익	공헌이익 = 매출액 − 변동원가
공헌이익률	$\dfrac{\text{총공헌이익}}{\text{매출액}} = \dfrac{\text{단위당 공헌이익}}{\text{단위당 판매가격}}$

3 원가구조

변동비 비중↑	공헌이익률↓, 영업이익 변동폭↓
고정비 비중↑	공헌이익률↑, 영업이익 변동폭↑

4 영업레버리지

영업레버리지	• 영업레버리지 : 고정영업비용의 지출을 수반하는 자산의 보유정도 • 영업레버리지분석 : 매출액의 변화에 대한 영업이익 변화의 관계를 분석하는 것
영업레버리지도	$\text{영업레버리지도} = \dfrac{\text{영업이익의 변화율}}{\text{매출액의 변화율}} = \dfrac{\text{공헌이익}}{\text{영업이익}}$
영업이익증가율(%)	매출액 증가율(%) × 영업레버리지도

제2절 손익분기점의 분석

1 손익분기점의 계산

손익분기점	• 제품의 판매로 얻은 수익과 지출된 비용이 일치하여 이익도 손실도 발생하지 않는 매출액이나 판매량 • 손익분기점에서는 고정원가와 총공헌이익이 일치하여 영업이익이 '0'이 됨
공헌이익법에 의한 손익분기점의 판매량	$\text{손익분기점의 판매량} = \dfrac{\text{총 고정비}}{\text{단위당 공헌이익}} = \dfrac{\text{총 고정비}}{\text{공헌이익률}}$

2 안전한계

안전한계	실제 또는 예상 판매량(매출액)이 손익분기점의 판매량(매출액)을 초과하는 판매량(매출액)
안전한계 판매량 (매출액)	실제판매량(매출액) − 손익분기점 판매량(매출액)
안전한계율	$\text{안전한계율} = \dfrac{\text{안전한계 판매량(매출액)}}{\text{판매량(매출액)}}$ $= \dfrac{\text{판매량(매출액)} - \text{손익분기점 판매량(매출액)}}{\text{판매량(매출액)}}$ $= \dfrac{\text{영업이익}}{\text{공헌이익}}$ $= 1 - \dfrac{\text{손익분기점 판매량(매출액)}}{\text{판매량(매출액)}}$
이익	이익 = 안전한계 판매량 × 단위당 공헌이익 = 안전한계 매출액 × 공헌이익률

제3절 매출배합의 개념

1 매출배합의 정의

(1) 각 제품의 판매량이 차지하는 상대적 비율을 의미

(2) 공헌이익이 큰 제품이 총매출에서 차지하는 비중이 높을수록 기업의 이익이 극대화

(3) CVP분석은 매출배합이 항상 일정하다고 가정

(4) 매출배합을 산출하는 것도 CVP분석의 일부분

2 매출배합과 단위당 공헌이익

(1) 매출배합을 평균단위당 공헌이익으로 측정 가능

(2) 총매출량은 변하지 않더라도 수익성이 높은 제품의 비중을 높이는 방향으로 바뀌면 평균단위당 공헌이익이 높아지고, 수익성도 향상

제4절 원가-조업도-이익분석의 한계

(1) 모든 원가는 변동원가와 고정원가로 분류할 수 있다고 가정
현실적으로 특정원가를 변동원가와 고정원가의 성격으로 판단하기 어려운 경우가 많음

(2) 수익과 원가의 행태는 관련범위 내에서 선형이라고 가정
CVP분석은 주로 단기간의 의사결정문제에 이용되므로 관련범위 내에서는 총수익과 총원가는 선형으로 가정할 수밖에 없음

(3) 생산량과 판매량은 일정하다고 가정
생산량이 모두 판매된 것으로 가정함으로써 기초와 기말재고자산이 손익에 영향을 미치지 않는다고 가정해야 함

(4) 단일제품을 생산하는 것으로 가정
복수의 제품을 생산하는 경우 매출배합이 일정하지 않고 수시로 변경된다면 여러 개의 손익분기점이 도출

(5) 화폐의 시간가치를 고려하지 않는다는 가정
화폐의 시간가치를 배제하는 단기모델이라는 점과 화폐가치가 변할 수 있는 인플레이션을 무시한다는 제반 한계점을 가짐

제6장 종합예산

[Keyword]
- '예산'의 의의
- '예산'의 종류 구분
- '종합예산의 편성' 이해

제1절 예산의 본질

1 기업계획의 의의

(1) **기업계획** : 경영자가 자신이 계획한 내용을 종업원과 기타 이해관계자에게 제시하여 공식적으로 표현한 것

(2) 기업계획의 분류

전략적 계획 (Strategic Plan)	최고경영층에 의해 작성되는 장기적인 경영정책이나 경영목표
중기계획 (Intermediate Plan)	전략적 계획을 토대로 중간경영층이 수립하는 계획
종합예산 (Master Budget)	중기계획을 기초로 작성되는 단기계획

2 예산의 의의와 종류

(1) 예산의 의의 : 미래 경영계획을 화폐가치로 표현한 것

(2) 예산편성의 유용성

① 계획 수립
② 성과평가기준 제공
③ 의사전달의 역할
④ 조정의 역할

(3) 예산의 종류

① **종합예산** : 판매·생산·구매·재무 등 기업 전체 조직에 대한 예산
② **고정예산** : 하나의 고정된 조업도에 맞춰 편성
③ **변동예산** : 일정한 범위의 조업도에 맞춰 편성

3 예산편성과 관련된 기타 개념

(1) 예산기간

① **운영예산** : 대개 1년을 기준으로 작성
② **연속예산** : 12개월을 다루나 현재의 1개월이 끝나면 새로운 1개월을 예산에 포함시켜 항상 12개월 예산이 유지되게 예산을 작성

(2) 참여적 예산

① 조직의 일원으로 인식
② 실제로 업무를 수행하는 자가 예산을 가장 잘 추정할 수 있는 위치에 있으므로 담당자가 작성한 예산이 더욱 정확하고 신뢰성이 높음
③ 할당된 목표보다는 스스로 목표를 설정했을 경우 달성하고자 노력하는 성향이 더 강함

④ 스스로 설정한 예산은 목표를 달성하지 못했을 경우, 스스로 자기 자신을 질책하는 독특한 통제시스템을 가지고 있음

제2절 종합예산시스템

1 종합예산의 편성

보통 1년 단위로 편성되는 단기예산이며, 기업이 달성해야 할 구체적인 목표를 나타내는 고정예산

(1) 판매예산 : 차기에 예상되는 판매액에 대한 계획

(2) 판매예측 : 판매량과 판매가격뿐만 아니라 시장 전체의 판매 잠재력까지 포함하여 예측

2 종합예산의 작성과정

(1) 생산량예산 결정

(2) 직접재료원가 예산, 직접노무원가 예산, 제조간접원가 예산 결정

(3) 매출원가예산 편성한 뒤 판매관리예산 고려하여 영업예산 작성

(4) 영업예산에 자본예산을 고려하여 현금예산 편성

(5) 예산 재무제표 작성

3 종합예산시스템의 예시

(1) 판매예산 : 종합예산편성의 출발점으로서 차기에 판매될 것으로 예측되는 판매량과 매출액에 대한 예산

(2) 생산량예산

> 예상생산량 = 예상판매량 + (예상)기말제품재고수량 − (예상)기초제품재고수량

(3) 제조원가 예산

① **직접재료원가 예산**

$$직접재료원가\ 예산 = \frac{제품예산생산량 \times 제품단위당\ 직접재료수량}{직접재료투입수량} \times \begin{matrix}직접재료비 \\ 단위당\ 원가\end{matrix}$$

② **직접재료구매 예산**

$$직접재료구입량 = \frac{직접재료투입량}{직접재료예산} + 기말직접재료수량 - 기초직접재료수량$$

③ **직접노무원가 예산**

$$직접노무원가\ 예산 = 제품예상생산량 \times 제품단위당\ 노동시간 \times 노동시간당\ 직접노무원가$$

④ **제조간접원가 예산**

$$제조간접원가\ 예산 = \frac{제품예산생산량 \times 제품단위당\ 변동제조간접원가}{변동제조간접원가\ 예산} + \begin{matrix}고정제조 \\ 간접원가\ 예산\end{matrix}$$

(4) 판매비와관리비 예산 : 원가행태별로 나누어서 변동판매관리비와 고정판매관리비로 나누어 예산을 편성

(5) 현금예산 편성

현금부족현상이 예상되는 경우	금융기관으로부터 현금조달
현금초과현상이 예상되는 경우	차입금상환이나 단기투자에 이용

(6) 예산포괄손익계산서 : 판매예산·매출원가예산·판매관리비 예산 등을 기초로 하여 작성되며 예산기간동안의 경영성과를 나타냄

(7) 예산재무상태표 : 예산기간 초의 재무상태와 예산기간 동안의 영업성과에 대한 추정치 및 자산·부채 항목의 변동치를 결합하여 작성

제3절 영기준예산 및 증분예산 등

카이젠 예산 (Kaizen Budgeting)	카이젠이란 일본말로 지속적인 개선을 의미하며, 예산기간 동안의 개선을 구체적으로 예산에 반영
활동기준예산편성 (ABB : Activity-Bared Budgeting)	재화나 용역을 생산하고 판매하는 데 필요한 활동에 대하여 예산을 편성
영기준예산 (Zero Based Budget)	전년도 예산에 대한 참조 없이 완전히 제로 베이스에서 새롭게 예산을 수립하는 방법
예산슬랙 (Budgetary Slack)	예산상의 목표를 쉽게 달성하려고 수익예산을 과소예측하거나 비용예산을 과대예측하려는 경향을 의미

제7장　원가배분

[Keyword]
- '제조간접비' 배부
- '실제제조간접비 배부율' 구하기
- '예정제조간접비 배부율' 구하기
- '제조간접비 배부차이' 조정
- '부문원가 배분'의 이해
- '직접배부법' 배부방법
- '단계배부법' 배부방법
- '상호배부법' 배부방법
- '활동기준원가계산' 이해
- '활동' 구분
- '결합원가계산' 이해
- '결합원가'의 배부방법

제1절 원가배분의 의의와 목적

1　원가배분의 의의

둘 이상의 원가대상에 의하여 공통적으로 사용된 간접원가를 합리적인 배부기준에 따라 각각의 원가대상에 배분하는 과정

2 원가배분의 목적

① 제품원가의 계산
② 경제적 의사결정을 위한 정보제공
③ 경영자와 종업원의 동기부여
④ 원가의 정당화
⑤ 이익과 자산의 측정

3 원가배분 절차

① 원가대상의 설정
② 원가 집계
③ 원가대상별 직접원가의 확인
④ 간접원가의 배부기준과 배분방법 선택

인과관계기준	원가를 발생시킨 원인을 찾아 그 원인과 결과(원가대상)를 연결시키는 방식으로 원가배분을 하는 방법으로서 가장 합리적인 원가배분기준
수혜기준	원가의 발생으로 인하여 혜택 받은 정도의 크기에 비례하여 원가대상에 원가를 배분하는 방식
부담능력기준	각 원가대상이 원가를 부담할 수 있는 능력에 따라 원가를 배분하는 기준
공정성과 공평성기준	집계된 원가를 원가대상에 배분할 때 공정하고 공평하게 이루어지도록 하는 기준으로서 서로 간에 만족할 수 있는 가격을 설정하기 위한 수단으로 정부와의 계약에서 종종 사용

⑤ 원가대상별 배분율 계산
⑥ 원가대상별 배분액 계산

제2절 제조간접원가의 배부

1 제조간접원가의 배부기준

(1) 논리적으로 타당한 인과관계가 필요

(2) 쉽게 적용할 수 있어야 함

2 실제제조간접원가 배부율과 예정제조간접원가 배부율

(1) 실제제조간접원가 배부율

- 실제제조간접원가 배부율 = $\dfrac{\text{실제제조간접원가 합계}}{\text{실제조업도}}$
- 제조간접원가 배부액 = 개별작업의 실제조업도 × 제조간접원가 실제배부율

(2) 예정제조간접원가 배부율

- 예정제조간접원가 배부율 = $\dfrac{\text{총 예산제조간접원가(예정제조간접원가)}}{\text{예정조업도(기준조업도)}}$
- 제조간접원가 배부액 = 개별작업의 실제조업도 × 제조간접원가 예정배부율

3 제조간접원가 배부율의 종류

(1) 공장 전체 제조간접원가 예정배부율

(2) 부문별 제조간접원가 예정배부율

4 제조간접원가 배부차이

정상원가계산은 제품원가계산 시 직접재료원가와 직접노무원가는 각 제품에 직접 대응시키고 제조간접원가를 예정배부율에 의해 각 제품에 배부하는 원가계산방법

- 제조간접원가 과소배부액 = 실제발생액 〉 예정배부액
- 제조간접원가 과대배부액 = 실제발생액 〈 예정배부액

제3절 부문원가의 배분

1 의의

보조부문의 원가를 집계한 후 이를 합리적으로 제품에 배부하는 절차

〈부문공통비의 배부기준〉

부문공통비	배부기준
건물 감가상각비	건물의 점유면적
공장 인사관리 부문	종업원 인원수
건물의 임차료와 보험료	각 부문의 점유면적
수선유지부문	수선 횟수
식당부문	종업원 인원수
구매부문	주문횟수와 주문내용

2 보조부문원가 배분방법

직접배분법	• 보조부문원가를 다른 보조부문에는 배분하지 않고 직접제조부문에만 배부하는 방법으로 보조부문 상호 간의 용역수수관계를 전혀 고려하지 않는 방법 • 정확한 원가배부가 이루어지지 않을 수 있기 때문에 보조부문 상호 간의 용역수수관계가 별로 중요하지 않을 경우에 적용할 수 있음 • 계산이 가장 간단한 방법
단계배분법	• 보조부문원가를 배부순서에 따라 단계적으로 다른 보조부문과 제조부문에 배부하는 방법으로 보조부문 상호 간의 용역수수관계를 일부만 고려하는 방법 • 직접배분법과 상호배분법의 절충적인 방법인 단계배분법에서는 보조부문원가의 배분순서를 합리적으로 결정하는 것이 매우 중요
상호배분법	• 보조부문원가를 용역수수관계에 따라 다른 보조부문과 제조부문에 배부하는 방법 • 보조부문 상호 간의 용역수수관계를 완전히 고려하는 방법 • 상호배분법은 이론적으로 가장 타당하고 가장 정확한 방법이지만 계산의 복잡성 때문에 실무에서는 거의 쓰이지 않음

3 단일배분율법과 이중배분율법

(1) **단일배분율법** : 변동원가와 고정원가를 구분하지 않고 하나의 배부기준 이용

(2) **이중배분율법** : 고정원가는 최대사용량(또는 예상사용량)을 기준으로 배부하고 변동원가는 실제사용량을 기준으로 배부

제4절 경제적 의사결정과 동기부여를 위한 원가계산

1 책임회계의 의의

기업조직에 여러 종류의 책임중심점을 설정하고, 계획과 실적에 관련된 회계수치를 책임중심점별로 집계·분석·보고함으로써 계획과 실적에 관한 정보를 파악하게 하는 회계제도

2 전통적인 원가회계와 책임회계의 비교

구분	전통적인 원가회계	책임회계
원가 이용	제품원가계산과 재고자산의 평가	특정원가 발생의 책임 규정과 효율적인 원가관리
원가 분류	제조원가와 판매비와관리비로 분류	통제가능성을 기준으로 분류
원가 집계	기능별 또는 제품별로 집계	책임중심별로 집계

제5절 공헌이익법에 의한 책임회계의 원가배분

1 공헌이익

매출액에서 변동원가를 차감한 금액으로 고정원가를 회수하고 이익 창출에 공헌하는 금액

2 공헌이익법에 의한 성과평가

사업부문의 경영자 성과평가를 위해서는 변동원가뿐만 아니라 경영자가 통제할 수 있는 고정원가까지 고려한 이익개념을 사용

제6절 활동기준원가계산

1 활동기준원가계산(ABC : Activity Based Costing)의 도입배경

① 다품종 소량생산체제로 전환
② 직접노무원가의 감소, 제조간접원가의 증가
③ 전통적 배부기준에 대한 비판
④ 원가개념의 확대

2 전통적 원가계산의 문제점

① 직접노무원가 비중의 감소
② 생산량 차이로 인한 원가전이
③ 정확한 원가계산의 어려움

3 기본개념

(1) 활동기준원가계산의 정의

정확한 원가계산을 위해 기업의 여러 가지 활동들을 원가대상으로 삼아 원가를 집계하고, 원가대상들에 대한 원가계산도 이들이 소비한 활동별로 파악된 원가에 의해 계산하는 원가계산시스템임

(2) 활동

① **단위수준활동** : 제품생산량에 비례하는 활동
② **묶음관련활동** : 생산수량과 관계없이 일정량에 대한 생산이 이루어질 때마다 수행되는 활동
③ **제품유지활동** : 제품종류에 따라 특정제품을 회사의 생산 품목으로 유지하는 활동
④ **설비유지활동** : 다양한 제품생산을 위하여 기본적인 설비유지를 위한 활동

(3) 원가동인

활동의 양을 계량적으로 나타내는 측정척도

〈수준별 활동과 그 원가동인〉

활동의 수준	활동예시	원가동인
단위수준활동	• 원재료 투입 • 직접노무 • 기계가동	• 기계시간 • 직접노동시간 등
묶음관련활동	• 작업준비 • 자재이동 • 구매주문	• 작업준비횟수(시간) • 재료처리횟수(시간) • 구매주문횟수 등
제품유지활동	• 공장설계 • 엔지니어링 • 제품개량 • 주문제작 • 제품설계	• 제품설계시간 • 설계변경횟수 등
설비유지활동	• 공장관리 • 건물관리 • 안전 유지 및 조경	• 기계시간 • 점유면적 등

4 ABC의 절차

(1) 활동분석

(2) 활동중심점의 설정 및 활동중심점별 원가 집계

(3) 활동중심점별 원가동인 결정

(4) **활동중심점별 제조간접원가의 배부율 계산 및 제조간접원가 배부**

① **활동별 제조간접원가배부율**

$$활동별\ 제조간접원가\ 배부율 = \frac{활동별\ 제조간접원가}{활동별\ 배부기준(원가요인)}$$

② **제조간접원가 배부**

각 제품에 배부되는 원가 = 각 제품별 원가동인 수 × 활동중심점별 제조간접원가 배부율

5 ABC의 효익과 한계

(1) **ABC의 효익**

① 전통적인 개별원가계산보다 정확한 원가계산 가능
② 제품별 수익성에 대한 올바른 정보 획득과 의사결정이 가능
③ 공정한 성과평가 가능
④ 원가절감

(2) **ABC의 한계**

① 과다한 비용 발생
② 현실적인 적용이 어려움
③ 자의적인 원가배부 가능성
④ 기존 방식에 익숙한 종업원들의 반발 가능성

제7절 결합원가계산

1 결합원가계산의 기본개념

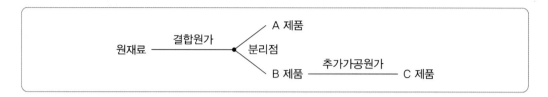

(1) **연산품(결합제품)** : 결합공정에서 생산되는 제품

(2) **주산물과 부산물**

① **주산물** : 상대적으로 판매가치가 높은 제품
② **부산물** : 상대적으로 판매가치가 낮은 제품

> **더 알아두기**
>
> **작업폐물**
> 제조과정에서 생성되지만 부산물에 비해 상대적으로 가치가 더 낮아서 판매가치가 없음

(3) **분리점** : 결합제품이 개별적으로 식별되는 점

(4) **결합원가** : 결합제품을 생산하기 위해 단일 제조공정에 투입된 원가

2 결합제품의 특징

(1) 분리점에 도달하기 전까지는 개별 제품으로 식별되지 않음

(2) 어떤 한 제품을 생산하는 과정에서 다른 제품이 수반

(3) 인위적으로 제품배합을 조절할 수 없는 경우가 많음

(4) 정확한 원가계산을 위한 배부기준을 찾는 것이 어려움

3 **결합원가 계산방법**

① 결합원가계산 → ② 제품별 결합원가 배부 → ③ 각 제품 제조원가 계산

4 **결합원가의 배분**

물량기준법	연산품의 결합원가를 분리점에서 개별제품의 물리적인 양(생산수량, 크기, 중량 등)을 기준으로 배분하는 방법
판매가치기준법	분리점에서의 개별연산품의 판매가치를 기준으로 결합원가를 배분하는 방법
순실현가치기준법	분리점 이후의 추가가공과 판매까지 고려하기 때문에 제조기업의 전 공정을 고려하며, 분리점에서 판매가치가 없는 경우에도 적용할 수 있는 합리적인 방법
	순실현가치 = 각 제품의 최종판매가격 − 추가가공원가와 판매비용
균등이익률법	개별제품들의 최종 판매가치를 기준으로 제품별 매출총이익률이 모두 같아지도록 결합원가를 배분하는 방법

제8장 **표준원가계산**

[Keyword]
• '표준원가' 이해
• '표준원가계산' 방법
• '원가차이' 구분
• '직접재료비 차이' 구하기
• '직접노무비 차이' 구하기
• '제조간접비 차이' 구하기
• '원가차이' 처리방법

제1절 표준원가와 표준원가계산

1 **표준원가**

특정제품을 생산하는 데 발생할 것으로 예상되는 원가를 가격표준과 수량표준을 사용하여 사전에 결정한 것

2 표준원가계산

표준원가를 기초로 원가계산을 하는 제도

제2절 표준의 분류와 설정

1 표준의 분류

(1) 이상적 표준 : 기업이 최대한 효율적으로 운영되어 모든 자원이 낭비되거나 부족하지 않고 완벽하게 사용된 경우에 달성할 수 있는 표준

(2) 실제적 표준 : 효율적인 작업환경에서 도달 가능한 목표치

2 표준원가의 설정

> 원가표준 = 수량표준 × 가격표준

(1) 표준직접재료원가

> 단위당 표준직접재료원가 = 재품단위당 표준직접재료수당 × 재료단위당 표준가격

(2) 표준직접노무원가

> 단위당 표준직접노무원가 = 제품단위당 표준작업시간 × 시간당 표준임률

(3) 표준제조간접원가

① **표준변동제조간접원가**

> - 단위당 표준변동제조간접원가 = 단위당 표준조업도 × 표준배부율
> - 표준배부율 = $\dfrac{\text{변동제조간접원가}}{\text{기준조업도}}$

② 표준고정제조간접원가

- 단위당 표준고정제조간접원가 = 단위당 표준조업도 × 예정배부율

- 예정배부율 = $\dfrac{\text{고정제조간접원가}}{\text{기준조업도}}$

제3절 표준원가계산제도

1 실제원가계산제도의 문제점

모든 원가가 확정되는 기말에 제품원가 계산이 완료되기 때문에 적시에 정보를 제공하지 못함

2 표준원가계산

모든 원가요소에 대해서 과학적 방법과 통계적 방법에 의하여 표준이 되는 원가를 미리 산정하고, 이를 실제 발생원가와 비교하여 그 차이를 분석함으로써 원가통제에 도움이 되도록 하는 원가계산방법

3 표준원가의 장·단점

장점	• 실제원가 대신 표준원가를 사용함으로써 매출원가나 기말재고자산 금액의 계산이 용이 • 표준원가계산제도는 종업원의 성과평가에 유용
단점	• 외부 보고 시에 표준원가를 실제원가로 수정해야 하는 번거로움 • 예외관리 시 어느 정도의 차이가 중요한 차이인지 판단하는 데 어려움

4 표준원가계산의 목적

(1) 원가관리와 통제

(2) 예산편성

(3) 재무제표작성

(4) 회계업무의 간소화 및 원가보고의 신속성

제4절 원가차이

1 차이분석의 기초

총차이	총차이 = 실제발생원가(실제투입원가) − 변동예산에 의한 표준원가(실제산출량에 허용된 표준원가)
유리한 차이와 불리한 차이	• 실제원가 < 표준원가: 유리한 차이(F) • 실제원가 > 표준원가: 불리한 차이(U)
가격차이와 능률차이	• 가격차이: 실제가격에 실제투입량을 곱한 금액과 표준가격에 실제투입량을 곱한 금액의 차이(실제원가와 실제투입량에 대한 표준원가와의 차이) • 능률차이: 표준가격에 실제투입량을 곱한 금액과 표준가격에 표준투입량을 곱한 금액의 차이(실제투입량에 대한 표준원가와 표준투입량에 대한 표준원가와의 차이) • 표준투입량: 실제산출량의 생산에 허용된 투입량

2 직접재료원가 차이 분석

(1) 직접재료비 차이

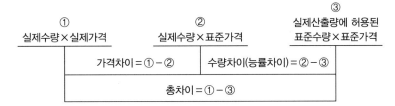

(2) 직접재료원가 차이 원인

① 가격차이
  ㉠ 원재료 시장의 수요와 공급 상황
  ㉡ 구매담당자의 업무능력
  ㉢ 표준 설정 시 고려한 품질수준과 상이한 품질의 원재료 구입
  ㉣ 경기 변동

② 수량차이(능률차이)
  ㉠ 원재료의 비효율적인 사용
  ㉡ 다른 품질의 원재료 사용
  ㉢ 점진적인 기술혁신

3 직접노무원가 차이 분석

(1) 직접노무비 차이

(2) 직접노무원가 차이 원인

① **임률차이**
- ㉠ 생산에 투입되는 노동력의 질
- ㉡ 작업량 증가로 인한 초과근무수당 지급
- ㉢ 노사협상 등에 의한 임금 상승

② **능률차이**
- ㉠ 노동의 비능률적인 사용
- ㉡ 생산에 투입되는 원재료의 품질정도에 따른 투입 노동시간의 변화
- ㉢ 책임자의 감독소홀이나 일정계획 등의 차질

4 변동제조간접원가 차이 분석

(1) 변동제조간접원가 차이

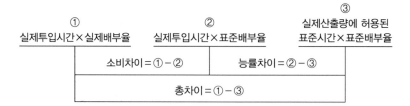

① 소비차이
② 능률차이

(2) 변동제조간접원가 차이 원인

① **소비차이**
- ㉠ 변동제조간접원가를 구성하는 각 항목들의 가격차이 및 능률차이
- ㉡ 표준배부율의 오류

② **능률차이**
  ㉠ 노동의 비능률적인 사용
  ㉡ 생산에 투입되는 원재료의 품질정도에 따른 투입 노동시간의 변화
  ㉢ 책임자의 감독소홀이나 일정계획 등의 차질

5 고정제조간접원가 차이 분석

(1) 고정제조간접원가 차이

$$예정제조간접원가\ 배부율 = \frac{고정제조간접원가\ 예산\ 총액}{기준조업도(배부기준)}$$

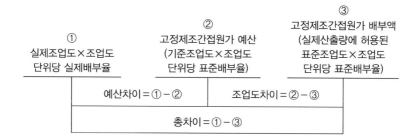

① **예산차이** : 고정제조간접원가 실제발생액과 예산과의 차이로서 다른 원가차이와는 달리 가격차이와 능률차이로 분리할 수 없음
② **조업도차이** : 고정제조간접원가의 예산과 배부액 사이의 차이를 의미

(2) 고정제조간접원가 차이 원인

원가통제 목적상 실제 고정제조간접원가 예정배부율에 의한 고정제조간접원가 배부액과 예산의 차이는 실제생산량에 허용된 표준조업도와 기준조업도의 차이로 인하여 발생하는 것으로 이를 조업도차이로 관리함

제5절 원가차이의 처리와 책임

매출원가조정법	모든 원가차이를 매출원가에 가감하는 방법으로서, 유리한 원가차이는 매출원가에서 차감하며 불리한 원가차이는 매출원가에 가산
영업외손익법	모든 원가차이를 영업외손익으로 처리하는 방법으로, 유리한 차이는 영업외수익항목으로 처리하고 불리한 차이는 영업외비용항목으로 처리
비례배분법	실제원가와 표준원가의 차이를 매출원가와 재고자산의 금액에 비례하여 배분하는 방법

제9장 변동예산과 표준원가계산

[Keyword]
- '변동예산'의 의의
- '변동예산'과 '고정예산'의 차이 구분
- '변동제조간접원가 차이' 구하기
- '고정제조간접원가 차이' 구하기

제1절 변동예산

1 변동예산의 의의

(1) 고정예산

예산기간 중에 결정한 목표조업도(목표판매량)를 기준으로 사전에 편성한 예산으로 실제조업도가 목표조업도와 일치하지 않더라도 바꾸지 않고 고정시킨 정태적 예산

(2) 변동예산

실제조업도가 목표조업도와 다를 경우에 실제조업도를 기준으로 유연하게 조정하여 작성하는 동태적 예산

2 변동예산의 특징

(1) 고정된 조업도가 아닌 일정한 범위의 조업도에서 유연하게 조정

(2) 실제조업도가 원래 계획했던 조업도 수준과 다른 경우 실제 성과를 실제조업도에서의 결과와 비교하기 위해 새로운 조업도 수준으로 예산을 변화시킬 수 있음

3 변동예산과 고정예산의 차이

(1) 변동예산차이

고정예산과 변동예산이 편성되면 실제성과와 비교하여 성과평가를 하는데 실제성과와 변동예산과의 차이

(2) 매출조업도차이

변동예산과 고정예산과의 차이 즉, 실제로 판매된 수량과 목표 판매량의 차이 때문에 영업이익에 미치는 효과를 분석하는 것으로서, 판매량의 차이 때문에 발생하는 영업이익의 차이만을 의미

제2절 변동예산과 표준원가계산과의 관계

1 표준변동제조간접원가

제품단위당 표준변동제조간접원가(표준원가)
= 제품단위당 표준배부기준(표준수량) × 배부기준 단위당 표준배부율(표준가격)

2 표준고정제조간접원가

조업도 단위당 표준배부율 = 고정제조간접원가 예산 ÷ 기준조업도

제3절 제조간접원가 차이분석

1 변동제조간접원가 차이

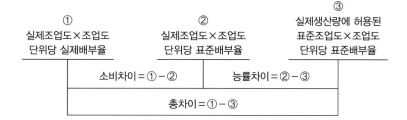

2 고정제조간접원가 차이

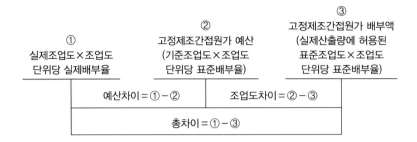

	①	②	③
	실제조업도×조업도 단위당 실제배부율	고정제조간접원가 예산 (기준조업도×조업도 단위당 표준배부율)	고정제조간접원가 배부액 (실제산출량에 허용된 표준조업도×조업도 단위당 표준배부율)

예산차이 = ① − ② 　　조업도차이 = ② − ③

총차이 = ① − ③

제10장　전부원가계산과 변동원가계산

[Keyword]
- '변동원가계산' 개념 이해
- '전부원가계산' 개념 이해
- '변동원가계산' 영업이익 계산방법
- '전부원가계산'과 '변동원가계산' 구분

제1절 전부원가계산과 변동원가계산의 개념

1 변동원가계산

변동원가만을 제품원가에 포함시키고 고정원가는 조업도와 관계없이 기간원가로 처리하는 방법

2 전부원가계산

직접재료원가, 직접노무원가, 변동제조간접원가, 고정제조간접원가 등 제조와 관련되었다면 모든 원가를 제품원가로 계산

제2절 전부원가계산과 변동원가계산의 손익계산서

1 변동원가계산의 손익계산서

변동원가계산을 이용하여 작성하는 손익계산서를 공헌이익 손익계산서라고 함

변동원가계산에 의한 손익계산서

1. 매출액		×××
2. 매출원가(변동제조원가)		
(1) 기초제품재고액	×××	
(2) 당기제품제조원가계	×××	
	×××	
(3) 기말제품재고액	(×××)	×××
3. 제조 공헌이익		×××
4. 변동판매비와관리비		(×××)
5. 공헌이익		×××
6. 고정원가		
(1) 고정제조간접비	×××	
(2) 고정판매비와관리비	×××	×××
7. 영업이익		×××

2 전부원가계산의 손익계산서

전부원가계산을 이용하여 작성하는 손익계산서로 전통적 손익계산서 또는 기능적 손익계산서라고 하고, 기업 외부의 회계정보이용자를 위하여 공시하는 목적으로 사용

전부원가계산에 의한 손익계산서

1. 매출액		×××
2. 매출원가(전부원가)		
(1) 기초제품재고액	×××	
(2) 당기제품제조원가계	×××	
	×××	
(3) 기말제품재고액	(×××)	×××
3. 매출총이익		×××
4. 판메비와관리비		
(1) 변동판매비와관리비	×××	
(2) 고정판매비와관리비	×××	×××
5. 영업이익		×××

3 **전부원가계산과 변동원가계산의 비교**

(1) 제품원가와 기간비용 구분

구분	전부원가계산	변동원가계산	초변동원가계산
제품원가	•직접재료원가 •직접노무원가 •변동제조간접원가 •고정제조간접원가	•직접재료원가 •직접노무원가 •변동제조간접원가	직접재료원가
기간비용	판매비와관리비	•고정제조간접원가 •판매비와관리비	•직접노무원가 •변동제조간접원가 •고정제조간접원가 •판매비와관리비

(2) 당기순이익 비교

생산량 〉판매량(기초재고 〈 기말재고)	전부원가계산의 순이익 〉변동원가계산의 순이익
생산량 = 판매량(기초재고 = 기말재고)	전부원가계산의 순이익 = 변동원가계산의 순이익
생산량 〈 판매량(기초재고 〉기말재고)	전부원가계산의 순이익 〈 변동원가계산의 순이익

제3절 변동원가계산의 유용성과 비판

1 **변동원가계산의 유용성**

① 이익계획과 예산편성에 필요한 자료를 쉽게 얻을 수 있음
② 특정기간의 이익이 재고자산수량의 변동에 의한 고정제조간접원가 배부액 변화에 의해 영향을 받지 않음
③ 경영자의 입장에서 이익을 이해하기 쉬움
④ 부문별·제품별 의사결정 문제에 왜곡을 초래하지 않음
⑤ 고정원가가 이익에 미치는 영향을 쉽게 알 수 있음
⑥ 원가통제와 성과평가에 유용하게 활용

2 **변동원가계산의 비판**

① 고정원가의 중요성을 간과하기 쉬움
② 기업회계측면의 외부보고자료로 이용될 수 없음
③ 원가행태의 구분이 쉽지 않음
④ 장기계획에서는 거의 모든 비용들을 변동원가로 간주하기 쉬움
⑤ 결합제품별로 변동원가계산을 한다는 것이 사실상 불가능

제11장   특별의사결정

[Keyword]
- '관련원가' 이해
- '비관련원가' 이해
- '의사결정방법' 구분
- '자가제조' 또는 '외부구입여부' 결정 방법
- '제품 및 부분의 폐지 또는 추가' 결정 방법
- '특별주문의 수락 또는 거부' 결정 방법

제1절 특별의사결정의 기본적 개념

1 기본개념

의사결정에는 미래를 예측하기 위한 정보를 이용하며 과거정보도 의사결정과정에서 이용될 수는 있지만 과거 정보 그 자체가 중요한 정보가 되지 않기 때문에 특별의사결정이 필요

2 용어정리

(1) **관련원가** : 의사결정에 영향을 미치는 원가

① **현금지출관련원가** : 현재 또는 미래에 현금이나 기타 자원의 지출을 필요로 하는 원가로서 지출원가 라고도 함

② **기회비용** : 현재 사용 중인 재화, 용역, 생산설비가 현재의 용도 이외의 다른 대안 중 최선의 대안에 사용되었을 때의 가치

(2) **비관련원가** : 의사결정에 영향을 미치지 않는 원가

① **현금지출비관련원가** : 두 대안 사이에 차이가 없는 현금지출 비용으로서 미래에 현금지출이 발생하 지만 두 대안 모두 발생하므로 의사결정에 차이가 나지 않는 항목

② **매몰원가** : 경영자가 통제할 수 없는 과거의 의사결정에서 발생한 역사적 원가

3 의사결정의 접근방법

총액접근법	모든 대안들의 총수익과 총비용을 각각 계산하여 이익이 가장 큰 대안을 선택하는 방법으로서 각 대안별로 모두 손익계산서를 작성해야 함
증분접근법	두 가지 대안을 비교분석하는 경우에 차이가 나는 부분만을 가지고 의사결정하는 방법으로서, 기존 대안에 비하여 새로운 대안을 선택하였을 때 증가하거나 감소하는 수익 및 비용만을 분석하여 의사결정하는 방법

제2절 제조 또는 구입

1 자가제조 또는 외부구입여부 결정

부품 외부구입에 따른 구입원가와 자가제조할 경우 제조와 관련하여 발생하는 원가를 비교하여 의사결정

2 자가제조 또는 외부구입여부 결정 시 고려해야 할 질적 요소

(1) 외부공급업자에 대한 신뢰수준

(2) 외부구입 시 신규공급업자와 안정적인 공급능력이 있고, 품질수준을 유지할 수 있는지 여부

(3) 외부구입으로 인한 종업원의 감원에 따른 노동조합의 반발가능성과 기존 설비의 대체적 용도가 존재하는지 여부

제3절 제품 및 부문의 폐지 또는 추가

1 제품라인의 유지 또는 폐쇄여부 결정

손실이 발생하는 제품의 생산을 중단할 것인지 여부를 결정할 때에는 우선 해당 제품의 영업이익이 아닌 공헌이익으로 판단해야 함

의사결정기준	의사결정
제품라인의 공헌이익 〉 회피가능고정원가 + 기회원가	제품라인을 유지
제품라인의 공헌이익 〈 회피가능고정원가 + 기회원가	제품라인을 폐지

2 제조라인의 폐쇄여부 결정 시 고려해야 할 질적 요소

① 제품 생산 중단으로 인한 종업원의 감원에 따른 노동조합의 반발가능성
② 기존 제품 생산 중단이 다른 제품의 판매에 미치는 영향
③ 기존 제품의 폐지로 인해 회사 전체에 미칠 수 있는 대외적 이미지
④ 기존 제품의 제조라인 폐쇄로 인한 유휴생산설비의 활용 방안

제4절 특별주문의 수락 또는 거부

1 유휴생산능력이 충분한 경우

특별주문을 모두 유휴생산설비를 이용하여 생산하기 때문에 특별주문품을 생산함으로 인해 증가되는 수익과 특별주문품의 생산 및 판매로 인해 증가되는 비용을 비교하여 의사결정

2 유휴생산능력이 부족한 경우

(1) 기존 판매를 줄이는 경우 : 대량 주문을 수락함으로 인한 이익의 증가와 기존판매 감소에 따른 이익의 감소를 비교하여 의사결정

(2) 생산설비를 임차(또는 구입)하는 경우 : 생산설비를 임차하거나 구입하면서 발생하는 비용을 관련원 가로 고려

(3) 특별주문 수락여부 결정 시 고려해야 할 질적 요소

① 특정 고객에게 할인판매를 함으로써 기존 시장을 교란시키지 않는지의 여부
② 특정 고객에 대한 할인판매로 인하여 기존 거래처의 이탈 가능성 여부
③ 특별주문이 기업의 장기적인 가격구조와 미래의 판매량에 미칠 수 있는 잠재적인 영향
④ 특별판매가 장기간 지속될 수 있는지 여부

제5절 판매 또는 추가제조

1 결합제품의 추가가공여부 결정

추가가공으로 인하여 증가되는 수익과 증가되는 비용을 비교하여 의사결정

2 결합제품의 추가가공여부 결정 시 고려해야 할 질적 요소

(1) 추가가공 후에도 제품의 시장수요 및 시장성이 존재하는지 여부

(2) 추가가공을 위한 설비를 구입하기 위해 필요 자금의 조달이 가능한지 여부

(3) 추가가공을 위한 설비의 다른 대체적인 용도가 존재하는지 여부

의사결정기준	의사결정
추가가공 후 판매가격 – 추가가공원가 〉 분리점에서의 판매가격	추가가공 부
추가가공 후 판매가격 – 추가가공원가 〈 분리점에서의 판매가격	추가가공 여

제6절 제품가격결정

(1) 가격결정의 의의

기업활동의 모든 측면에 대한 결정으로서 기업 전체에 영향을 미치기 때문에 경영자가 결정해야 할 단일사안으로는 가장 중요한 의사결정

(2) 경제학적 가격결정법

① **완전경쟁시장** : 수요와 공급에 따라 가격이 결정되므로 기업은 시장에서 형성된 가격을 그대로 받아들여야 함

② **불완전경쟁시장** : 이익이 극대화되는 최적판매가격은 한계수익과 한계비용이 일치하는 점에서 결정

(3) 원가가산 가격결정법

원가에 일정한 이익을 가산한 가격을 판매가격으로 결정하는 방법

① **장점** : 적용하기 쉽고 간편함

② **단점**

㉠ 공급업자의 이익이 확실하게 보장되어 있어 원가절감 동기가 없음

㉡ 투하된 자본에 일정수익률을 보장하는 방법으로 이익을 결정하는 경우에는 지나치게 많은 자본을 투입할 가능성 있음

㉢ 제품별 고정원가의 배부가 왜곡되는 경우에는 잘못된 가격결정을 내릴 가능성 있음

㉣ 가격결정 때 제품의 수요와 경쟁기업의 반응을 무시하는 경향 있음

(4) 목표가격결정

① 제품의 구상단계

② 목표가격의 결정단계

③ 목표원가의 결정단계

④ 가치공학 등의 수행단계

〈특별의사결정시 고려할 사항〉

구분	의사결정기준 → 의사결정
자가제조 또는 외부구입여부 결정	•외부구입원가 > 회피가능원가 + 기회원가 → 자가제조 •외부구입원가 < 회피가능원가 + 기회원가 → 외부구입
제품 또는 부문의 폐지 또는 추가	•제품라인의 공헌이익 > 회피가능고정원가 + 기회원가 → 제품라인을 유지 •제품라인의 공헌이익 < 회피가능고정원가 + 기회원가 → 제품라인을 폐지
특별주문의 수락 또는 거부	•특별주문가격 > 증분원가 + 기회원가 → 특별주문을 수락 •특별주문가격 < 증분원가 + 기회원가 → 특별주문을 거부
결합제품의 추가가공여부 결정	•추가가공 후 판매가격 – 추가가공원가 > 분리점에서의 판매가격 → 추가가공 •추가가공 후 판매가격 – 추가가공원가 < 분리점에서의 판매가격 → 즉시판매

제12장 자본예산

[Keyword]

• '자본예산' 개념

• '현금흐름' 추정 방법

• '회수기간법' 개념

• '회계적이익률법' 개념

• '현금흐름할인법' 개념

• '내부수익률법' 개념

제1절 자본예산의 개념

1 고정자산에 대한 투자의 특징

① 대규모 투자이므로 신중한 결정 필요
② 감가상각비로 인한 절세효과 고려
③ 화폐의 시간가치 고려
④ 생산설비의 진부화, 기술의 진부화, 경제상황이나 소비자 기호변화와 같은 불확실한 상황에 직면할 가능성

2 비현금지출비용의 절세효과

감가상각비 같은 비현금지출비용은 현금지출 없이 손금산입되는 비용으로 절세효과 있음

3 자본비용

① 투자안 채택에 따르는 기회비용
② 투자안에 투자하는 경우 기업이 반드시 획득해야 하는 최저투자수익률
③ 현금유출액을 현재가치로 환산하기 위한 할인율로 이용되며 내부수익률법에서는 계산된 내부수익률과 비교하기 위한 비교기준

4 현금흐름의 추정

① **현금흐름의 개념** : 투자안의 평가는 현금흐름을 기초로 이루어짐
② **현금흐름의 추정**

투자시점	투자시점에서의 현금유출액 = 유형자산취득액 + 운전자본소요액
투자기간	영업현금흐름 = 영업활동 현금유입액 - 영업활동 현금유출액 = 회계상 영업이익 + 감가상각비
투자종료	투자종료시점에서의 현금유입액 = 유형자산처분액 + 운전자본회수액

제2절 전통적 자본예산모형

1 회수기간법

(1) 회수기간법의 개요

$$회수기간 = \frac{소요된\ 투자액}{연간현금유입액}$$

독립적 투자안	• 특정투자안의 회수기간 < 기준회수기간 → 투자안 채택 • 특정투자안의 회수기간 > 기준회수기간 → 투자안 기각
상호 배타적 투자안	①: 투자안의 회수기간 < 기준회수기간이고, ②: ①의 투자안 중에서 회수기간이 가장 짧은 투자안 채택

(2) 회수기간법의 장점

① 계산이 간단하고 이해하기 쉬움

② 회수기간이 짧은 투자안을 선택하여 미래의 불확실성을 어느 정도 제거할 수 있음

③ 기업의 유동성을 향상시킬 수 있는 투자안 선택 가능

(3) 회수기간법의 단점

① 투자안의 전체적인 수익성이 고려되지 않음

② 화폐의 시간가치를 고려하지 않음

③ 목표회수기간 설정이 매우 주관적

2 회계적이익률법

(1) 회계적이익률법의 개요

$$회계적이익률(ARR) = \frac{연평균순이익}{최초(또는\ 평균)투자액}$$

(2) 회계적이익률법의 장점

① 계산이 간단하고 이해하기 쉬움

② 회계상의 순이익을 이용하므로 회계상의 자료를 그대로 이용할 수 있음

③ 전체적인 수익성 고려

(3) 회계적이익률법의 단점

① 현금흐름이 아닌 회계적 이익을 이용

② 화폐의 시간가치를 고려하지 않음

③ 목표이익률 설정이 매우 주관적

제3절 현금흐름할인법

1 순현재가치법

(1) 순현재가치법의 개요

순현재가치 = 현금유입액의 현재가치 − 현금유출액의 현재가치

(2) 의사결정기준

독립적 투자안	• 투자안의 순현재가치 > 0 → 투자안 채택 • 투자안의 순현재가치 < 0 → 투자안 기각
상호 배타적 투자안	①: 투자안의 순현재가치 > 0이고, ②: ①의 투자안 중에서 순현재가치가 가장 큰 투자안 채택

(3) 순현재가치법의 장점과 단점

① 화폐의 시간적 가치 고려

② 현금흐름을 기준으로 평가

③ 재투자 시 내부수익률법에 비해 더 현실적

④ 할인율을 이용하여 위험을 적절히 반영할 수 있음

⑤ 할인율로 사용되는 자본비용의 결정이 어려움

2 내부수익률법

(1) 내부수익률법의 개요

① 투자로부터 기대되는 현금유입액의 현재가치와 현금유출액의 현재가치를 일치시키는 할인율, 즉 순현재가치가 '0'이 되도록 만드는 할인율인 내부수익률을 이용하여 투자의사결정을 하는 방법

② 내부수익률이란 투자로 인한 미래기대현금유입의 현재가치와 현금유출의 현재가치를 동일하게 하는 할인율을 말하며, 이는 투자안의 NPV가 0이 되게 하는 할인율

(2) 의사결정기준

독립적 투자안	• 투자안의 내부수익률 > 자본비용 → 투자안 채택 • 투자안의 내부수익률 < 자본비용 → 투자안 기각
상호 배타적 투자안	①: 투자안의 내부수익률 > 자본비용이고, ②: ①의 투자안 중에서 내부수익률이 가장 큰 투자안 채택

(3) 내부수익률법의 장점

① 화폐의 시간가치 고려

② 자본비용의 손익분기점이라는 의미 가짐

(4) 내부수익률법의 단점

① 계산이 복잡하고 어려움

② 내부수익률이 복수이거나 없을 수도 있음

③ 투자안의 현금유입액이 내부수익률로 재투자된다는 가정이 지나치게 낙관적임

④ 투자규모나 현금흐름양상에 따라 다른 결과가 나올 수도 있음

3 순현재가치법과 내부수익률법의 비교

순현재가치법(NPV법)	내부수익률법(IRR법)
계산 간단	계산 복잡
최저요구수익률(자본비용)로 재투자된다고 가정	내부수익률로 재투자된다고 가정
계산 결과가 금액으로 산출되며 가치의 합계원칙 적용	계산 결과가 비율로 산출되기 때문에 가치의 합계원칙 적용할 수 없음

〈자본예산모형의 비교〉

구분	장점	단점
회수기간법	• 계산이 간단하고 이해하기 쉽다. • 투자안의 위험도를 나타내는 위험지표로 이용되어 기업에 유용한 정보를 제공한다.	• 회수기간 이후의 현금흐름은 무시한다. • 화폐의 시간가치를 고려하지 않는다. • 목표회수기간의 선정이 자의적이다.
회계적이익률법	• 계산이 간단하고 이해하기 쉽다. • 회수기간법과 달리 수익성을 고려한다. • 회사의 회계자료를 가지고 바로 이용 가능하다.	• 현금흐름이 아닌 회계적 이익을 이용한다. • 화폐의 시간가치를 고려하지 않는다. • 목표이익률의 선정이 자의적이다.
내부수익률법	• 화폐의 시간가치를 고려한다. • 내부수익률은 자본비용의 손익분기점이라는 의미를 갖는다.	• 내부수익률의 계산이 복잡하다. • 복수의 내부수익률이 존재할 수 있다. • 현금유입액이 투자기간 동안 내부수익률로 재투자된다는 가정이 비현실적이다. • 투자규모나 현금흐름 양상에 따라 다른 결과가 나올 수 있다.

| 순현재가치법 | • 화폐의 시간가치를 고려한다.
• 순이익이 아닌 현금흐름을 이용한다.
• 할인율을 이용하여 위험을 반영할 수 있다.
• 자본비용으로 재투자한다는 가정이 내부수익
  률법에 비해 더 현실적이다.
• 내부수익률법에 비해 계산이 쉽다. | 자본비용의 계산이 어렵다. |

제4절 총프로젝트법과 증분법

총액접근법 (총프로젝트법)	• 모든 대안들의 총수익과 총비용을 각각 계산하여 이익이 가장 큰 대안을 선택하는 방법 • 각 대안별로 모두 손익계산서를 작성
증분접근법	• 두 가지 대안을 비교분석하는 경우에 차이가 나는 부분만을 가지고 의사결정하는 방법 • 기존 대안에 비하여 새로운 대안을 선택하였을 때, 증가하거나 감소하는 수익 및 비용만을 분석 하여 의사결정하는 방법

제13장　분권화와 운영의 통제

[Keyword]
- '책임회계제도' 개념
- '책임중심점' 종류 구분
- '투자수익률' 계산방법
- '경제적 부가가치' 개념

제1절 책임회계와 분권화

1 책임회계제도

(1) **의의** : 각 책임중심점별로 계획과 실적을 측정하여 통제함으로써 책임중심점 관리자에 대한 성과평가
와 조직의 영업성과 향상을 목적으로 하는 회계제도

(2) **종류**

원가중심점	통제가능한 원가의 발생에 대해서만 책임을 지는 가장 작은 활동단위로서의 책임중심점
수익중심점	매출액에 대해서만 통제책임을 지는 책임중심점
이익중심점	원가와 수익 모두에 대해서 통제책임을 지는 책임중심점
투자중심점	원가 및 수익뿐만 아니라 투자의사결정에 대해서도 책임을 지는 책임중심점으로서 가장 포괄적인 개념

2 분권화

(1) **의의** : 의사결정권한이 조직 전반에 걸쳐서 위양되어 있는 상태로서 분권화의 핵심은 의사결정의 자유 정도에 있음

(2) **장점** : 하위 경영자들에 의해 고객과 공급업체 및 종업원의 요구에 훨씬 빠르고 쉽게 대응할 수 있음

(3) **단점** : 기업 전체의 관점에서 최적이 아닌 의사결정을 할 가능성 존재

제2절 조직단위와 분권화

1 조직단위와 책임회계

책임회계가 효과적으로 기능을 수행하려면 권한과 책임관계를 명시한 조직구조를 우선적으로 설정해야 함

2 효과적인 성과보고서

① 동기부여
② 목적적합성
③ 적시성
④ 정확성과 경제성

제3절 이익중심점의 평가

1 수익중심점 및 이익중심점으로서의 판매부서

판매부서는 목표매출의 달성책임이 있으므로 수익중심점 또는 이익중심점으로 운영하지만, 이익중심점으로 운영하는 것이 보다 바람직함

2 판매부서의 성과보고서

일반적으로 예산매출액과 실제매출액의 비교를 통해서 작성

3 매출가격차이와 매출조업도차이

> 매출총차이 = 매출가격차이 + 매출조업도차이
> = 실제매출수량 × (실제판매가격 − 예산판매가격) +
> (실제매출수량 − 예산매출수량) × 예산공헌이익
> = AQ × (AP − BP) + (AQ − BQ) × (BP − SV)
>
> • AQ = 실제매출수량   • BQ = 예산매출수량
> • AP = 실제판매가격   • BP = 예산판매가격
> • SV = 표준변동원가

(1) 매출가격차이 : 실제판매가격과 예산판매가격차이로 인한 공헌이익의 차이

(2) 매출조업도차이 : 실제매출수량과 예산매출수량의 차이로 인한 공헌이익의 차이

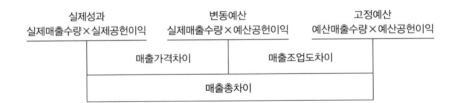

제4절 투자중심점의 평가

1 투자중심점 성과평가의 개요

각 사업부 경영자에게 배부되는 통제가능한 투자액까지 고려하는 투자수익률과 잔여이익 등을 기준으로 책정

2 투자수익률

(1) 의의 : 영업이익을 투자액으로 나누어 계산한 수익성 지표

(2) 투자수익률의 계산

$$투자수익률 = \frac{영업이익}{투자중심점의\ 영업자산}$$

$$= \frac{영업이익}{매출액} \times \frac{매출액}{투자중심점의\ 영업자산}$$

$$= 매출액이익률 \times 자산회전율$$

3 잔여이익(유보이익)

(1) 의의 : 투자중심점의 영업자산으로부터 획득해야 할 최소한의 이익을 초과하는 영업이익을 의미

(2) 잔여이익의 계산

잔여이익 = 투자중심점의 영업이익 − 투자중심점의 영업자산에 대한 부가이자
　　　 = 투자중심점의 영업이익 − (투자중심점의 영업자산 × 최저필수수익률)

4 경제적 부가가치

(1) 개념

기업의 영업활동 결과 창출한 세전순영업이익에서 그에 해당하는 법인세부담액을 차감하여 세후순영업이익을 산출하고 여기서 영업활동을 위해 제공된 투하자본에 대한 자본비용을 차감하여 계산한 이익

(2) 경제적 부가가치의 계산

경제적 부가가치 = 세후영업이익 − 가중평균자본비용 × (총자산 − 유동부채)
　　　　　　　 = 세후영업이익 − 가중평균자본비용 × (고정자산 + 유동자산 − 유동부채)
　　　　　　　 = 세후영업이익 − 가중평균자본비용 × (고정자산 + 순운전자본)

제14장 | 분권화된 운영의 대체가격

[Keyword]
- '대체가격'의 이해
- '대체가격 결정 시 고려할 기준'
- '수요사업부의 최대대체가격' 결정방법
- '공급사업부의 최소대체가격' 결정방법

제1절 대체가격의 의의와 본질

1 의의

분권화된 기업에서는 보통 각 사업부가 하나의 이익중심점을 형성하게 되며, 또한 이와 같이 사업부 간에 재화나 용역의 이전이 빈번하게 이루어지는데, 이때 이전되는 재화나 용역에 부여되는 가격

2 대체가격 결정 시 고려할 기준

① 목표일치성기준
② 성과평가기준
③ 자율성기준
④ 공기관에 대한 재정관리기준

3 내부대체가격의 책정범위

대체가격	• 수요사업부의 최대대체가격
	단위당 최대대체가격 = Min[단위당 지출가능원가, 단위당 외부구입가격]
	• 공급사업부의 최소대체가격
	단위당 최소대체가격 = 대체 시 단위당 증분지출원가 + 대체 시 단위당 기회원가
대체가격의 범위	• 공급사업부의 최소대체가격이 수요사업부의 최대대체가격보다 낮은 경우

수요사업부 ── 공급사업부

최소대체가격   A   최대대체가격

| 대체가격의
범위 | • 공급사업부의 최소대체가격이 수요사업부의 최대대체가격보다 높은 경우
수요사업부 ────────────────┐   ┌──────────── 공급사업부
<div style="text-align:center">최대대체가격　　　A　　　최소대체가격</div> |

제2절 대체가격의 분류

1 시장가격기준

대체되는 재화나 용역의 시장가격을 대체가격으로 결정하는 방법

2 원가기준

대체되는 재화나 용역의 원가를 기준으로 대체가격을 결정하는 방법

3 협상가격기준

공급사업부와 수요사업부가 협의를 거쳐 서로 협의한 협상가격으로 대체가격을 결정하는 방법

SD에듀와 함께, 합격을 향해 떠나는 여행

컴퓨터용 사인펜만 사용

독학학위제 2단계 전공기초과정인정시험 답안지(객관식)

★ 수험생은 수험번호와 응시과목 코드번호를 표기(마킹)한 후 일치여부를 반드시 확인할 것.

전공분야

성명

(1)	2
(2)	④③●①

수험번호

※ 감독관 확인란

(인)

관리번호

(연번)

(응시자수)

과목코드

교시코드

응시과목

1	①②③④	21	①②③④
2	①②③④	22	①②③④
3	①②③④	23	①②③④
4	①②③④	24	①②③④
5	①②③④	25	①②③④
6	①②③④	26	①②③④
7	①②③④	27	①②③④
8	①②③④	28	①②③④
9	①②③④	29	①②③④
10	①②③④	30	①②③④
11	①②③④	31	①②③④
12	①②③④	32	①②③④
13	①②③④	33	①②③④
14	①②③④	34	①②③④
15	①②③④	35	①②③④
16	①②③④	36	①②③④
17	①②③④	37	①②③④
18	①②③④	38	①②③④
19	①②③④	39	①②③④
20	①②③④	40	①②③④

답안지 작성시 유의사항

1. 답안지는 반드시 컴퓨터용 사인펜을 사용하여 다음 보기와 같이 표기할 것.
   보기 잘된표기: ● 잘못된 표기: ⊙ ⊗ ● ◑ ○ ◐ ◯
2. 수험번호 (1)에는 아라비아 숫자로 쓰고, (2)에는 "●"와 같이 표기할 것.
3. 과목코드는 뒷면 "과목코드번호"를 보고 해당과목의 코드번호를 찾아 표기하고,
   응시과목란에는 응시과목명을 한글로 기재할 것.
4. 교시코드는 문제지 전면의 교시를 해당란에 "●"와 같이 표기할 것.
5. 한번 표기한 답은 긁거나 수정액 및 스티커 등 어떠한 방법으로도 고쳐서는
   아니되고, 고친 문항은 "0"점 처리함.

독학학위제 2단계 전공기초과정인정시험 답안지(객관식)

컴퓨터용 사인펜만 사용

★ 수험생은 수험번호와 응시과목 코드번호를 표기(마킹)한 후 일치여부를 반드시 확인할 것.

	전공분야	
	성명	

수험번호

(1) | 2 | - | | - | | - | |

(2)

응시과목

| 과목코드 | 응시과목 | | | | |

1 ① ② ③ ④
2 ① ② ③ ④
3 ① ② ③ ④
4 ① ② ③ ④
5 ① ② ③ ④
6 ① ② ③ ④
7 ① ② ③ ④
8 ① ② ③ ④
9 ① ② ③ ④
10 ① ② ③ ④
11 ① ② ③ ④
12 ① ② ③ ④
13 ① ② ③ ④
14 ① ② ③ ④
15 ① ② ③ ④
16 ① ② ③ ④
17 ① ② ③ ④
18 ① ② ③ ④
19 ① ② ③ ④
20 ① ② ③ ④

21 ① ② ③ ④
22 ① ② ③ ④
23 ① ② ③ ④
24 ① ② ③ ④
25 ① ② ③ ④
26 ① ② ③ ④
27 ① ② ③ ④
28 ① ② ③ ④
29 ① ② ③ ④
30 ① ② ③ ④
31 ① ② ③ ④
32 ① ② ③ ④
33 ① ② ③ ④
34 ① ② ③ ④
35 ① ② ③ ④
36 ① ② ③ ④
37 ① ② ③ ④
38 ① ② ③ ④
39 ① ② ③ ④
40 ① ② ③ ④

교시코드 ① ② ③ ④

답안지 작성시 유의사항

1. 답안지는 반드시 컴퓨터용 사인펜을 사용하여 다음 보기와 같이 표기할 것.
   보기 잘 된 표기: ● 잘못된 표기: ⊘ ⊗ ⊙ ◑ ● ○ ◐

2. 수험번호 (1)에는 아라비아 숫자로 쓰고, (2)에는 "●"와 같이 표기할 것.

3. 과목코드는 "과목코드번호"를 보고 해당과목의 코드번호를 찾아 표기하고, 응시과목란에는 응시과목명을 한글로 기재할 것.

4. 교시코드는 문제지 전면 의 교시를 해당란에 "●"와 같이 표기할 것.

5. 한번 표기한 답은 긁거나 수정액 및 스티커 등 어떠한 방법으로도 고쳐서는 아니되고, 고친 문항은 "0"점 처리함.

※ 감독관 확인란 (인)

관 리 번 호	
(연번)	(응시자수)

컴퓨터용 사인펜만 사용

★ 수험생은 수험번호와 응시과목 코드번호를 표기(마킹)한 후 일치여부를 반드시 확인할 것.

전공분야

성명

	2			

(1)

수 험 번 호

(2) ① ● ③ ④

과목코드

응시과목

교시코드			
①			
②			
③			

응시과목				
1	①	②	③	④
2	①	②	③	④
3	①	②	③	④
4	①	②	③	④
5	①	②	③	④
6	①	②	③	④
7	①	②	③	④
8	①	②	③	④
9	①	②	③	④
10	①	②	③	④
11	①	②	③	④
12	①	②	③	④
13	①	②	③	④
14	①	②	③	④
15	①	②	③	④
16	①	②	③	④
17	①	②	③	④
18	①	②	③	④
19	①	②	③	④
20	①	②	③	④
21	①	②	③	④
22	①	②	③	④
23	①	②	③	④
24	①	②	③	④
25	①	②	③	④
26	①	②	③	④
27	①	②	③	④
28	①	②	③	④
29	①	②	③	④
30	①	②	③	④
31	①	②	③	④
32	①	②	③	④
33	①	②	③	④
34	①	②	③	④
35	①	②	③	④
36	①	②	③	④
37	①	②	③	④
38	①	②	③	④
39	①	②	③	④
40	①	②	③	④

답안지 작성시 유의사항

1. 답안지는 반드시 컴퓨터용 사인펜을 사용하여 다음 [보기]와 같이 표기할 것.
   [보기] 잘된표기: ● 잘못된표기: ⊘ ⊗ ⊙ ◐ ◑ ○○
2. 수험번호 (1)에는 아라비아 숫자로 쓰고, (2)에는 "●"와 같이 표기할 것.
3. 과목코드는 뒷면 "과목코드번호"를 보고 해당과목의 코드번호를 찾아 표기하고,
   응시과목란에는 응시과목명을 한글로 기재할 것.
4. 교시코드는 문제지 전면 의 교시를 해당란에 "●"와 같이 표기할 것.
5. 한번 표기한 답은 긁거나 수정액 및 스티커 등 어떠한 방법으로도 고쳐서는
   아니되고, 고친 문항은 "0"점 처리됨.

과목코드

교시코드			
①			
②			
③			

응시과목				
1	①	②	③	④
2	①	②	③	④
3	①	②	③	④
4	①	②	③	④
5	①	②	③	④
6	①	②	③	④
7	①	②	③	④
8	①	②	③	④
9	①	②	③	④
10	①	②	③	④
11	①	②	③	④
12	①	②	③	④
13	①	②	③	④
14	①	②	③	④
15	①	②	③	④
16	①	②	③	④
17	①	②	③	④
18	①	②	③	④
19	①	②	③	④
20	①	②	③	④
21	①	②	③	④
22	①	②	③	④
23	①	②	③	④
24	①	②	③	④
25	①	②	③	④
26	①	②	③	④
27	①	②	③	④
28	①	②	③	④
29	①	②	③	④
30	①	②	③	④
31	①	②	③	④
32	①	②	③	④
33	①	②	③	④
34	①	②	③	④
35	①	②	③	④
36	①	②	③	④
37	①	②	③	④
38	①	②	③	④
39	①	②	③	④
40	①	②	③	④

※ 감독관 확인란

(인)

관 리 번 호	
(연번)	
(응시자수)	

독학학위제 2단계 전공기초과정인정시험 답안지(객관식)

컴퓨터용 사인펜만 사용

★ 수험생은 수험번호와 응시과목 코드번호를 표기(마킹)한 후 일치여부를 반드시 확인할 것.

전공분야

성명

수 험 번 호

응시과목

과목코드	응시과목

교시코드 ① ② ③ ④

과목코드 | 응시과목

교시코드 ① ② ③ ④

답안지 작성시 유의사항

1. 답안지는 반드시 컴퓨터용 사인펜을 사용하여 다음 보기와 같이 표기할 것.
   정된 표기: ●
   잘못된 표기: ⊘ ⊗ ● ⊙ ◑ ○ ●

2. 수험번호 (1)에는 아라비아 숫자로 쓰고, (2)에는 "●"와 같이 표기할 것.

3. 과목코드는 "과목코드번호"를 보고 해당과목의 코드번호를 찾아 표기하고, 응시과목란에는 응시과목명을 한글로 기재할 것.

4. 교시코드는 문제지 전면 의 교시를 해당란에 "●"와 같이 표기할 것.

5. 한번 표기한 답은 긁거나 수정액 및 스티커 등 어떠한 방법으로도 고쳐서는 아니되고, 고친 문항은 "0"점 처리함.

※ 감독관 확인란

(인)

관 리 번 호
(연번)
(응시자수)

[이 답안지는 마킹연습용 모의답안지입니다.]

SD에듀 독학사 경영학과 2단계 원가관리회계

개정12판1쇄 발행	2023년 05월 10일 (인쇄 2023년 03월 17일)
초 판 발 행	2011년 04월 25일 (인쇄 2011년 04월 13일)
발 행 인	박영일
책 임 편 집	이해욱
편 저	이정이
편 집 진 행	송영진 · 김다련
표 지 디 자 인	박종우
편 집 디 자 인	차성미 · 장성복
발 행 처	(주)시대고시기획
출 판 등 록	제10-1521호
주 소	서울시 마포구 큰우물로 75 [도화동 538 성지 B/D] 9F
전 화	1600-3600
팩 스	02-701-8823
홈 페 이 지	www.sdedu.co.kr

I S B N	979-11-383-4135-6 (13320)
정 가	23,000원

SD에듀 **독학사**
경영학과

why

─── 왜? 독학사 경영학과인가? ───

4년제 경영학 학위를 최소 시간과 비용으로 단 **1년 만에 초고속 합격 가능!**

1 조직, 인사, 재무, 마케팅 등 기업 경영과 관련되어 기업체 취직에 가장 무난한 학과

2 감정평가사, 경영지도사, 공인노무사, 공인회계사, 관세사, 물류관리사 등 자격증과 연관

3 노무사, 무역 · 통상전문가, 증권분석가, 회계사 등의 취업 진출

─── 경영학과 과정별 시험과목(2~4과정) ───

1~2과정 교양 및 전공기초과정은 객관식 40문제 구성

3~4과정 전공심화 및 학위취득과정은 객관식 24문제+주관식 4문제 구성

※ SD에듀에서 개설된 과목은 굵은 글씨로 표시하였습니다.

2과정(전공기초)	3과정(전공심화)	4과정(학위취득)
회계원리	재무관리론	재무관리
인적자원관리	경영전략	마케팅관리
마케팅원론	노사관계론	회계학
조직행동론	소비자행동론	인사조직론
경영정보론	재무회계	
마케팅조사	경영분석	
원가관리회계	투자론	
생산운영관리	경영과학	

─── SD에듀 경영학과 학습 커리큘럼 ───

기본이론부터 실전문제풀이 훈련까지!

SD에듀가 제시하는 각 과정별 최적화된 커리큘럼에 따라 학습해보세요.

STEP 01
기본이론
핵심이론 분석으로
확실한 개념 이해

STEP 02
문제풀이
OX문제+실전예상문제를
통해 실전문제에 적용

STEP 03
모의고사
최종모의고사로
실전 감각 키우기

STEP 04
핵심요약
빨리보는 간단한 키워드로
중요 포인트 체크

독학사 경영학과 2~4과정 교재 시리즈

독학학위제 공식 평가영역을 100% 반영한 이론과 문제로 구성된 완벽한 최신 기본서 라인업!

START

2과정

▸ **전공 기본서** [전 7종]
- 경영정보론 / 마케팅원론 /
  조직행동론 / 원가관리회계 /
  인적자원관리 / 회계원리 /
  마케팅조사

▸ **경영학 벼락치기** [통합본 전 1종]
- 인적자원관리+마케팅원론+
  조직행동론+경영정보론+
  마케팅조사+회계원리

3과정

▸ **전공 기본서** [전 6종]
- 재무회계 / 경영분석 /
  소비자행동론 / 경영전략 /
  노사관계론 / 재무관리론

4과정

▸ **전공 기본서** [통합본 전 2종]
- 재무관리+마케팅관리 /
  회계학+인사조직론

GOAL!

※ 표지 이미지 및 구성은 변경될 수 있습니다.

➕ **독학사 전문컨설턴트가 개인별 맞춤형 학습플랜을 제공해 드립니다.**

SD에듀 홈페이지 **www.sdedu.co.kr**   상담문의 **1600-3600**   평일 9~18시 / 토요일·공휴일 휴무

나는 이렇게 합격했다

여러분의 힘든 노력이 기억될 수 있도록
당신의 합격 스토리를 들려주세요.

합격생 인터뷰
상품권 증정

추첨을 통해
선물 증정

베스트 리뷰자 1등
아이패드 증정

베스트 리뷰자 2등
에어팟 증정

SD에듀 합격생이 전하는 합격 노하우

"기초 없는 저도 합격했어요
여러분도 가능해요."

검정고시 합격생 이*주

"불안하시다고요?
SD에듀와 나 자신을 믿으세요."

소방직 합격생 이*화

"강의를 듣다 보니
자연스럽게 합격했어요."

사회복지직 합격생 곽*수

"선생님 감사합니다.
제 인생의 최고의 선생님입니다."

G-TELP 합격생 김*진

"시험에 꼭 필요한 것만 딱딱!
SD에듀 인강 추천합니다."

물류관리사 합격생 이*환

"시작과 끝은 SD에듀와 함께!
SD에듀를 선택한 건 최고의 선택"

경비지도사 합격생 박*익

합격을 진심으로 축하드립니다!

합격수기 작성 / 인터뷰 신청

QR코드 스캔하고 ▷ ▷ ▷ ▶
이벤트 참여하여 푸짐한 경품받자!

합격의 공식
SD에듀